Creciendo
+ juntos

Una guía para las parejas de hoy

Ester Martínez *más* Eduardo Bracier,
Víctor Miron *más* Cesca Planagumà

Editorial CLIE
www.clie.es

EDITORIAL CLIE
C/ Ferrocarril, 8
08232 VILADECAVALLS
(Barcelona) ESPAÑA
E-mail: clie@clie.es
http://www.clie.es

CRECIENDO MÁS JUNTOS
ISBN: 978-84-18204-96-8
Depósito legal: B 3360-2022
Vida cristiana
Amor y matrimonio
Referencia: 225189

ESTER MARTÍNEZ. Profesora Mercantil por la Universidad Central de Barcelona, España. Licenciada en Psicología, Máster en Técnicas Corporales en Clínica y Aprendizaje (Universidad Rovira i Virgili, Tarragona, España). Doctora en Filosofía por St. Anselm of Canterbury College, y Diplomada en Naturopatía.

Profesora en IBSTE (Instituto Bíblico y Seminario Teológico de España) y en CEIBI (Centro de Investigación Bíblica) y en la Universidad Rovira i Virgili (Tarragona), en las áreas de Magisterio, Pedagogía y Psicología.

Psicoterapeuta, escritora y conferenciante.

EDUARDO BRACIER. Licenciado en Publicidad y Relaciones Sociales por Universidad Autónoma de Barcelona, España. Doctor en Periodismo (UAB) y Graduado en Teología por Birmingham Bible Institute.

Ha sido profesor del CEEB y Director de Juventud para Cristo en España. Pastor por más de 50 años en Sevilla, Sant Just Desvern y en la iglesia protestante en Salou, Tarragona.

Conferenciante, escritor y coautor, junto a su esposa Ester, de varios libros. Eduardo y Ester llevan 53 años casados, tienen un hijo mayor y 2 nietos.

CESCA PLANAGUMÀ. Estudios sobre Orientación Familiar por la Universidad de Navarra, España. Estudios de consejería cristiana en Dallas Theological Seminary (USA).

Vicepresidenta fundadora de la asociación De Família a Família. Ha sido coordinadora de Agape (España).

Escritora, coautora con Ester Martínez, articulista, tertuliana habitual en radio y orientadora familiar.

VÍCTOR MIRON I ANGURELL. Ingeniero Técnico Industrial por la Politécnica de Barcelona, España. Máster en Educación Cristiana por Dallas Theological Seminary (USA). Presidente fundador de la asociación De Família a Família. Orientador familiar y Coaching personal.

Ha sido profesor de Pedagogía Juvenil en IBSTE, Director de Agape España y Director para Europa de Family Life.

Conferenciante, ponente y tertuliano de Radio Onda Paz, (España). Víctor y Cesca llevan casados 46 años. Tienen 3 hijos mayores y 6 nietos.

Pueden contactar con los autores a través de la dirección electrónica: v.mironangurell@gmail.com

Dedicatoria
a nuestros queridos hijos y nietos y a todos los matrimonios
que han pasado por nuestras casas
y a los que hemos intentado acompañar y ayudar.

ÍNDICE GENERAL

PRÓLOGO

Huelga decir que siento un enorme privilegio, por poder prologar la presente obra y animar encarecidamente al potencial lector, a que disfrute de su lectura –como así me ha sucedido a mi–, haciendo acopio de la sabiduría que se encuentra en ella. Estoy convencido de que, una lectura reflexiva del texto, acompañada por una actitud constructiva, influirán decisivamente en el enriquecimiento de la propia experiencia de pareja.

Soy muy consciente, mientras redacto las palabras para este *Prólogo*, de que se ha escrito mucho –y probablemente se seguirá escribiendo todavía mucho más–, acerca del matrimonio y la familia.

Al final, el matrimonio tiene *mucho de misterio*. Así que, debido a su enorme complejidad, su gran profundidad y su extrema belleza, se continuará escribiendo, para poder, si cabe, acercarnos un poco más, a esa obra maestra de relación entre hombre y mujer, que un día al Creador le plació regalarnos.

La presente obra no solo está redactada desde el corazón y la sabiduría de los autores, sino también desde sus vidas íntegras y altamente comprometidas, con aquello de lo cual escriben. Esto le concede al libro *un plus muy especial*, un sello distintivo de calidad que hace que su contenido sea más creíble y veraz.

El estilo en que está redactado el libro facilita mucho su lectura. Se refleja en el mismo, una visión del matrimonio, desde la masculinidad y la feminidad, pero también desde el realismo de la cotidianeidad, la experiencia acumulada y la compasión por situaciones de crisis y dolor, que a menudo las parejas atraviesan. Sin lugar a dudas, los cuatro autores son excelentes comunicadores y conocedores del tema acerca del cual disertan. En ningún momento de la obra se desvirtúa el rigor que merece el tema, pero se sazona con abundantes experiencias y un excelente sentido del humor.

El contenido del presente libro integra tres disciplinas complementarias cuando hablamos del matrimonio y más específicamente del matrimonio desde una perspectiva cristiana. Estas tres disciplinas son: terapia de pareja, consejería y pastoral.

El contenido terapéutico del texto que estoy prologando es ofrecido por Ester Martínez, veterana terapeuta, de la cual se podría decir –acorde a su tradición familiar–, que ha *navegado por muchos mares…* y esto la convierte en una gran conocedora del alma humana y de la esencia de la pareja. Así que, con gran maestría profesional y salpicando con principios bíblicos sus enseñanzas, Ester nos ofrece el marco teórico, donde va desglosando importantes áreas de la vida en pareja.

La pastoral es ilustrada a través de variadas y sugestivas historias bíblicas de matrimonios. Eduardo Bracier, pastor y maestro, rescata historias antiguas, pero con principios relevantes para nuestros tiempos. Me recuerda, aquel hombre que describe el mismo Jesús, *"Aquel escriba docto en el reino de los cielos, semejante a un padre de familia, que saca de su tesoro, cosas nuevas y cosas viejas"* (Mateo 13:52). Su conocimiento sabio y humilde de las Escrituras nos obsequia con una teología práctica, repleta de profundas reflexiones y perspectivas –quizás para muchos de nosotros– jamás antes planteadas. Además, se puede añadir, en este caso con debida propiedad, que sus historias jamás carecen de *un fino humor británico*.

Víctor Miron y Cesca Planagumà, avezados y apasionados consejeros familiares, aportan al libro un contenido extraordinariamente práctico e interactivo para los lectores. Enriquecen el texto con historias tan reales como sugerentes, llevando al lector a la identificación y al emplazamiento del propio matrimonio en el mapa de la vida matrimonial. Nada de lo que nos proponen resulta ajeno ni desconocido en la experiencia de pareja. Nos hacen mirar hacia esas familias de las que todos procedemos —*Familia de Origen*—, para evidenciar que si no de *forma determinante*, al menos, si *predisponente,* sus ejemplos y modelos están siempre ahí. Nos proponen reflexión, análisis, diálogo y finalmente esperanza, en el que el cambio y la sanidad son posibles por la gracia de Dios y con una actitud constructiva.

El hilo conductor que atraviesa el libro, relacionando y complementando sus diversos temas resulta ser, *la metáfora de la casa.* Las diversas estancias o espacios que configuran un hogar (la entrada, la sala de estar, la cocina, el dormitorio…) son utilizados para ilustrar los temas a tratar.

Metáfora genial, sabiamente escogida, con gran poder didáctico y que nos recuerda algo muy entrañable. Un matrimonio y una familia no se fundamentan en un edificio —ni se deben confundir con él—, sino que la familia deriva su sentido de *aquellas interacciones vitales* que se dan entre sus miembros.

A grandes rasgos, el concepto de matrimonio que nos ofrecen sus autores, se sustenta en unos pilares que, de mantenerlos en buen estado, permitirán no solo la supervivencia de la pareja, sino la expresión de una vida preciosa e intensa; ya no solo para ellos, sino para sus futuras generaciones y para poder hacer un aporte extraordinario a la sociedad en que vivimos.

Estas columnas sólidas e imprescindibles se podrían sintetizar del siguiente modo:

-La esencia del matrimonio y la clave para su entendimiento está en Dios. Su carácter, su modelo de amar y su ayuda en momentos de fragilidad o desánimo.

-La comprensión del matrimonio como un pacto que Dios mismo instituyó en el huerto del Edén.

-Sustentar un compromiso de aceptación mutua, cariño, respeto, cuidado y ternura, hasta el final.

-Entender el amor más que como una emoción o un sentimiento temporal, como un esfuerzo mutuo en construir una estructura fuerte y sólida, que sostenga la relación a largo plazo.

-Todo ello implica tener *un proyecto de pareja,* una intencionalidad, una clara priorización de objetivos y un deseo constante de *Crecer +Juntos.*

-Y, sobre todo, *jamás tirar la toalla;* no dejar que ni nuestro narcisismo ni las constantes ofertas hedonistas a nuestro alrededor, malogren ese proyecto de amor que un día iniciamos.

Finalmente, lo que quisiera subrayar es que aquello que rubrica y avala el gran valor del presente libro, es ese sentido de coherencia entre la propia vida de sus autores, la vivencia de sus matrimonios a lo largo de los años y el material que es expuesto por ellos, en el libro. No siempre esto puede ser valorable en otros libros y escritos, pero no es este el caso en el presente texto.

Ester y Eduardo, Cesca y Víctor, no solo son matrimonios vitales y entrañables, sino que resultan ejemplares para todos aquellos, que les conocemos de cerca y les amamos con gratitud.

Josep Araguàs Reverter
Psicólogo clínico y terapeuta familiar.

INTRODUCCIÓN

El trabajo que os presentamos es un libro un poco diferente. Partimos de la idea de que el matrimonio es un increíble "invento" que nos complementa como seres humanos y que, en la mayoría de los casos (para los que no tenemos el don del celibato), nos lleva a sentirnos acompañados, idealmente, hasta que la muerte nos separe.

Mencionamos en páginas interiores que en la Creación todo fue "bueno en gran manera" (Gn 1:31), excepto una cosa: La soledad (Gn 2:18) y Dios quiso paliar ese problema tan importante y "creó al otro ser humano", muy diferente al resto de seres vivos, creados también por su mano.

Nuestro Creador tuvo un plan maravilloso y una parte muy importante era la unión del hombre y la mujer y todo lo que se desprendería de ese hecho.

Hemos querido Cesca, Víctor, Eduardo y yo, desde la más absoluta humildad, pero también desde la experiencia de muchos años, dejar unos consejos bastante prácticos para poderos ayudar, un poco, en vuestra vida matrimonial.

Como veréis empezamos desde el noviazgo y seguimos hasta los últimos días de la vida en esta tierra. Es un recorrido rápido y hemos intentado hacerlo desde las diferentes estancias del hogar, empezando por la entrada....

Por otro lado cada uno de los diez capítulos constan de tres partes bien diferenciadas: Una parte más teórica y psicológica, una segunda en la que Eduardo hará, con un relato bíblico, una aplicación teológica del tema y, por último, Cesca y Víctor tendrán a su cargo un apartado práctico que os hará trabajar un poco.

Deseamos, de corazón, que Dios use las tres secciones para que muchos matrimonios podáis crecer en todos los aspectos de la vida:

Que las cuestiones espirituales, muchas veces olvidadas o semi abandonadas, tomen nueva relevancia. Sabiendo distinguir entre lo urgente y lo importante. Deseamos que las páginas de este libro sean, en un sentido, un manual de instrucciones en cuanto a lo verdaderamente urgente: La relación con Dios, el conocerle a Él de forma personal y que vuestro cometido sea, sobre todo, el darle a conocer especialmente en el seno de vuestra familia.

Que la relación entre vosotros se haga más fuerte cada día, llegándoos a conocer muy profundamente. Que ese conocimiento os lleve a ser los mejores amigos que hayáis podido imaginar jamás, y también que os conduzca por caminos de aceptación de lo que el Señor os ha dado, incluyendo cada uno a su cónyuge, desde los adjetivos del amor que San Pablo nos deja en 1 Cor 13.

Que vuestro ejemplo como matrimonio sea seguido por vuestros hijos que quieran tomar el modelo que habéis sido para ellos, viendo siempre el cuidado del uno hacia el otro y la felicidad con la que habéis vivido los años juntos, aunque os hayan visto pasar también por momentos de dificultades y problemas. Teniendo a Cristo permanentemente en vuestra unión podréis demostrar que "todo lo habéis podido superar porque Él os ha dado las fuerzas" (Flp 4:13).

Que el placer en la relación pueda ser una realidad visible cuando se cumplan las directrices del que inventó esa unión tan especial e íntima entre hombre y mujer que se ha venido a llamar matrimonio.

Os deseamos pues una lectura interesante pero, sobre todo, que os lleve a vivir vidas que valgan la pena, siendo ejemplo a todos los que os rodean.

CAPÍTULO 1

JUNTOS EN LA ENTRADA
Iniciando la obra de construcción

1. Una primera aproximación a la relación matrimonial

"Amar es celebrar que lo amado está presente, cerca de uno" (Joseph Pieper).

Esta frase es muy bonita y es muy cierta, pero amar, como veremos en este libro, es mucho más que estar cerca. Veremos que implicará también un gran esfuerzo para construir una estructura fuerte a fin de que la relación se sostenga y sea de crecimiento para ambos cónyuges que, necesitarán, desde el principio de la relación, autoconocerse a fondo y conocerse también el uno al otro de forma muy profunda.

Antes de entrar en materia de todo lo que pretendemos dejar en este trabajo, es muy importante reconocer y recordar que, para conseguir ese crecimiento deseado y la conservación del matrimonio, tendremos que luchar contra un "adversario" que "busca a quien devorar a toda costa" (1 P 5:8).

Aunque en este capítulo hablaremos de la "entrada en el matrimonio", lo importante será saber que el trabajo que tendrán que hacer los cónyuges será a largo plazo y la necesidad de confiar en Dios y en su ayuda, tendrá que mantenerse a lo largo de toda la vida.

Por lo tanto, al iniciar mi parte en esta publicación, quisiera hacerlo exponiendo muy brevemente mis ideas en cuanto a la importancia de la seriedad del matrimonio, para que los que estén pensando en entrar en él, o los que ya sean marido y mujer, vivan con mucho cuidado su relación, valorando lo que implica, o puede implicar, vivir juntos apoyándose mutuamente y confiando en Dios a fin de que la relación empezada dure, idealmente, para siempre.

Posteriormente, en capítulos sucesivos, estaremos estudiando distintos aspectos de este fantástico invento de Dios (el matrimonio) y expondremos casos que nos han ayudado a entender, mucho más, lo difícil que es vivir y mantener correctamente la relación conyugal.

Hoy no podemos negar que estamos padeciendo una pandemia en cuanto a rupturas de parejas. Esta triste realidad también nos hace conscientes de que no vamos bien y de que nuestra sociedad, sin familias fuertes, se desmorona.

Además, existe, debido a la falta de compromiso en muchas de las parejas actuales, una sensación de gran inseguridad y provisionalidad en una unión que debería ser la más estable y perdurable de todas.

2. El cuestionamiento en cuanto a los absolutos y a los valores

Todos somos conscientes de que, en occidente, la posmodernidad nos está dejando como herencia una lucha contra todos los valores tradicionales en general y especialmente los que tienen que ver con la familia y, por extensión, con el matrimonio. Las nuevas corrientes de opinión nos han llevado a vivir momentos históricos de gran confusión en cuanto a las relaciones en el seno familiar: ¿Quién compone la familia? ¿Cómo se relacionan sus miembros? ¿Qué papel ha de tener cada miembro de la pareja? ¿Es el matrimonio una institución que ha de durar para siempre? ¿Por qué?

Todo el mundo reconoce lo difícil que es dar respuesta a las preguntas mencionadas sin encontrarnos con serios ataques si nos posicionamos dentro de los parámetros bíblicos. Incluso, y debido a las nuevas formas de actuar y pensar, se hace difícil explicar el término matrimonio, y es curioso también escuchar las múltiples acepciones que se dan actualmente a la relación entre un hombre y una mujer, que intentan sustituir al concepto de relación matrimonial que contempla la Biblia.

En las últimas décadas el ser humano se ha preocupado más por rendir intelectual y económicamente que por elaborar afectos y sentimientos duraderos en las áreas sensoriales, vitales, psíquicas y espirituales (Clasificación de Max Scheler). En ese encuentro integral, hombre y mujer, se complementarán y ambos encontrarán la "complitud", siendo el amor, manifestado en todas esas áreas, la base para la estabilidad del matrimonio.

Digo en "todas las áreas" porque amar de verdad no consiste en quedar atónitos ante la belleza, la inteligencia o, incluso, la espiritualidad de alguien. Esto puede ser solo el comienzo de un interés, que nos lleve a una ilusión en cuanto a esa persona concreta, pero el amor que viene para establecerse definitivamente requiere de absolutos que incorporarán no solo las emociones sino también el razonamiento y la espiritualidad porque "¿andarán dos juntos si no estuviesen de acuerdo?" (Am 3:3).

3. Una primera aproximación al verbo amar

La palabra "amor" tiene muchas acepciones y no es lo mismo que "desear" a una persona ni "convivir" con ella. El "ágape" cristiano, del que hablaremos en otros capítulos, tiene la connotación de compartir la vida de forma profunda y comprometida. Para llegar ahí necesitamos, como hemos mencionado al principio, conocernos y conocer al otro, de verdad, porque no se ama realmente si no sabemos muy bien cómo es el ser amado.

Además, ese amor se tendrá que ver en la convivencia que requerirá de un sacrificio continuado que hoy, desgraciadamente, no está de moda. Se tratará de "no tirar la toalla" a la primera de cambio, dejando el hedonismo y el narcisismo, tan propios de nuestro siglo, para construir algo juntos, sin egoísmo, a fin de que los hijos puedan ver modelos válidos en valores, en formas de vida, en altruismo, con metas muy determinadas en cuanto a tener algo valioso por lo cual vivir.

Alguien dijo que los niños y adolescentes de hoy están muy perdidos porque los padres tampoco saben dónde van.

Cuando los psicólogos atendemos a niños, una de las primeras cosas que les pedimos es que nos dibujen a sus padres y a su familia. Actualmente muchos de los niños responden con dibujos o preguntas de lo más curioso: "¿A quién dibujo?". "¿Pongo a mi padre también?". "¿Tiene que estar el marido de mi madre?". "¿Dibujo a los que vivimos en casa?". "¿A todos?". "¡No quiero dibujar a mi madre/padre!". Y un largo etcétera que nos inquieta y nos sorprende.

Pero nosotros los cristianos, seguimos pensando que la unión entre hombre y mujer fue una gran idea de Dios y como todo lo que Él "inventó" fue, y sigue siendo, "bueno en gran manera" (Gn 1:31) y hay que cuidar el amor y "regarlo" continuamente, recordando que la hierba no es más verde en el otro jardín, es más verde donde se riega cada día. Si no lo hacemos así, los vientos, las tempestades y el sol abrasador de las circunstancias exteriores, conseguirán secarlo, un día detrás de otro, en la difícil convivencia que, debemos aspirar, sea para siempre.

Lo que ocurre es que tenemos que ser muy conscientes de que el objetivo claro del Enemigo es luchar contra ese gran invento divino; ha luchado, desde el principio por destruir esa unión y sigue engañando a hombres y mujeres para que busquen otras formas de vivir en pareja, sin contar, en absoluto, con las leyes del Creador; resultando que la idea de Dios en cuanto a la indisolubilidad ha sido tirada por la borda y tenemos hoy, en ocasiones, múltiples rupturas y familias en las que los hijos viven, en muchas ocasiones, las dificultades que conllevan las nuevas relaciones de los padres, con el consiguiente desgaste en cuanto a la custodia parental: con quién vivir y dónde vivir, problemas económicos, dificultades en cuanto a los pactos hechos entre los padres biológicos, su trato después de la separación, las posibles "reconstrucciones" familiares y muchísimas otras cosas que ponen a toda la familia en una situación muy poco cómoda y con graves inseguridades casi permanentes.

¿Cómo les explicaremos a los niños las sucesivas rupturas? ¿Qué lugar dejamos para el padre o la madre biológicos? ¿Cómo encajarán en su vida a un Padre Celestial cuando el padre o la madre terrenal no han ocupado el lugar que les correspondía? ¿Qué modelos de compromiso dejaremos para poder ser imitados?

Como habéis podido ir vislumbrando parto de la base de que la Palabra de Dios tiene la autoridad y la clave para ayudar en la perdurabilidad y estabilidad del matrimonio. Hemos dicho que es el mismo Creador quien lo inventó y es Él mismo que dicta Su voluntad para los cónyuges para que eviten las rupturas y recordemos que, cuando Jesús da permiso para que se den, es debido a "la dureza del corazón humano", no porque sea lo ideal para la familia. (Mr 10:5).

4. El amor sometido a la autoridad divina

Para los que somos cristianos, el vivir según las normas de Dios, no tiene que ver con una filosofía de vida sino con el sometimiento a un conjunto de normas establecidas por la autoridad de Jesús y que solo podemos cumplir con la ayuda del Espíritu Santo.

He mencionado la palabra autoridad sabiendo, de antemano, que ahí radica la mayor parte del problema. Muchas personas de nuestro entorno y de nuestro momento histórico no quieren saber nada de ningún tipo de autoridad y muchísimo menos de la que emana de Dios, al que muchos han erradicado totalmente de sus vidas.

Pero no podemos olvidar que la rebeldía ante la voluntad de Dios y a sus normas, han traído a la raza humana inmensos padecimientos y dolores. Incluso hoy no hay tapujos, ni da vergüenza alguna, al exponer que el matrimonio no solo no vale para nada sino que algunos se atreven, además, a decir que hasta puede ser perjudicial.

Sin embargo, el cristiano no se puede conformar a este mundo ni a sus ideas (Ro 12:2) pero, desgraciadamente esas actitudes morales anti-bíblicas se están infiltrando en ambientes de personas que un día fueron rescatadas de las "tinieblas" y trasladadas al "reino de la luz" (Col 1:13), llegando al extremo de "desalarse la sal" (Mt 5:13). Hemos de ser muy conscientes de que no podemos llegar a ser inútiles en la función que Cristo nos ha encomendado de ser "luz y sal" para los que nos rodean, debiendo ser ejemplo, con nuestras vidas, a las personas que viven en este mundo tan confuso y confundido.

Pero, además, cuando los creyentes nos apartamos de los valores morales, que emanan de Dios, no solo nos desconectamos de Él sino que también perdemos la conexión correcta con nuestros semejantes y pasamos a tener relaciones que pueden resultar muy crueles y dolorosas, especialmente en el matrimonio.

Por eso nuestro énfasis especial, en este libro, será que los creyentes, jóvenes y mayores, no caigan en la trampa de pensar que todo da igual y que no es tan necesaria una unión, de por vida, con un sello claro de compromiso con el Creador y con el cónyuge.

La voluntad de Dios, desde el huerto del Edén, fue que el hombre se uniese a su mujer y fuesen dos en uno; esa voluntad se expresó en un mandamiento antes de la caída (Gn 2:24-25). Dios buscó una compañera para Adán antes de que la tierra y sus moradores quedasen tocados por el pecado. Ese fue el plan perfecto del Creador para la primera pareja porque Dios quería para ellos una unión completa: Física, emocional y espiritual. Fue una unión perfectamente pensada. ¡Qué maravillosa idea!

Esa unión lleva aparejada la idea de "pegamento"; es como si hombre y mujer fuesen dos papeles que uniéndose "se pegasen" de forma muy fuerte. Sabemos, siguiendo esa metáfora, que si después de pegar dos papeles con pegamento, los queremos separar, siempre habrá ruptura grave, daño y lesión, no fácilmente recuperable.

Es por eso que, aunque la perfección de los designios de Dios para la creación se estropease después de la caída, Dios sigue instando al hombre y a la mujer a seguir su voluntad, a la que nos vuelve a llamar también desde las páginas del Nuevo Testamento. Encontramos en los escritos apostólicos argumentos, más que suficientes, para defender el matrimonio e incluso ponerlo al increíble nivel de la unión entre Cristo y la Iglesia (Ef 5:25).

5. La necesidad de "dejar" para "empezar"

Cambiando un poco el tema, no quiero olvidar, en este capítulo introductorio, un dato importante que dará aún más relevancia a la unión matrimonial. Consiste en que, antes de iniciar el camino del matrimonio, ambos cónyuges deben "dejar" la casa de la familia original: "Por esto dejará el hombre a su padre y a su madre, y se unirá a su mujer, y los dos serán una sola carne. Grande es este misterio..." (Ef 5:31-32).

Ese "dejar", es absolutamente imprescindible, sabiendo que, tanto el novio como la novia, lo harán con mochilas llenas de historia, de vivencias, de cosas aprendidas, de formas de ser, de maneras de actuar... Los dos llegarán al "sí quiero" desde familias diferentes, con contextos familiares que, muchas veces, condicionarán la entrada, la salud y la permanencia del nuevo matrimonio.

La influencia de los padres es algo muy importante a tener en cuenta para el futuro matrimonio. Déjame que te hable a ti (hombre o mujer) de forma personal:

Son muchos los acontecimientos traumáticos que puedes llevar a cuestas debido a tu historia de vida y debes conocer que pueden estar modelando, para bien o para mal, tus actitudes y la manera de vivir en tu propio matrimonio, y no solo por el trato que tus padres te hayan dado a ti —que también—, sino que te afectará incluso el trato que se hayan dado entre ellos mismos y si eres consciente de que han sido malos modelos, ¡no los imites!

En cuanto a cómo te han tratado a ti, en el peor de los casos, sabemos que tanto la violencia en la infancia como los abusos, nos seguirán a lo largo de los años, porque dejan una marca en el cerebro. Parece, según un estudio de la Universidad de Michigan (USA), que afecta de forma importante a los niños que pasan por circunstancias muy adversas y peligrosas; esos niños tienen reducida la conectividad entre la amígdala (zona del sistema límbico) y el córtex prefrontal. Aun no se conoce, exactamente, el impacto en la salud mental del estudio mencionado, pero es suficientemente importante como para evitar traumas en la infancia producidos por formas de malvivir de los padres y un entorno cercano problemático que, por otra parte, no afectará por igual a todos los hijos porque dependerá también de su propia forma de ser,

23

sobre todo si son más o menos sensibles y porque, además, el trato nunca es igual con un hijo que con otro.

Por lo tanto, es importante que descubras los traumas que puedes llevar desde tu niñez y sería bueno que pensases también qué "piedras" llevas en tu "mochila". Ese trabajo puedes hacerlo solo, con el Señor, y también con una adecuada consejería bíblica. Recuerda al salmista cuando le pide a Dios que le muestre cosas que le han quedado ocultas (Sal 19:12). Pero quizás también te será útil recurrir a un profesional de la psicología para ayudarte a dar respuesta a los síntomas que, muchas veces, aparecen y con los que tendrás que volver a conectar a fin de paliar el dolor que te produjeron. Estas señales de alarma pueden ser ganas de huir que tomen muchas formas como adicciones, no solo aquellas que nos parecen terribles como drogas o alcohol, sino que también pueden ser otras, mejor aceptadas socialmente, como el trabajo, las pantallas, el sexo..., padecer de ansiedad de forma crónica o llevar mal las relaciones interpersonales o con tu cónyuge. Además debes ser muy consciente cuando, algún hecho o actitud de alguien, deja ver en ti una respuesta exagerada y desproporcionada para la situación porque es posible que tengas que buscar, un poco más, en el fondo de esas reacciones extemporáneas.

Quizás estés pensando que tú nunca has pasado por abusos ni malos tratos, pero déjame decirte algo importante: Si con la figura materna no hubo un apego seguro (trauma de apego) puede ser que no sepas generar vínculos estrechos con personas que ames y/o que te cueste mucho expresar ternura y cariño. Por eso es muy importante trabajar este aspecto, generando seguridad en la relación conyugal. Está seguridad no estará exenta de miedos, y problemas, hasta que la persona llegue a saber que es digna de dar y recibir cariño, desde la confianza que le proporcionará una persona tan cercana y amante incondicional como el marido o la esposa.

6. Dejando lo negativo atrás

Lo más importante es que llegue el momento en que las viejas heridas se hayan convertido en cicatrices y ya no "sangren" e, incluso, lo importante sería poder llegar a tratar a tu padre y a tu madre sin agresividad y sin sentirte agredido/a por ellos; recuperando el control de las emociones en cuanto al pasado. Hablar, expresarte, tener buenos amigos, realizar cualquier tipo de actividad creativa y una buena relación con el Padre Celestial te va a ayudar muchísimo a salir de alguno de los traumas del pasado. Recupera la capacidad de ilusionarte, piensa con el filtro puesto de Flp 4:8. Tenemos miles de pensamientos al día, intenta mandar bien en cuanto a ellos. No permitas que los pensamientos horribles de tu historia pasada se regurgiten cada día. Lleva tus pensamientos cautivos a Cristo (2 Cor 10:5). Sustituye los que no te convienen por la meditación en la Palabra de Dios que, recuerda, tiene que morar en abundancia en tu memoria. No te quedes encadenada/o a viejos conflictos, malos tratos, ofensas... que te hayan llevado al rencor y a la amargura.

Recuerda que el pasado, que ya no puedes cambiarlo, no debe condicionar tu presente. Teniendo, sobre todo, en mente que "aunque tu madre y tu padre te hayan dejado, con todo Yo, dice el Señor, nunca te dejaré" (Sal 27:10) y olvidando lo que queda atrás, prosigue hacia delante, hacia la meta de un matrimonio unido y con una relación satisfactoria.

7. La nueva construcción

Después de "dejar" a los padres respectivos, y habiendo pronunciado el "sí, quiero", la pareja se situará en el comienzo de la edificación de una nueva familia.

En la Biblia tenemos una metáfora fantástica sobre cómo se debe construir una casa (hogar). Todos sabemos que se puede construir muy mal si lo hacemos sobre poco fundamento y que "construir sobre arena" es muy peligroso. Cuando llegan las lluvias y los vientos pueden con la casa construida y todo se derrumba. En cambio, construir sobre fundamentos fuertes, "anclados en la roca", nos proporcionará la seguridad de que será muy difícil que esa casa se la lleven los vientos, las lluvias o las tempestades de la vida (Mt 7:24-29).

Como hemos dicho los "derrumbes" matrimoniales están a la orden del día y van creciendo en número porque se construye muy mal desde el principio, pero, además, y a decir verdad, no debemos pasar por alto que no construimos una vez y para siempre, sino que vamos construyendo cada día, por acción y por omisión, pero, ¡ay de nosotros si no tenemos bien puestos los fundamentos! Y recuerda que nuestro fundamento es Cristo (1 Cor 3:11). Este hecho indiscutible es, especialmente relevante, en el matrimonio.

Pensemos en el texto bíblico de "cordón de tres dobleces no se rompe fácil" (Ecl 4:12). Si queremos hacer una trenza con dos dobleces se deshará fácilmente, en cuanto soltemos los cabos. En cambio, trenzar con tres cordones permite, mucho mejor, que lo unido permanezca. Marido, mujer y Cristo forman ese cordón fuerte que no se destruye fácil. Esta última palabra nos debe llamar poderosamente la atención; es como una gran señal de alerta, porque hemos de fijarnos en que no dice "nunca", simplemente dice "fácil". Es decir, será más difícil que se rompa, ¡pero no imposible!

Como hemos escrito arriba, tenemos un gran enemigo que va a intentar, por todos los medios, destruir nuestro matrimonio, ¡¡¡también entre los creyentes!!! Por eso no debemos despistarnos jamás ni descolgarnos del tercer "cordón". Esa decisión y ese compromiso van a hacer que la solidez de la edificación esté mucho más asegurada.

El ataque puede venir de diversas formas y por muchos frentes, vendrán vientos y tempestades, nos dice la parábola (Mt 7: 25, 27), y "...en el mundo tendréis aflicción" (Jn 16:33), nos dirá Cristo. Él quiso dejarnos claro que nada en este mundo caído va a sernos fácil ya que, desde Génesis 3 hasta la segunda venida de Cristo, estamos en una lucha que "no es contra carne y sangre sino contra potestades de las tinieblas" (Ef 6:12). Pero Jesús mismo ya dijo: "Yo he vencido al mundo" (Jn 16:33). Y Él es capaz de proporcionarnos la victoria en nuestra vida matrimonial.

Los vientos y las tempestades hacen venir a mi mente otra escena bíblica fácil de visualizar y que tiene que ver con que Él fue, es y será, el auténtico vencedor: "Jesús calma la tempestad" (Mt 8:26) y ¡es capaz de calmarlas TODAS!

Por lo tanto, cuando un hombre y una mujer deciden navegar juntos, tienen que saber que es mucho mejor llevar a Jesús en su barca. Y aún diría más: Es imprescindible contar con Él si queremos que calme cualquier tormenta en la vida, recordemos que "...aún los vientos y el mar le obedecen..." (Mt 8:27). ¡Qué paz y consuelo nos produce este pensamiento!

Por todo lo mencionado hasta aquí, tenemos que volver a la idea de agarrarnos a Cristo, pero no solo en pareja sino también de manera personal, cada uno de los cónyuges tiene que poner en su vida el buen fundamento que es Cristo: "La Roca Eterna". El mismo Señor nos dice: "Separados de mí, nada podéis hacer" (Jn 15:5). Ni siquiera manteneros unidos.

No sé cuál es tu situación matrimonial, no sé si estás recién casado o llevas años de matrimonio, pero sí sé una cosa: Separado/a de Cristo estás en gran peligro. Él es el tercer cordón imprescindible, ¡recuérdalo!

Quizás, pudiera ser posible que la vida haya ido enfriando tu vida espiritual y te estés apartando poco a poco de Él. ¡Busca de nuevo al Señor! El mayor éxito del Enemigo, en cuanto a tu vida espiritual, es conseguir tu tibieza. Quizás no estés del todo frío, pero tampoco estás caliente (Ap 3:15) y por lo tanto estás, ¡en gran peligro!

¿Has ido dejando aquel "primer amor" hacia tu Señor que tuviste al conocerle (Ap 2:4)? ¿Tu fervor hacia Él ha ido menguando con los avatares de la vida? Pues debes saber que, si eso es así, cualquier otro amor está en peligro porque los fundamentos, o no se han puesto bien o se han movido. Por lo tanto, ¡urgentemente has de volver al Señor si no quieres que todo, todo, incluido tu matrimonio, se tambalee y, lo que es peor: ¡Se hunda de forma definitiva!

Y, ¿cómo volver? Vivimos hoy en momentos en los que el orden de prioridades se nos ha dislocado. Lo verdaderamente importante ocupa un lugar poco privilegiado, vivimos para lo urgente. Esto hace que dediquemos mucho tiempo a casi todo menos a estar cerca del Señor.

Desplazamos la atención hacia lo colectivo y no nos damos cuenta que olvidamos lo íntimo y lo privado. Incluso como dice Nietzsche "nuestro cuidado de la salud ha sustituido al cielo". El cuidado del cuerpo, el trabajo..., todo los que nos ocupa puede estar llenando la vida física, pero olvidando la espiritual. Pensamos mucho más en nuestro cuerpo que en nuestra alma y las ideas en cuanto a teorías sobre el "pensamiento positivo" han pasado a ser más importantes que la meditación en la Palabra de Dios.

Debemos retomar nuestro camino hacia Dios (Hag 1:5) por muchos motivos pero, en este libro, queremos enfatizar uno muy importante que sería entrar bien en el matrimonio y conservar el "cordón de tres dobleces", mencionado arriba, hasta que la muerte nos separe.

¡Busca tiempo para estar a solas con Dios! Recuerda que "el amor siempre encuentra tiempo para estar con el amado", P. Floyd. ¿Dónde ha quedado últimamente tu deseo de tener tiempo con el Señor?

Si no tienes tiempo para dedicarlo a Él, solo y en pareja, debes revisar con muchísimo cuidado tu agenda, por los peligros que eso pueda acarrear.

El gran engañador nos llevará a buscar alternativas en "pozos rotos que no retienen el agua" (Jr 2:13), pero solo Él es fuente de agua viva, solo Él es el origen de la paz verdadera, solo Él es el Dios de todo poder que nos permitirá avanzar a pesar de las muchas tormentas que puedan aparecer en nuestra vida matrimonial.

No es tanto, cuestión de cambiar las circunstancias, aunque a veces pueda ser también necesario. El elemento imprescindible es buscar a Dios, tener sed de Él, hacer de su presencia una constante sin tregua, ni momentos de vacío espiritual.

Recuerda que "Dios es nuestro amparo y fortaleza, nuestro pronto auxilio en las tribulaciones: Por tanto, no temeremos, aunque la tierra sea removida, aunque se traspasen los montes al corazón de la mar; aunque bramen y se turben sus aguas, y tiemblen los montes a causa de su braveza" (Sal 46:1-3).

Por lo tanto, y como vamos viendo, mucho antes del "sí quiero", hemos de empezar a construir bien teniendo, muy en cuenta, al Señor y sus normas, pero queremos añadir otras cuestiones que, quizás sin tanta importancia como las anteriores, también harán que peligre la unión matrimonial. Una de ellas es la necesidad de que los jóvenes, antes de casarse, conozcan la cosmovisión de cada uno, sepan hacia dónde quieren ir como pareja y qué esperan ambos de la vida: Cómo van a organizarse, qué van a dejar atrás, qué ilusiones y qué motivaciones les mueven para construir un nuevo hogar.

8. Construir bien, sin dependencia patológica

Pero, para construir bien, en un principio, también es necesario que ambos cónyuges no se dejen llevar solo por las emociones y lo bonito del momento. Deben saber que les queda mucho trabajo por delante y que ambos tienen que ser suficientemente maduros para no depender, en exceso, el uno del otro generando una peligrosa relación, que no solo afectará a uno de ellos, sino que les afectará a ambos de forma muy negativa e, incluso, enfermiza.

Ya desde ese tiempo pre-matrimonial se debe buscar en el otro la complementariedad pero no la co-dependencia. No es bueno esperar que el otro se responsabilice de forma completa, a todos los niveles, de la felicidad y el equilibrio personal del cónyuge.

En el noviazgo o matrimonio en el que existe co-dependencia hay, muchas veces, un sustrato de malos tratos, ya que cualquier trauma infantil severo (abuso, violencia, abandono…) puede resultar posteriormente en una relación compleja y perjudicial para ambos en la que la persona co-dependiente se volcará en exceso cuidando al otro, que se auto-desprecia y se hiere con sus propias palabras y su adicción a la infelicidad, buscando siempre la valoración y la protección del cónyuge, sin ser capaz de depender de Dios y de coger las riendas de su propia vida no haciéndose cargo de sus necesidades y responsabilidades.

Este cuadro desemboca en una relación en el que el eterno "sufriente" pretende que el otro se responsabilice de su felicidad, de su éxito, de su tranquilidad e intenta controlar y manipular hasta llegar a una relación tóxica de dominante-dominado y, a veces, lo que ocurre es que el que parece más débil es el que, de verdad, domina al que queda atrapado en la co-dependencia.

Las mujeres, más que los hombres, podemos utilizar la estrategia, muchas veces inconsciente, de no estar bien nunca a fin de tener pendiente al novio o al esposo de forma permanente y agobiante.

Os puedo asegurar que es una vía muerta, que solo lleva a la frustración e, incluso, a la pérdida de ganas, por parte del novio o del marido, de estar cerca. ¡¡¡Nadie está bien con alguien quejoso, amargado y dolido continuamente...!!!

Por eso, y antes de seguir con el tema, quiero dar un primer consejo bíblico, seas hombre o mujer: "Que ninguna raíz de amargura inunde tu vida" (Heb 12:15) y la utilices erróneamente para que estén por ti de forma permanente y exclusiva.

Analízate en este momento, ¿qué raíces de amargura estás regando? ¿Tienes necesidad de dominar y controlar a través de demandas infinitas de atención, para sentirte segura/o?

Ten cuidado cuando necesitas dominar y hacer que los demás cubran del todo tus necesidades emocionales. En este caso puedes ejercer tres roles y ninguno correcto:

En primer lugar, puedes ser "víctima" que es el caso que explicábamos arriba. En este supuesto estarás mal, de forma consciente o inconsciente, casi continuamente. Utilizarás a menudo el "sí, pero...". Buscarás asiduamente ayuda, protección... Harás multitud de demandas de atención a fin de que estén por ti de forma total y absoluta.

La persona-víctima llega a pensar que cuánto peor esté, más caso le harán. Te puedo garantizar que este patrón tiene los días contados y, si perdura en el tiempo, la persona que hace tanto caso no lo hará de buen agrado y se convertirá en un co-dependiente enfermizo.

Como he dicho antes, es un papel poco sabio y que no lleva a ninguna parte, ¡todo lo contrario! Llega un momento en que el victimismo se instaura y es muy difícil salir de él porque parece tener beneficios secundarios al mantenerse en ese estado, pero debemos recodar que son beneficios falsos que duran poco y, en el caso de que duren, aún es peor porque establecemos una relación terriblemente dolorosa en la que domina la dependencia, el abuso y la falta de libertad para vivir equilibradamente.

El segundo rol que se puede tomar sería el de "dominante". Este utilizará la intimidación y, a veces, el maltrato en sus diferentes formas. También se busca que el otro esté muy cerca y cubra las necesidades de todo tipo, pero utilizando otro método: El maltrato. ¿Te ves así? Recuerda que el maltrato se puede dar de marido a mujer o de mujer al marido. En este segundo caso puede ser quizás más sutil, pero igual de doloroso, dándose humillaciones, gritos, insultos que, en último extremo, termina también en dominio puro y duro... En el hombre ocurre igual pero, por su mayor fuerza física, puede pasar a agresiones corporales de gravedad variable y legalmente punibles. En este caso se utiliza más el poder controlador para que el cónyuge se adapte y acepte lo que la persona dominante pretende, llegando de nuevo, y de forma diáfana, a la situación dominante-dominado.

La tercera forma de ser, equivocada, es el de "rescatador". En este caso se ahoga al novio/a o al cónyuge al intentar suplir todas las necesidades del otro hasta llegar a hacerle totalmente dependiente, convirtiéndose el rescatador en co-dependiente. Esta forma de actuar casi parece amor real y quizás lo sea, pero deja al otro sin oxígeno emocional y volvemos a generar dependencia enfermiza. Incluso podemos ver en este rol una necesidad tremenda de controlar.

Lo curioso de este tema es que en el matrimonio uno de los cónyuges puede pasar de un papel a otro o quedarse en uno de ellos, de por vida, para establecer un equilibrio desequilibrado y vivir, por años, en un estado de relación muy patológico y nada aconsejable porque en ninguno de ellos se siguen patrones correctos al interactuar con la pareja.

Cualquiera de los tres estados, los podemos resumir con la frase: "Lucha encarnizada por controlar al otro" lo que trae consecuencias nefastas que nunca van a dar a luz la seguridad, la confianza y la libertad en la que debería vivir el matrimonio.

Quizás te estés preguntando cuál es la solución, ¿cómo salgo de todo esto? ¿Cómo rompo el círculo vicioso de dominante-dominado?

No es tarea fácil, pero es imprescindible salir, cuanto antes, si de verdad quieres que tu matrimonio sea sano y duradero.

Lo más importante es hacer un buen diagnóstico de ti mismo. No diagnostiques a los demás. ¿Qué rol estás tomando tú? Si la repuestas es cualquiera de los tres mencionados: víctima, dominante o rescatador, debes inmediatamente pensar en cómo se ejerce ese rol. Una sugerencia es que lo escribas y lo pienses durante unos días.

Verás que debajo de cualquiera de esos papeles existe la necesidad de controlar y dominar, de alguna manera. Quizás ni te habías dado cuenta, pero es así. No busques excusas, ni hagas huidas del problema, ¡afróntalo cuanto antes! Toma decisiones de cambio tú, después háblalo con tu novio/a, o recién estrenado cónyuge.

También puede ser que sea él/ella la que esté tomando alguno de esos roles como su forma de vivir, déjale que lea este capítulo y que intente reflexionar.

Pero, en último extremo, es una cuestión personal. Es imprescindible tomar las medidas necesarias para buscar una relación sana en la que el esposo tome la decisión de amar a la esposa, como Cristo lo hace con su Iglesia, y que de ese amor surja en la esposa la decisión de respetar a su marido por amor y por cumplir con la voluntad de Dios que es "agradable y perfecta" para ambos (Ro 12:2).

9. Escoger bien, dando y recibiendo a la vez

Todo lo mencionado nos lleva a una decisión: Tenemos que escoger. Escoger para vivir correctamente desde antes del "Sí, quiero", escoger para el bien del otro (que es el amor de verdad), escoger menguar, si fuera necesario o, incluso escoger crecer en madurez.

Sabemos que muchas veces al perder parte de nuestra soberbia ganamos guerras interpersonales. Despojarnos de cualquiera de los papeles mencionados arriba, arrepentirnos de haberlos utilizado, amar sin controlar, buscar al otro como decisión, sin necesitar sentirnos necesitados, cuidar sin ahogar, ser benignos y prudentes en nuestras expresiones y acciones, nos ayudará inmensamente en nuestro crecimiento personal y relacional.

Por lo tanto, ¡atención al peligro de no dar y solo querer recibir! No quiero dejar de hablar de este tema, en este primer capítulo, en el que nos encontramos en "la entrada", a punto de ser unos "recién casados".

Estar con otra persona, unidos por un fuerte vínculo, es una experiencia intensamente válida, pero a la que le hemos de dedicar mucho tiempo y esfuerzo para que todo funcione y para que todas las piezas del inmenso puzle, de la vida en común, se mantengan unidas y conexionadas.

En cuanto a dar y recibir, hemos de hacer un énfasis muy especial en la cuestión del tiempo. Sabemos que toda nuestra existencia está condicionada por el factor de temporalidad y consideramos las horas como una bendición cuando las poseemos y como una angustia cuando nos da la impresión de que se nos van entre los dedos. Todo pasa volando y los días, meses y años es como si se esfumasen y nos vamos dando cuenta de que, desgraciadamente muchas veces, por el camino, perdemos la vida y no dedicamos horas a gestionar bien lo que es nuestro matrimonio.

Desgraciadamente, en esta cuestión de las horas que dedicamos a nuestra relación, muchas parejas llegan a la ruptura por dejadez, por no invertir tiempo para construir bien, por no sacrificarse, por egocentrismo, por no cumplir con los roles que nos toca ejercer a cada uno.

Debemos recordar que la satisfacción en el matrimonio llega por muchas vías, pero, sobre todo, por la reciprocidad en la entrega mutua al estar dispuestos a dar y recibir desde la diferencia entre mujer y hombre. Si solo es uno de los dos cónyuges el que da, el pronóstico no será nunca favorable. Llegará el hastío, la sequedad y el cansancio.

Hemos de contribuir a satisfacer las necesidades del otro. La cantidad de palabras y acciones placenteras que queremos recibir estará necesariamente en relación directa con lo que damos y eso requerirá mucho tiempo y esfuerzo.

Muchas veces en este proceso paulatino de dejar de dar tiempo en calidad y cantidad al otro, nos pueden las pantallas. Dedicamos demasiadas horas a las nuevas tecnologías en detrimento de las relaciones interpersonales presenciales e importantes.

Todo en la existencia humana tiene su lugar, está bien dedicar tiempo a trabajar en el ordenador o a ver algo en la TV, o usar debidamente las redes sociales, pero el problema llega cuando esa actividad pasa por delante de nuestra vida conyugal y nos roba minutos y horas de relación que, difícilmente, se recuperarán.

Por lo tanto, debemos establecer una importante premisa: El tiempo que pasamos como matrimonio, juntos, sin pantallas, nunca es tiempo perdido. Lo invertimos teniendo presente la ley que se cumple siempre y que nos asegura que lo que damos será lo que recibiremos.

Es la ley de la siembra y la siega. Si no sembramos casi nada, será difícil que la cosecha sea abundante.

Pero a veces, si todo es monótono, si solo uno de los dos hace el esfuerzo diario de "regar" la planta de la relación y no hay ninguna sensación de reciprocidad, el deseo de estar juntos puede empezar a morir. En este caso se nos debe encender una gran luz de alarma porque es seguro que algo grave está a punto de pasar en nuestro matrimonio.

Si, en ese caso, no hacemos algo a tiempo, le daremos la razón a las opiniones que prevalecen, hoy día, en cuanto al matrimonio y que, desgraciadamente, no son muy favorables. Las estadísticas que nos llegan en cuanto al divorcio son tan elevadas que parece que no hay otra vía para el vínculo del matrimonio que el fracaso, a la corta o a la larga.

Pero no debemos ser ingenuos, ni pensar que la separación y el divorcio son la solución. Nunca es así. La separación tiene efectos posteriores muy devastadores para los dos miembros de la pareja y para toda la familia. Quedan muy afectadas, la economía, las amistades, los hijos y la vida en general. También aparecen enfermedades físicas y psicológicas debido al gran estrés que representa una ruptura.

Por otro lado, las actitudes negativas, de uno de los cónyuges o de ambos, después de la separación, generarán un ambiente muy desagradable en el hogar y se extenderá en círculos concéntricos al mini mundo de los dos miembros de la pareja, y a los hijos, y padres respectivos, generando mucho dolor y angustia.

Entonces, antes de que llegue el trauma de la ruptura, ahora, aun en "la entrada", hay que hacer una seria reflexión y tomar decisiones para poder prevenirla, incrementando el nivel de intercambios recíprocos y mutuamente reforzantes.

Una buena interacción requiere una gran sensibilidad a las peticiones del otro y un esfuerzo importante ante las actuaciones positivas del cónyuge, teniendo muy presente la necesidad de dar tiempo al otro para este cometido.

Por eso me gusta mucho la frase que dice: "Redimiendo el tiempo" (Ef 5:16). Redimir es "comprar" pagar un precio de alguna manera. El tener tiempo juntos de calidad, en cantidad, va a tener un coste. Ya hemos dicho que tendremos que abandonar pantallas, pero quizás también otras cosas: Exceso de trabajo, algunos pasatiempos que no nos llevan a ninguna parte, amistades que a lo mejor no nos convienen… o incluso cosas que nos convienen pero que no deben ser prioritarias.

Piensa en cuántas horas a la semana pasas a solas con tu novio/a o con tu cónyuge. Analiza cómo son esos momentos. ¿Es tiempo de calidad? ¿Hay calidez en las acciones y reacciones? ¿Esperas esos momentos con ilusión? ¿Cómo te preparas para vivirlos?

Las interacciones en el matrimonio no han de estar limitadas a una sola área, por ejemplo, a hablar solo de los hijos o de la economía, y mucho menos deben servir para críticas o violencia. Se han de reforzar las habilidades de comunicación, olvidando los agravios del pasado y centrando la conversación en lo que se tiene en común en el presente, siendo asertivos, diciendo las cosas bien, sin herir ni maltratar y siempre con proyectos que nos puedan traer cierta ilusión para el futuro.

Relacionado con el párrafo anterior hemos de recordar que uno de los más potentes calificativos del amor es la benignidad. Por lo tanto, el que ama de verdad no debe hacer daño al otro. Muchas veces cuidamos las palabras con esmero para con los de afuera y olvidamos que la amabilidad debe ser para con todos (Flp 4:5), y ese todos incluye especialmente al propio cónyuge.

Cuando estamos juntos, como marido y mujer o novios, debemos evitar a toda costa hacernos daño, herirnos por cualquier cosa, hablarnos mal y menospreciarnos.

¡Empieza a dar! ¡Sé generosa/o tú!

Debemos intentar ser modelos en este arte de comunicarnos bien y construir correctamente desde antes del matrimonio y desde los primeros años en los que permanezcamos como marido y mujer.

IMAGINA LA ESCENA... JUNTOS EN LA ENTRADA

Manoa y su esposa: ¿por qué discutimos tanto? (Jueces 13)

Acabáis de casaros, apenas habéis entrado en casa y, contra todo pronóstico: "Una pelea", no, ¡perdón! No es eso, es meramente "una discusión". No, tampoco, es simplemente "un intercambio de opiniones" o, mejor dicho: "un compartir criterios".

Realmente no importa tanto la palabra usada (aunque las palabras tienen mucho poder y tenemos que tener cuidado con su uso, puesto que cada uno colocamos dentro de un vocablo nuestra propia definición y contenido) pero lo importante a destacar es el hecho de que después del "Sí, quiero" se necesita tiempo, trabajo y paciencia para compaginar dos vidas, cada una con su trasfondo, su historia y su "mochila". La gran aspiración es que el proyecto de vida de ambas personas sea para la gloria de su Creador, para el disfrute mutuo y para beneficio de (muchas) otras personas.

Así, te presento a Manoa y a su esposa. Lo siento no sé el nombre de la "reina de la casa" (aunque se menciona "la mujer de Manoa" siete veces en el capítulo 14) pero sin mencionar su nombre, no obstante, encontramos unos detalles que pueden ser instructivos al iniciar nuestra andadura juntos durante las próximas páginas.

1. Una mujer triste

Su presentación en Jueces 13:2 es la de una mujer estéril. La frase es "curiosa" puesto que en hebreo dice lo obvio "no podía quedarse embarazada, y no tenía hijos". La segunda frase es obvia después de la primera, pero parece que el autor inspirado quisiera enfatizar que, a pesar de todos los intentos, no hubo ningún resultado positivo, con la consecuente tristeza de cualquier mujer casada al no tener hijos y aún más para la mujer hebrea. En su contexto cultural la esterilidad tuvo, además, un reflejo oscuro y dudoso sobre el estado espiritual del marido: "¿Es pecador y por esta razón no tiene hijos?".

Después de tantos intentos, ¿habrán perdido toda esperanza? Lo que sí es seguro es que el Señor inicia Su obra "de la nada". Una esterilidad total y desde siempre, pero esto no es ningún problema ni obstáculo para el Creador.

Parece que Manoa sería un hombre relativamente pobre, porque una manera de quitarse de encima el estigma hubiera sido tener una segunda mujer. Otra indicación de su posible pobreza se ve en que el sacrificio que ofrece al Señor (después de la tan buena noticia de su próxima paternidad) no va más allá de "un cabrito y una ofrenda de grano" (13:19). Pero, otra vez, la condición económica ni el estatus social no representan ningún problema ni obstáculo para el Creador.

Aunque pudiese haber otra consideración: Manoa amaba tanto a su esposa que quizás no quería que ella sufriera el dolor de tener "una rival" en casa. En este caso tenemos que dar "un diez" a Manoa, y es un ejemplo digno de ser imitado, puesto que buscaba el bienestar de su esposa por encima de su propia "reputación" que quedaba en entredicho en cuanto a su condición espiritual (véase lo dicho anteriormente) y su masculinidad.

De hecho, puede haber todavía otra explicación por la cual tendríamos que dar "otro diez" a Manoa. Había entendido claramente que el modelo divino era: "Un Adán con una Eva" y, por lo tanto, para honrar a su Creador no quiso romper el molde de Gn 2:22-24. "Y de la costilla que Jehová Dios tomó del hombre, hizo una mujer, y la trajo al hombre. Dijo entonces Adán: Esto es ahora hueso de mis huesos y carne de mi carne; esta será llamada Varona, porque del varón fue tomada. Por tanto, dejará el hombre a su padre y a su madre, y se unirá a su mujer, y serán una sola carne".

No obstante, podemos notar, con alegría, que su tristeza profunda era conocida por el Señor, como lo es el estado de ánimo de cada matrimonio, en cada momento; tanto las tristezas como las alegrías; las incertidumbres, como las certezas. La primera palabra en hebreo del versículo 3 es "Entonces…" o sea en aquella circunstancia de profundo dolor (y ¿duda?) el Señor entró en su vida, y lo cambió todo. Tal como el Señor puede hacer en tu/vuestra vida y matrimonio

2. Una mujer confiada

No nos dice dónde habló el ángel por primera vez a la esposa de Manoa, pero es obvio que su marido no estaba con ella puesto que se fue "corriendo" (NTV) para comunicar la buena noticia a su marido (13:6). Manoa suplicaba, imploraba, rogaba (es una palabra muy fuerte, oraba con gran intensidad) en oración para tener un segundo encuentro para que les diera "más instrucciones" (v. 8). ¡¡¡En otras palabras, quiso asistir a una "Escuela de Padres"!!!, cosa muy recomendable para cualquier matrimonio.

El segundo encuentro ocurrió "estando ella sentada en el campo" (El texto hebreo incluye la palabra "sentada"). Imagina la escena...

Acabas de recibir la noticia que has estado esperando toda tu vida (especialmente después de la boda); tu marido ha hecho una intensa oración y ahora... esperas la respuesta y meditas y meditas y sigues meditando en tu nuevo futuro según la promesa dada por el ángel. ¿Me permites hacerte una pregunta?: ¿Tu Creador sabe que hoy vas a orar-con-intensidad rogando por un nuevo encuentro con Él, y sabe que después irás meditando, meditando, meditando en lo que te ha dicho?

Hay mucho que podemos sacar de los demás versículos de este capítulo, pero para nuestra reflexión pasamos al capítulo siguiente. Ya ha nacido el niño ¡¡Sansón!!, y la tremenda alegría de los padres empieza a nublarse puesto que su hijo no parece muy "dedicado al Señor desde su nacimiento" (13:5) puesto que pone sus ojos en mujeres paganas. Y durante el capítulo 14 se menciona siete veces que "su padre y su madre" siempre estaban juntos...

3. Una pareja unida en el desconcierto

Supongo que los padres de Sansón, como todos los padres del mundo imaginan a sus hijos casándose bien, con la felicidad abundando en sus casas y llevándose bien con los parientes, etc. Pero, en este caso, esos sueños iban haciéndose pedazos con cierta frecuencia. Jueces 14:4 nos informa que "no sabían que esto venía del Eterno". En otras palabras, en medio del desconcierto y las mil y una preguntas (como, por ejemplo: "¿No hay mujer en todo nuestro pueblo, para que vayas tú a tomar mujer de los filisteos?"), el Soberano Dios estaba cumpliendo Sus propósitos y planes, para la familia y para la nación (y ¡¡para nosotros al aprender cosas de la narrativa histórica!!).

En medio del desconcierto, en medio de situaciones contradictorias e "innecesarias", ¿podéis poner vuestra vida y vuestra familia en las manos de vuestro Creador con una tranquilidad total? Él mismo ha prometido: "Él es un escudo para los que caminan con integridad, Él cuida las sendas de los justos y protege a los que son fieles" (Prov 2:7-8) y así podemos orar con serenidad: "Guíame por el camino correcto, oh Señor… allana Tu camino para que yo lo siga" (Sal 5:8).

Perdemos la pista de Manoa y su esposa después del capítulo 14, pero es posible que luego la pareja tuviera otros hijos. Después de la muerte de Sansón nos dice: "sus hermanos y otros parientes descendieron … para recoger su cuerpo. Lo enterraron donde estaba enterrado Manoa su padre" (Jc 16:31).

¿Me permites añadir una nota? A veces podemos pensar que Sansón fue un desastre durante toda su vida de adulto, pero esta idea tiene un gran problema en Hebreos 11, el capítulo de la galería de los grandes hombres de fe del Antiguo Testamento: encontramos en el versículo 32 el nombre de Sansón al lado de los nombres de "David, Samuel y todos los profetas". ¿Entonces? Propongo que hay varias lecciones que probablemente vienen de una buena educación dada por el matrimonio que nos ocupa:

(i) No fue un desastre TODA su vida. Nos informa en Jueces 16:31 que "juzgó a Israel por veinte años". Por lo tanto, tuvo años de servicio, y, evidentemente, años de servicio de fe.

(ii) Servir fielmente al Señor durante años no es ninguna garantía del final. Tenemos que luchar conscientemente para ser fieles hasta la muerte (Ap 2:10).

(iii) Parece que la tentación que le derrumbó al final fue parecida a su primer derrumbe. Cuidado con las tentaciones pasadas, es cuestión de que "el que piensa estar firme, tenga ¡¡¡cuidado!!!".

(iv) Su nombre está incluido en el gran capítulo 11 de Hebreos porque cuando Dios perdona no hay nada que se puede encontrar (ni el Diablo puede acusar) en su contra. "Yo, el Señor, echo tus pecados en lo profundo del mar" (Miqueas 7:19).

Tus pecados pasados, confesados a Dios y perdonados por Él no deben estar en tu mochila al iniciar tu vida de casado. ¿Por qué? Pues, propongo, que después de echarlos al fondo del mar, el Señor pone un letrero bien grande: PROHIBIDO PESCAR.

…y lo mismo es verdad después de muchos años de casados, y si el Señor no nos echa en cara nuestros pecados (que han sido confesados y perdonados), ¿tenemos el derecho de hacer otra cosa con nuestro cónyuge? ¿Qué te parece?

Medita como matrimonio en…
"Una mirada alegre trae gozo al corazón; las buenas noticias contribuyen a la buena salud". Prov 15:30.

BIENVENIDOS A NUESTRA CASA… JUNTOS EN LA ENTRADA

Como mencionan Eduardo y Ester, todos vamos al matrimonio con una mochila en la espalda llena de recuerdos, vivencias, lecciones aprendidas, heridas, desengaños, educación, creencias, valores… que de alguna manera han configurado la persona que somos hoy formando así nuestro carácter.

Es cierto que nacemos con un temperamento concreto. Humanamente hablando no hay nada que tenga una influencia más profunda en nuestro comportamiento que el temperamento que heredamos. La combinación de los genes y cromosomas de nuestros padres al momento de concebir son los que determinan nuestro temperamento básico.

Lógicamente esto afecta nuestro comportamiento. Algunos psicólogos opinan que tenemos más genes de nuestros abuelos que de nuestros padres. Nuestro temperamento influencia cada cosa que hacemos, hábitos en el dormir, en el estudiar, comer… etc. Mucha gente ignora esto y a veces lucha por ser, o hacer, cosas que por su temperamento difícilmente conseguirán. El temperamento es la herencia genética con la cual nacemos. Se ve modificado por nuestra infancia, educación, preparación, creencias, principios y motivaciones. Formándose así nuestro carácter.

Cada persona es única. No estamos hechos en serie. No vais a encontrar dos hombres, dos mujeres en toda la tierra iguales. Todos somos "originales", cuando nacimos se rompió el molde. ¡¡Somos únicos e irrepetibles!!

Es esencial no ignorar esta realidad cuando vamos al matrimonio. Ser conscientes de ello nos ayudará a respetar al otro y a la vez, nos ayudará a vernos a nosotros mismos como alguien que puede aportar algo único a esta relación de matrimonio.

Situándonos en la entrada

Juan y Elisabet llevan un año de casados. Se conocen de pequeños, pero a pesar de haber crecido juntos en la misma iglesia y de haber estado tres años de noviazgo, tienen unos "cortocircuitos" en su comunicación que no llegan a entender.

Juan era el segundo de tres hermanos. Nació en una familia tradicional. Unos padres que sabían muy bien cuál era su rol en la familia; trabajando el padre fuera de casa y la mamá atendiendo el hogar. Nunca faltaba comida en el frigorífico, la ropa limpia y planchada, la comida en la mesa, las camas bien hechas, etc.

Elisabet era la mayor de cuatro hermanos. Sus padres trabajaban fuera de casa y tanto ella como sus hermanos colaboraban en las tareas del hogar.

Recién regresados del viaje de novios, Elisabet observó que cada noche Juan dejaba la ropa sucia en el suelo acumulándose un día para otro hasta que Juan ya no tenía nada limpio que ponerse.

"¡Pero… Eli, no tengo nada limpio que ponerme! ¡Toda mi ropa está sucia! —exclamó Juan". A lo que ella respondió: "¿Se supone que te la tengo que limpiar yo?". "En mi casa —respondió Juan—, mi madre lo hacía". Elisabet en tono enfadado, le contestó: "Pues en la mía, cada uno recogía su ropa".

Todos venimos de familias diferentes, de costumbres diferentes, de tradiciones diferentes, etc. y cuando nos casamos lo llevamos al matrimonio esperando que el otro responda como lo hacía mi papá o mi mamá. En el capítulo de roles veremos con más detalle esto. No solamente hemos sido influenciados en el reparto de tareas, sino también en la manera de entender el amor, en la manera de llevar las finanzas, en cómo nos comunicamos, como expresamos la afectividad y como entendemos la sexualidad…

Enfocando la orientación

Juan y Elisabet fueron confrontados a una realidad.

Vienen de dos mundos diferentes, como si se tratara de dos países con lenguajes y costumbres que no solo debían conocer y respetar, sino que también entender, integrar y hacer los ajustes concretos y pertinentes para el bien de su relación.

Juan es más despreocupado y desentendido. Elisabet es más perfeccionista.

Es evidente que han empezado el matrimonio sin ninguna preparación. De hecho, Juan se ha visto como presionado por sus padres y su entorno religioso a casarse con Elisabet.

Hablando con ellos

La familia de la que procedemos nos la llevamos a cuestas al matrimonio. Conocer como ha sido nuestra infancia, nuestra relación con los padres y hermanos, nuestros roles en casa, nos ayuda a entender mejor al otro. A la vez, ver mi propia historia, me ayuda a no ser exigente con el otro y a controlar quizás demandas que parten del patrón de relación de mi familia de origen.

Conocer la historia familiar de mi pareja no justifica nada, pero puede explicar algunas reacciones, costumbres, expectativas de ambos.

Al casarnos, empezamos un proyecto de familia. Cada uno va a aportar parte de su familia de origen a este nuevo proyecto, pero debemos crear nuestro propio "estilo" y decidir qué tradiciones queremos continuar y de alguna manera cuál va a ser nuestro distintivo de familia.

Les pedimos que nos cuenten cómo se conocieron, algo de su historia personal y familiar, porque un buen comienzo ayuda mucho en el transcurso de la vida de pareja.

¿Cómo era vuestra familia de procedencia? ¿Cómo os sentíais? ¿Cómo os conocisteis? ¿Qué podríais decir de vuestro tiempo antes de casaros?

Seguimos preguntando: ¿Cómo ha sido hasta ahora vuestra relación con la familia del otro? Aquí Juan pone "cara de póquer".

Pedimos a cada uno que definan: "¿Cómo es una familia normal?". ¿Qué idea tienen del matrimonio? Vamos viendo los mitos y las expectativas que cada uno tiene, y junto con ellos, vamos trazando un mapa familiar de interrelaciones. Estamos buscando si tienen un proyecto matrimonial conjunto. Es evidente que cada uno tiene su propia idea de familia normal, y es evidente también que son bien diferentes. Les pedimos que se escuchen; que no impongan al otro sus ideas preconcebidas. Que ellos son responsables de hacer del tú y del yo, un nosotros. Vemos en ellos una buena predisposición a trabajar en su nueva relación. Les explicamos lo importante de tener un proyecto de vida común. "Hay que saber escoger los vientos propicios para llegar al puerto fijado de destino". Si no sabemos hacia dónde vamos, izaremos velas y cualquier puerto que el viento nos lleve, nos parecerá bueno; entonces diremos que es nuestro destino. Sin un proyecto, sin una meta, muchos van a la deriva y finalmente, naufragan.

Les decimos que un matrimonio no cae del cielo, que se nos presenta en piezas como un puzle y que ellos dos tienen el privilegio y la responsabilidad de construirlo. Para ello necesitan basarse en una nueva imagen de lo que es un matrimonio.

Para terminar, leemos juntos, Gn 2:24-25 como la base de toda relación matrimonial. Les indicamos que esto no es algo instantáneo sino que es un proceso que dura toda la vida. Señalamos que no solo es vivir uno al lado del otro y hacer actividades conjuntas, más o menos pactadas, sino que es recibir al otro en tu vida. Integrarlo en tu forma de pensar, en tu manera de sentir, en tu corazón; que si el otro pudiera asomarse a la ventana de tu corazón, se viera reflejado en ti. Esto tiene una palabra concreta: aceptación.

Les insistimos que son ellos los que forman el nuevo hogar. Si no son conscientes, serán absorbidos por otros. Tienen que dar un triple salto mortal de "Dejar, Unirse y Fundirse en uno solo". Si no sabemos dejar, nuestra relación sufrirá. Unirse, es querer ser uno. Unir criterios, visión, objetivos, tiempo, etc., para fundirse en uno solo. No tan solo en el aspecto sexual, sino ser uno en dedicación, horario familiar, en finanzas, y un largo etc.

Aquí Juan se da cuenta de la presión de sus amigos, que le echan en cara que desde que está casado ya no tiene la relación con ellos como antes; que lo encuentran a faltar. Últimamente lo están invitando a salir los viernes por la noche con su pandilla de siempre.

También Elisabet se da cuenta de la relación tan estrecha con su madre; que habla con ella lo que debiera hablar con Juan. Le señalamos a Elisabet que no ha roto el cordón umbilical con su madre y que tiene una dependencia extrema. Frente a cualquier problema o dificultad, corre a explicárselo a su madre. Juan por su lado viene de una familia que cada uno iba a "su bola". De hecho, su grupo de amigos, la pandilla, ha sido su verdadera familia emocional. Cuando tiene un problema no lo afronta y se evade.

Los dos deciden hablar sobre este tema y poner su relación por delante de sus amigos y de su familia.

Para la próxima entrevista han de traer una relación de objetivos conjuntos que tienen para su matrimonio.

Idea clave:
"Para vivir el gran viaje de la aventura de la vida,
hemos de tener un proyecto común".

PARA REFLEXIONAR Y ACTUAR
[MPS – MATRIMONIO POSITION SYSTEM]

¿De dónde venimos, dónde estamos y dónde queremos llegar?

Para ti

¿De dónde venimos?
* ¿Cómo describirías la "mochila familiar" que llevas?

¿Dónde crees tú que estáis?
* ¿Cómo definirías tú vuestra relación presente?
* ¿Cuál es tu idea de matrimonio y familia?
* ¿Hasta qué punto aceptas al otro? ¿Y hasta qué punto te sientes aceptado/a por el otro?
* ¿Qué es aquello que te ata o te obstaculiza para tener una buena relación matrimonial?

¿Dónde queremos llegar como pareja?
* ¿Cómo definirías vuestro proyecto conjunto de amor?
* ¿Cómo puedes manifestarle que lo/la aceptas y que el otro es tu prioridad?
* ¿Qué piensas hacer para crecer "más juntos" en vuestra relación?

Para vosotros

Comentad lo que habéis reflexionado a nivel individual.
* Hablad de aquellas cosas que no ayudan a vuestra relación y cómo lo resolveréis.
* Poneos de acuerdo en vuestro proyecto de vida.
* Comentad juntos la sección IMAGINA LA ESCENA de la pareja bíblica (Manoa y su esposa) propuesta para este tema.

- Hablad de cómo os ayudaría participar en un grupo de matrimonios para tratar sobre estos temas.
- Decidid día y hora que vais a realizar vuestra "salida como pareja" para repasar este tema.

Oración

Si es apropiado para vosotros dos, terminad JUNTOS hablando con Dios.

CAPÍTULO 2

JUNTOS EN LA SALA DE ESTAR
La convivencia en familia

1. Aprendiendo a comunicarnos sin agredirnos

Me consta que son muchas las salas de estar de los hogares que representan estancias agradables de descanso y concordia. Es el lugar más concurrido de la casa donde, normalmente, nos reunimos, nos comunicamos, nos relacionamos y vivimos experiencias en común, pero también es el lugar en el que discutimos y, a veces, nos enfadamos y las paredes se tiñen de emociones y conseguimos estar cómodos, o no estarlo en absoluto. Allí hablamos o no. Descansamos o no, ...o no.

Me referiré en este capítulo especialmente a las cuestiones negativas que pueden ocurrir en sus cuatro paredes.

He dicho en el primer párrafo: "Nos comunicamos", pero sabemos que la comunicación en la familia, y especialmente en el matrimonio, no siempre es fácil. Como hemos visto en el capítulo anterior, llegamos a formar una pareja desde historias familiares y contextos previos diferentes, que llevamos pegados, como lapas, a nuestras espaldas y que afectan a nuestra forma de ser y, también, de comunicarnos.

Y además de nuestras "mochilas", cada uno de nosotros, tenemos temperamentos distintos que nos hacen reaccionar de formas diferentes ante los demás y ante las circunstancias de la vida.

Pero me gustaría enfatizar que la comunicación correcta es un arte que normalmente, no surge de forma instantánea y fortuita y que, por lo tanto, debemos esforzarnos por practicarlo, sobre todo, si pretendemos que nuestro matrimonio dure, a lo largo del tiempo, de forma saludable.

Muchas veces, en la sala de estar, se dan momentos de enojo o de enfado y tenemos que saber que son sentimientos lícitos pero, si el enfado se nos va de las manos y hacemos daño a los demás, nos hemos ido, totalmente, del arte.

El apóstol Pablo es muy claro, cuando nos dice: "Enfadaos, pero no pequéis" (Ef 4:26). Pero todos hemos experimentado, en muchas ocasiones, los momentos en los que no hemos podido sujetar nuestra lengua y, al no controlar las expresiones verbales, hacemos daño a las personas que más queremos.

Pero si alguien nos preguntara si nosotros nos excedemos al enfadarnos, seguramente responderíamos que, lo que hacemos o decimos, no es para tanto y que no asustamos a nadie con nuestras reacciones pero, desgraciadamente, hay una gran conexión entre enfado, ira, violencia y angustia vivida por los que conviven con personas que usan la dureza en su forma de hablar.

El mal carácter siempre tiene el peligro de desembocar en palabras o acciones dolorosas. Lo vemos a nuestro alrededor todos los días. La violencia está actualmente muy presente en todos los ambientes en los que nos movemos. Solo tenemos que pararnos a observar cómo se conducen los coches y qué reacciones aparecen cuando alguien se cruza indebidamente en el camino o tarda unos minutos de más al salir de un semáforo. Cualquier pequeño detalle puede levantar una polvareda de rabia, agresividad y violencia.

Desgraciadamente tenemos que aceptar que vivimos en un mundo que va a peor en cuanto al incremento exponencial de la ira, la violencia y la agresividad y lo vemos también, casi continuamente, en muchas parejas y familias de hoy.

Podemos tener puntos de vista diferentes en cuanto a los enfados y sus causas, dependerá de nuestra personalidad y de nuestra forma de controlar las emociones, pero todos debemos reconocer que la ira no controlada puede llegar a ser muy peligrosa, no solamente para los demás, en el sentido amplio de la palabra sino, especialmente, para nosotros mismos y para nuestra vida conyugal en particular.

Por eso quisiera dejar algunos instrumentos para poder manejar lo mejor posible nuestros enfados, a fin de que no nos roben la posibilidad de comunicarnos adecuadamente y que los momentos de "sala de estar" estén impregnados de una buena dosis del arte de la buena comunicación.

En el caso de que no podamos estar juntos sin gritar, sin discutir y sin hacernos daño con nuestras actitudes y palabras, la vida se va a hacer muy difícil; pero, además me gustaría deciros que son muchas las personas que acuden a terapia psicológica, después de la muerte de su cónyuge, pidiendo ayuda porque sus conciencias les machacan con complejos de culpa por no haber sido capaces de dominar sus caracteres y, después de la pérdida, se sienten terriblemente mal al ver los tiempos perdidos, en luchas y malos modos, que han hecho sufrir tanto a la persona que amaban pero que ahora ya no está y, por lo tanto, se hace imposible recuperar esos tiempos y resarcir los daños causados.

Por todo eso, ¡cómo deberíamos revisar nuestras reacciones y analizar qué tipo de ira acompaña a nuestros enfados!

Utilizamos, casi siempre, la palabra "ira" con cierta connotación negativa y todos intentamos parecer, a la vista de los demás, muy poco iracundos y enseguida presentamos excusas si creemos que alguien pudiera pensar que vivimos controlados por esa emoción.

Pero vamos a profundizar un poco más. Definimos la ira como una emoción compleja que tiene la función de llevar nuestra atención hacia circunstancias que nos hacen daño o nos producen rabia. A veces, la ira, nos protege y nos da la energía para reaccionar contra las injusticias y equivocaciones y también puede ser una respuesta personal ante el dolor propio o ajeno.

Quizás parezca raro lo que voy a decir aquí pero hemos sido formados a la imagen de Dios y Él deja ver también su ira en la Biblia: 455 veces en el AT y 375 en el NT. Por supuesto que la ira de Él tiene connotaciones de santidad y de protección hacia su pueblo y sus motivaciones seguro que son muy diferentes a las nuestras que, la mayoría de veces, está sustentada por nuestra soberbia o el deseo de hacer daño a los que nos ofenden. Pero aceptando este hecho, si Dios en ocasiones manifiesta su ira, tiene que haber alguna fórmula para expresar esa emoción de manera más adecuada y saludable de como la manifestamos normalmente.

La clave no será tanto lo que sentimos sino cómo lo expresamos y qué métodos y palabras utilizamos para exteriorizar esa emoción.

Veamos por un instante el ejemplo de Jesús: Él mostró su "ira" ante Satanás, usando versículos de la Biblia, en el momento en que fue tentado (Mt 4:1-17). También mostró su ira ante la injusticia (Mt 9:1-8, Lc 13:10-17), y también ante la blasfemia (Mt 21:12-13).

Pocas veces usamos el método de Jesús de utilizar versículos bíblicos, como acompañantes de nuestras palabras, para expulsar nuestro enfado o desacuerdo y seguro que deberíamos hacerlo más a menudo.

También debemos tener presente que la ira puede ser expresada de forma activa o de forma pasiva. A veces pensamos que solo la que se ve exteriormente es la que vivimos realmente, pero no es cierto, la que se queda atrapada dentro funciona como una autoagresión y se exteriorizará, de alguna manera, más tarde o más temprano, de forma extemporánea contra los demás o contra nosotros mismos.

La que se manifiesta hacia fuera puede aparecer en distintas formas: Con gestos, con muecas faciales, con golpes a objetos o a personas, con portazos, con silencios largos e insoportables, con lo que sea, pero siempre con carga de violencia.

En los párrafos anteriores no he mencionado, y no me quiero olvidar, que las palabras son el vehículo más potente para herir a cualquiera y no solo por lo que decimos sino por la forma en que lo decimos.

Por eso, es imprescindible hablar de la importancia de lo que verbalizamos y el tono que usamos con todos y, muy especialmente con nuestro cónyuge. Será él/ella la persona que más sufrirá de nuestras expresiones iracundas y fuera de lugar. Las palabras que usamos en nuestras casas pueden ser medicina o veneno para los más allegados.

Ante esa realidad es imprescindible pensar muy bien, en el fragor de una discusión, lo que vamos a decir o lo que no debemos decir.

Antes de bajar al "ring" y enzarzarnos en una batalla dialéctica y demoledora, te dejo unas recomendaciones prácticas:

-Si algo te produce ira, empieza a responder con una frase positiva como: "Valoro lo que has hecho, pero...".

-Recuerda hablar en privado de lo que te molesta, no expongas nunca a tu cónyuge en público

-Usa el "yo" en vez del "tú". Por ejemplo: "Yo me siento...", no "Tú me has hecho...".

-Sé específico y no generalices. No digas "siempre...".

-No acuses por la ira que sientes. No digas frases como: "Me pones enfermo/a con...".

-No saques a colación cosas del pasado que, en este momento, no vienen al caso.

-No moralices al otro ni te subas tú al pedestal de don/doña perfecto/a.

-No ataques a la persona, habla de los hechos objetivos.

-Cálmate todo lo que puedas antes de hablar. Debes saber que la calma tarda unos veinte minutos en establecerse completamente. Por lo tanto "Sé lento para la ira" (St 1:19) y haz algo para distraerte durante esos veinte minutos, pero no te los pases rumiando en el problema que estás intentando solventar a fin de no incrementar los sentimientos negativos que ya tienes.

RECUERDA, sobre todo, que si las cosas se hacen bien, no será cuestión de ser el ganador o el perdedor, sino que lo importante será poder resolver lo que se tenga entre manos. Quizás puedes perder una "batalla" dialéctica, pero puedes ganar la "guerra" en cuanto a seguir con una relación correcta y saludable.

Te dejo recomendaciones muy claras del apóstol Pablo: "Quítense de vosotros toda amargura, enojo, ira, gritería y maledicencia y toda malicia. Antes sed bondadosos unos con otros, misericordiosos, perdonándoos unos a otros, como Dios también os perdonó a vosotros en Cristo" (Ef 4:31-32).

También debemos tener mucho cuidado porque algunos terapeutas pueden decirnos que es muy importante hacer salir la ira explosionando y diciendo cualquier cosa que nos venga a la boca, para sacar hacia fuera todo lo negativo que llevemos contenido.

Esto iría absolutamente en contra del texto de San Pablo, citado en el párrafo anterior.

Pero este enfoque puede ser muy frecuente, aunque los estudios recientes demuestran que es mucho más terapéutico expresar lo que se siente de forma sosegada y tranquila, que hacerlo de forma más agresiva e iracunda. Además, esta manera de actuar, que me parece más correcta, me recuerda el texto bíblico que dice: "No es lo que entra en el hombre lo que lo contamina, sino lo que sale de él" (Mt 15:11). Es decir, podemos expresar cualquier emoción si lo hacemos bien, sin insultos ni palabrotas. Podemos "airarnos pero no pecar y no dejar que la noche se ponga sobre nuestro enfado" (Ef 4:26), consiguiendo, también que "ninguna palabra corrompida salga de nuestra boca" (Ef 4:29).

2. La ira y el cuerpo

Hemos mencionado que la ira también se expresa y afecta a nuestro cuerpo. Aquí te dejo algunos consejos en cuanto a técnicas corporales para que, si la ira te invade, tengas mucho cuidado de que no afecte en exceso a tu salud.

Con el enfado y las expresiones iracundas nuestra musculatura se tensiona, sudamos más, aparecen molestias digestivas, puede subir nuestra presión arterial… y hasta llegamos a temblar asustados de lo que sentimos. Este cuadro viene producido por una preparación del sistema nervioso simpático para luchar o huir, con el aporte extra de adrenalina que generan nuestras glándulas suprarrenales, en esos momentos.

Por lo tanto, toma nota:

Intenta sentarte en un sillón confortable de vuestra sala de estar y respira lentamente por la nariz de forma diafragmática. Pon tu atención absolutamente en la respiración, nota si te toma más tiempo en entrar el aire que en sacarlo. Intenta vaciar los pulmones todo lo que puedas.

Si vuelven los pensamientos de ira ponlos aparte y vuelve a concentrarte en la respiración. Repasa tu cuerpo y observa qué partes están con más tensión e intenta relajarlas conscientemente aflojando la musculatura.

Por último, descubre los pensamientos que mantienen tu ira. Puedes mantenerlos e ir enfermando, o sustituirlos por otros más sanos y beneficiosos para ti. Una buena vía es pensar y evaluar los pensamientos que te invaden y te afectan. Pásalos por el cedazo de Flp 4:8: ¿Son buenos? ¿Son verdaderos? ¿Son amables y dignos de buen nombre? Reemplaza las mentiras con las verdades de Dios. Recuérdate a ti mismo que el Señor está en control, continuamente, de tu vida, que Él "pelea por ti y que tú puedes estar tranquilo/a" (Éx 14:14).

Pero no siempre las discusiones y las peleas terminan con soluciones psicológicas, espirituales o corporales. Muchas veces los altercados se cronifican y van derivando hacia caminos de ruptura. La sala de estar de la casa pierde color y calidez. Sentarse juntos se hace difícil... la pareja va buscando la distancia física. Todo molesta, hasta lo que antes podía serles agradable. Huyen de la comunicación. Buscan sustitutos para hablar. Las pantallas se convierten en artilugios aliados. Cada uno en su rincón y los encuentros parecen choques de trenes...

3. El peligro de la desintegración familiar

El cuadro mencionado en el párrafo anterior es tan común que, durante los últimos meses y años, parece que prolifere de forma tan exponencial esa desintegración familiar que también, en nuestros ambientes cristianos, las separaciones y los divorcios se multiplican conforme va pasando el tiempo.

¿Qué está ocurriendo? Las estadísticas nos dan señales de alarma en cuanto al peligro de un desmoronamiento general de muchas familias. Parejas de todas las edades, no solo jóvenes, nos asombran con la noticia de que se separan.

Durante la pasada semana, sin ir más lejos, dos matrimonios de más de 65 años vinieron a verme para preguntarme cómo podían hacerlo para separarse bien. Mientras los escuchaba atentamente mi mente se retorcía pensando: "¿Hay alguna forma de separarse bien?".

También debo decir que, aunque hay parejas que, después de separados nunca volverían a juntarse, hay muchas otras que, meses o años más tarde, confiesan que la separación fue más un problema que una solución.

Por lo tanto, lo mejor es que analicemos qué pasa antes de que una pareja se siente ante un profesional para pedirle ayuda a fin de poder "separarse bien".

Si ambos cónyuges confiesan seguir un patrón de conducta cristiano, es seguro que en ambos o, por lo menos, en uno de ellos, hay un problema espiritual. ¿Hay algún pecado? ¿Hay desobediencia a las normas divinas? Y lo más importante: ¿Qué ha pasado a nivel espiritual para llegar a este punto que parece no tener retorno?

4. No abandones la esperanza, lucha primero

Si estás leyendo este capítulo y te encuentras muy cerca de querer "tirar la toalla", déjame que te proponga, antes de tomar una decisión precipitada, unos consejos prácticos:

Si la causa, por la que estás pensando en separarte, está apoyada en los supuestos bíblicos de Mt 5:31-32, 1 Cor 7:10-15 (adulterio o la voluntad del no creyente de no querer vivir con el creyente...), es imprescindible acudir a una pastoral adecuada para recibir la ayuda correspondiente y actuar dentro de los parámetros correctos según la Palabra de Dios.

Pero si la crisis aparece, como es el caso, la mayoría de las veces, por problemas de una mala relación y una comunicación nefasta, hay varias cosas que se pueden hacer:

Cada cónyuge debe preguntarse qué tiempo dedica al otro y cuánto de ese tiempo está interferido por la presencia y la atención a las múltiples pantallas que invaden su casa y su intimidad. Debemos recordar siempre que los móviles, los iPods, los ordenadores..., Internet en general, con sus múltiples aplicaciones y aun la televisión, son una auténtica trampa para estar con el cónyuge, sin estarlo del todo y que la comunicación, como consecuencia lógica, quede muy alterada entre ellos.

Son muchos los que se quejan de la adicción de su marido o de su mujer a Facebook, WhatsApp, Tweeter, por las llamadas continuadas, las conversaciones sin fin y sin mucho sentido, con amigos o amigas..., las horas y horas de sesiones de series de TV varias...

¡Qué inventos más fantásticos ocupan nuestros salones! ¡Las distintas pantallas son artilugios que pueden sernos maravillosos, pero a la vez son adictivas y peligrosas si no se usan bien!

Por lo tanto, revisa si el tiempo que pasas con tu cónyuge es el adecuado para las necesidades del otro, no solo en cantidad sino también en calidad.

Jesús era increíblemente práctico en sus recomendaciones. En un momento dado dijo frases como: "Si tu ojo te es ocasión de caer, sácalo y échalo de ti" (Mt 5:29), ¿qué diría Él hoy en cuanto a tu móvil o en cuanto a tu iPad…? ¿Tendrías que tirarlos?

El amor que no se riega con una comunicación profunda y apropiada se seca y tiene mucho peligro de perecer.

Me produce mucha tristeza cuando una pareja me expresa con lágrimas la pena de que "ya no tienen nada que decirse". Te recuerdo la frase que he mencionado alguna vez en otros escritos: "Las relaciones se mueren por lo que no nos decimos". Hay más esperanza en la perdurabilidad de una pareja cuando se hablan, aunque lo hagan mal, que cuando dejan de hablarse del todo. En este caso estamos muy cerca del precipicio si este estado de mutismo selectivo se perpetúa.

Si la decisión que está dando vueltas en tu cabeza, en cuanto a separarte, es debido a que perteneces al grupo de los que dicen que "se les acabó el amor". Tengo buenas, ¿o malas?, noticias para ti. Recuerda que "el verdadero amor nunca deja de ser" (1 Cor 13:8). Ciertamente se puede marchitar o apagar pero, te aseguro, que revivirá si lo "riegas", cada día, con la decisión de mantenerlo vivo al acercarte al otro, volver a decidir amar, sin escatimar tiempos ni esfuerzos.

¿Sabes algo increíble? El amor es, ciertamente, una emoción pero debe sustentarse en una seria decisión, basada en el compromiso previo, de seguir amando en presente continuo.

Esa decisión no siempre es fácil pero tienes un instrumento a tu alcance que nunca debes minimizar: "Todo lo puedes en Cristo que te da las fuerzas" para hacer lo que debes hacer según su voluntad (Flp 4:13). Y lo más importante es que tú sabes cuál es su voluntad en este tema. ¡No te engañes a ti mismo!

Quizás estés preguntándote, ¿y cómo lo hago, para que mi decisión pueda ponerla en práctica, sin morir en el intento?

Pon en el lugar que corresponde cualquier otro "amor" que te adicione, de personas o de cosas, de pantallas o de trabajos... de lo que sea. Que tu cónyuge, su presencia, "sus caricias, te satisfagan en todo tiempo, y en su amor recréate siempre" (Prov 5:19). Reanima tu amor, piensa en lo que ha sido vuestra relación, revive los recuerdos bonitos, mantén la ilusión, conquista de nuevo, haz con él/ella planes de futuro, busca su compañía más que ninguna otra, no seas crítico/a en exceso, demuéstrale que piensas en él/ella, prefiere y alaba a tu cónyuge antes que a cualquier otra persona, disfruta de los ratos solos, protege, cuida tu relación como la bendición más preciada que Dios te ha dado en esta vida.

5. Piensa en las repercusiones de una separación en la vida de tus hijos

Quizás por mi experiencia profesional no quiero, ni debo, dejar de lado, las repercusiones que una separación matrimonial tiene sobre los hijos.

¿Te has parado a pensarlo? No tomes ninguna decisión sin reflexionar, con mucho cuidado, en las consecuencias de las acciones que decidas tomar.

Ahora, tal vez estés pensando en que tú tienes derecho a ser feliz y a realizarte en la forma que quieras y que estás deseando, pero ten cuidado, no te dejes llevar por emociones más o menos momentáneas y egoístas y, además, no olvides que tus hijos forman parte del cuadro de tu existencia y que seguramente, cuando te separes, los echarás de menos muchas veces, en tu nueva sala de estar. ¡De ellos no te podrás separar jamás y seguro que tampoco intentas hacerlo! ¡La paternidad o la maternidad te seguirán todos los días de tu vida... Y, ¡podrán seguirte de muchas maneras!

En el libro *Hijos de Padres Separados*, Alejandra Vallejo-Nágera nos contesta a la pregunta: ¿Qué sienten los niños después de la separación de sus padres?

Aunque la autora afirma que, a veces, se pueden sentir mejor porque en la casa hay más paz al no darse tantas discusiones y disgustos, añade: "Estos niños están muy tristes y no pueden evitar llorar, les cuesta dormir, a veces no quieren comer, no tienen ganas de jugar, quieren escapar de la situación, quieren volver a "juntar" a sus padres, creen que ellos han sido los culpables de la separación". La mencionada autor añade en párrafos posteriores: "Tras la separación, algunos niños sueñan con que sus padres vuelvan a enamorarse uno del otro. Esto es muy, muy difícil, deben olvidar esta fantasía y aceptar a sus padres por separado", porque en la mayoría de los casos se hace imposible la reunificación familiar.

En verdad, humanamente hablando, esto es así pero, ¿qué hacemos con el texto de Pablo a los Filipenses capítulo 4 versículo 13, mencionado? ¿Y con el texto que encontramos en Lucas 1:37 que nos recuerda que no hay nada imposible para Dios?

6. El peligro de la infidelidad

Una de las causas más comunes de la separación matrimonial es la infidelidad conyugal que, desgraciadamente, está hoy a la orden del día y, además, tengo la sensación de que en nuestra sociedad estamos viviendo este tema como algo que simplemente sucede y ante lo que no podemos hacer nada. Un hombre me decía ayer: "Yo fui infiel, pero ahora ella también ha tenido una relación con otra persona, por lo tanto no pasa nada, solo estamos empatados, ¿verdad?".

Sí, se puede estar en empate técnico, pero otra cosa es que no pase nada. Desgraciadamente no es así. Estamos banalizando una de las cuestiones más serias de la relación matrimonial: La infidelidad, y aunque las parejas de hoy se consideren muy modernas, permisivas y abiertas de mente, las heridas que deja una infidelidad tardarán años en cicatrizar y mucho dolor, por el camino, en la mayoría de las personas.

La verdad es que cada vez que visito a pacientes que están viviendo problemas de infidelidad se me encoge el alma al ver la gran decepción y la gran tristeza del que ha sido engañado. El sentimiento de abandono, en esos casos, es inmenso. Me dicen que es cómo entrar en un túnel oscuro, parece que todo pierde color y la angustia les paraliza. La persona traicionada siente como si estuviese ante un precipicio, desaparece la idea de futuro. Es como si hubiera vivido con una persona desconocida. ¿Dónde está el que decía amarme? ¿Dónde han ido a parar sus promesas? ¿Por qué la otra persona le atrae más que yo? ¿Qué nos ha pasado?

¡Cómo se contaminan las paredes de la sala de estar cuando ya no estamos cómodos con el otro! ¡Ya nada es igual, la distancia en el sofá se alarga hasta el infinito y aparecen muros invisibles pero difíciles de derrumbar!

Pero quizás la pregunta del millón sea: ¿Cómo se llega a cometer una infidelidad? ¿Ocurre de la noche a la mañana? En la mayoría de los casos, ¡por supuesto que no! Es un proceso que, como lluvia fina, va calando hasta que la persona está absolutamente "empapada" y parece que todo se le precipita y ya no puede vivir sin esa persona añadida a su mente, a su horario y a su vida.

Curiosamente se llega a generar una dependencia, es como una droga, y cuando el pensamiento no puede desconectar la situación llega a ser la que ya es, porque al jugar con fuego la persona que se creía invulnerable se quema, entrando en una espiral agridulce, pero con momentos de agonía y de negra amargura, porque hay muy poco de color de rosa en las infidelidades. A corto, medio o largo plazo, aparece el agujero negro que la persona, quizás nunca pensaba explorar:

Todo se desmorona, la familia se rompe, y parece que no se pueda hacer nada para arreglarlo. El entorno, al completo de la pareja, queda afectado, destrozado, sin rumbo. ¡Terrible!, ¿verdad? Lo que parecía tan apetecible, el deseable flirteo, la relación deseada y prohibida a la vez, se convierte en lágrimas amargas y angustia colectiva.

El dolor más grande se produce cuando esa situación se da, además, en la casa de un creyente. En un sentido es como si el cónyuge infiel hubiera olvidado que "el que cree estar firme, debe estar muy vigilante para no caer" (1 Cor 10:12). Debemos recordar que para Satanás siempre somos objetivo de sus dardos y nunca olvidar que él es el "padre de la mentira", "el gran engañador" el que va a luchar contra todo "invento de Dios" del que la familia es uno de los mejores paradigmas.

7. Buscando la protección

Para estar protegido del Enemigo no puedes separarte de la "fuente de todo poder". Jesús mismo dijo: "Separados de mí nada podéis hacer" (Jn 15: 5), este "nada" incluye, también, la lucha contra la inmoralidad.

No puedes hacer excursiones al "reino de las tinieblas" esperando que no pase nada. Empiezas "flirteando" y acabas calado hasta los huesos y dependiendo emocionalmente de la persona que no debes y de la que te va a ser muy difícil desengancharte porque, a veces, en el mejor de los casos, todo queda en una aventura pasajera, pero son muchas las ocasiones en que la situación se consolida y la "aventura" se convierte en algo estable, teniendo que encontrar, incluso, el equilibrio en el desequilibrio generado después de una separación que puede empezar pareciendo fácil para acabar de forma, casi siempre, traumática.

Cuando en el caso deseable de que la crisis haya pasado, y se dé un arrepentimiento genuino y, por la otra parte se produzca el perdón deseado y la persona que ha sido infiel quiera volver, habrá aun serias dificultades y un largo camino que recorrer porque lo más grave de estas situaciones tiene que ver con la imposibilidad de olvidar. El ser humano no tiene, como nuestros ordenadores, una tecla que borre el pasado. Los pacientes me dicen: "Perdonar, ya he perdonado, pero si pudiera olvidar lo que ha pasado podría «respirar» de nuevo y quizás seguir juntos, a pesar de lo que me ha hecho".

Desgraciadamente el hombre y la mujer están condicionados y ligados a lo ocurrido en días, semanas o meses anteriores al día de hoy.

El cónyuge que pasa por el túnel de la infidelidad del otro vive por tiempo sumido en una tristeza y confusión muy profunda porque los recuerdos no le dan tregua y la inseguridad le amenaza todos los días.

Por su parte, la persona que ha sido infiel tendrá que entender que su cónyuge necesitará un tiempo, bastante largo, de restauración, para que la inmensa herida se convierta en cicatriz que se quedará, de por vida, aunque ya no sangre. Volver será un proceso duro que requerirá voluntad, firmeza, capacidad de perdonar y gran altura de miras y, sobre todo, mucha ayuda de Dios.

Por lo tanto, es necesario hacer una seria reflexión sobre las actitudes y conductas que practicamos. Se vive hoy de forma demasiado ligera sin pensar continuamente en lo que hacemos y, sobre todo, en las consecuencias de esos actos.

Ante un deseo, una "llamada" de alguien, una atracción, hay multitud de posibilidades de reacción, pero siempre debes preguntarte cuál sería el camino más correcto a seguir y actuar con decisión y firmeza, no dejándote llevar por las emociones y sentimientos, sino por la razón y el conocimiento de lo que sabes que debes hacer.

El problema mayor estriba en que las decisiones correctas, la mayoría de las veces, no coinciden con lo que deseas hacer o con lo que te gustaría o te apetecería conseguir o realizar. En un sentido y resumiendo mucho, la recomendación sería que, en caso de que ambas cosas no coincidan, haz siempre lo que debes, en cada momento, y no tanto lo que tienes ganas de hacer, aunque pueda parecerte, para empezar, tremendamente atractivo.

8. Huir del "yoismo"

Sabes perfectamente que hoy en día no es fácil encontrar muchas personas sabias que cuiden con esmero su conducta para no traer dolor e infelicidad a su vida y a la de su familia. Las expresiones que más oímos son: "¿Y yo, qué?". "¡Necesito autorrealizarme!". "¡No quiero sacrificarme tanto!". "¡He encontrado a alguien que me escucha, que me ha devuelto la ilusión...!".

¡¡¡Qué importante es valorar las acciones y sus consecuencias!!! Todo lo que haces, o dejas de hacer, tiene efectos en las mentes y los cuerpos de los que te rodean, a veces para bien pero, muchas veces, también para mal.

Pero retomemos el punto en que nos habíamos quedado al darnos cuenta de que el pecado, aunque sea brillante y apetecible se convierte, casi siempre, en angustia y oscuridad. Entonces, ¿cómo volver atrás?

Repetimos: No podemos arrancar de un plumazo lo que ha pasado, ambos necesitareis tiempo de reflexión y aceptación en el que será imprescindible encontrar pronto las causas principales que han motivado la situación. ¿Ha sido dejadez? ¿Egoísmo? ¿Lejanía de la Palabra del Señor y sus normas? Recordemos que el Enemigo está continuamente intentando entrar, por cualquier resquicio de nuestras vidas, si las dejamos sin protección.

Por lo tanto, la mejor solución para evitar la caída en una infidelidad sería la prevención. La Palabra de Dios nos avisa que debemos ponernos toda la armadura para resistir al Enemigo (Ef 6:10-20). No podemos salir al mundo sin tener la "espada" que nos proteja o el "casco" para cuidar de nuestros pensamientos, o el "escudo"...

Si ya has "salido" al mundo de las tinieblas, sin ponerte la armadura y el Enemigo ha podido contigo, toma la decisión de volver, lo antes posible, al reino de la luz, dejando atrás las conductas en las que has caído, sabiendo que si lo has hecho así y has abandonado el pecado, el Señor te perdona pero las consecuencias, desgraciadamente, seguirán. Has perdido el norte y lo has de recuperar y eso no se da de un día para otro. El perdón de parte de tu cónyuge podrá, como hemos dicho, ser más o menos inmediato pero la reconciliación, como hemos indicado también, será un proceso para el que tendrás, en caso de que se dé, respetar unos tiempos. Y, sobre todo debes buscar al Señor y oírle decir: "...Ni yo te condeno, pero vete y ¡¡¡no peques más!!!" (Jn 8:11).

Pero dejando ya este tema de lado, no puedo terminar sin recordarte que la infidelidad no es solo el acto de adulterio, sino que incluye muchas otras conductas como la pornografía, la prostitución, la seducción...Y todas ellas tiene que ver con el egoísmo y el pensar básicamente en uno mismo.

Y ahora, siguiendo en la sala de estar. Hemos pasado por experiencias difíciles, pero aun estamos allí. ¿Cómo estamos? ¿Hay algo de maltrato en ese lugar?

9. La violencia y el maltrato

Siguiendo con el tema de la convivencia en casa, hay una cuestión muy dolorosa que puede pintar de color muy oscuro nuestra maravillosa sala.

Vivimos momentos en que la violencia de género nos sacude todos los días con la noticia de alguna mujer fallecida o de niños maltratados por los propios padres, o ancianos, que pueden estar también en la sala de estar, con profundo dolor por agresiones físicas o psicológicas, o el maltrato que sufren algunos hombres que, no olvidemos, también pueden padecer violencia por parte de sus compañeras o esposas.

¡Qué realidad más terrible y temible! ¿Cómo lo ves tú? Alguien ha dicho, con mucha razón, que "las casas son los lugares más peligrosos de la tierra después de los campos de concentración". Me cuesta mucho aceptar esta realidad, pero la vivo muchos días, en mi trabajo, al que acuden personas de todas las edades buscando otra "sala de estar" en la que ser escuchados y tratados de forma benigna y misericordiosa.

Vamos pues a introducirnos someramente en este doloroso tema:

Las Naciones Unidas definen la violencia de género como: "Toda violencia contra la mujer que tenga, o pueda tener, como resultado un daño o sufrimiento físico, emocional o sexual e inclusive las amenazas de tales actos, la coacción o la privación arbitraria de la libertad, tanto si se producen en la vida pública como en el ámbito privado".

Desgraciadamente, uno de los principales problemas con los que nos encontramos, psicólogos y psiquiatras, es esa violencia de género en la intimidad y privacidad de las casas.

Como hemos mencionado, las estadísticas nos indican que son muchas las personas que mueren cada año por esta forma de terrorismo. Por lo tanto, sí que podemos afirmar que algunas de esas casas son muy peligrosas, hasta el punto gravísimo de que en ellas puede peligrar la vida.

Una de mis frases preferidas, que comparto a menudo, se encuentra en un texto bíblico muy utilizado en las bodas, lo podemos leer en 1 de Cor 13 donde se nos dice que "el amor es benigno". Es decir, el amor verdadero no hace daño. ¿Por qué entonces nos encontramos ante tantas personas que dicen amar y, en cambio, se irritan, buscan lo suyo, se gozan en la injusticia y hacen un daño irreparable a las personas que dicen querer?

Creo que nadie puede negar que hay muchos seres humanos, sobre todo mujeres, que sufren en su relación conyugal por la dureza de las ideas de lo que debe ser un varón. Algunos hombres han aprendido a discriminar a la mujer por considerarla inferior. A esto le llamamos sexismo y en este punto deberíamos contestar, con todas nuestras fuerzas con un texto bíblico: "Ya no hay varón ni mujer, todos somos iguales en el cuerpo de Cristo" (Gá 3:28). Por lo tanto, no hay lugar para la misoginia (odio a la mujer) en el pueblo de Dios y, además, debemos defender también la idea de que cualquier agresión a una persona es una vulneración de los derechos humanos. ("Nadie será sometido a tortura, ni penas o tratos crueles inhumanos o degradantes", art. 5 de la Declaración de los Derechos Humanos).

Creo que nadie nos tiene que convencer de que el maltrato en el matrimonio es una de las formas más comunes de la violencia de género y, en general, no se produce de forma esporádica, sino que se convierte en una forma de vivir.

Pero la violencia puede ser circunstancial o estructural. Esta última es la que se da de forma casi constante. Es, podríamos decir, una manera de relacionarse. Se da continuamente a fin de mantener al cónyuge en estado de miedo permanente.

En cambio, la violencia circunstancial, aparecerá de forma esporádica y por causas determinadas como puede ser la amenaza de una separación, o un enfado por cualquier cuestión concreta que incomode al maltratador y también es común que se dé por ingesta o abuso de alcohol, drogas...

En este tipo de violencia la mujer también puede ser la agresora, en cambio en la violencia estructural, estadísticamente, es más probable que el varón sea el agresor, aunque desgraciadamente, en la realidad, hay también muchos hombres maltratados.

No debemos equivocarnos pensando que solo es maltrato la violencia física, porque no es así, también es maltrato la violencia psicológica y la que podemos calificar de sexual.

El maltrato físico hace referencia básicamente a golpes, empujones, patadas, puñetazos, palizas, rotura de huesos, violencia que afecte a órganos interiores, quemaduras, cortes...

Este tipo de violencia se puede dar antes de contraer matrimonio, pero empeorará, de forma exponencial, con la convivencia. En un sentido, es la más grave de las agresiones porque puede tener consecuencias terribles, incluso con resultados de muerte.

Este maltrato afecta tremendamente a los hijos. Quedan aterrados al ver la forma en que el padre trata a la madre. Entran en pánico y la mayoría enferman física y/o psicológicamente, con secuelas que pueden durar toda la vida.

Recuerdo con claridad una experiencia que tuve hace muchos años, en la escuela donde trabajaba en aquellos momentos (en un barrio humilde de una gran ciudad), una madre traía diariamente a su hijo que aun estaba en Preescolar. La mujer venía a menudo con moratones en la cara pero siempre ponía alguna excusa: "Me he golpeado con la puerta", "El gato me ha agredido"... Era obvio lo que pasaba...

Un día al llegar el niño a la puerta del colegio, le cogí de la mano para llevarlo a su clase. Le pregunté cómo había pasado el día anterior, que era festivo, y su contestación me paralizó: "¡Muy bien, señorita, le pegamos una paliza a mi madre, mi padre y yo!". Mis oídos no daban crédito a sus palabras. Me puse agachada, a su altura, y le pregunté: "¿Por qué hiciste una cosa así?". Su contestación fue taxativa: "¡Porque somos los hombres de la casa, «señu»!". Inmediatamente, con mucho dolor, tomé cartas en el asunto.

Desgraciadamente, en la mayoría de los casos, este tipo de violencia se repetirá porque de padres maltratadores, hijos maltratadores en un alto porcentaje.

Deberíamos recordar siempre que "los hijos no hacen lo que les decimos, hacen lo que hacemos". El maltrato se imita, hunde a los niños en la miseria y en serias patologías pero, a su vez, les llevará, muy posiblemente, en un futuro, a maltratar y a hundir a los que dicen querer.

El maltrato psicológico es más sutil, a veces muy difícil de detectar. Lo definimos como un intento de dominar al otro, destruyendo la autoconfianza, generándole dependencia, anulando su voluntad, prohibiéndole ser libre y feliz.

Hoy día el maltrato psicológico se considera ya, afortunadamente, un delito reconocido por el Derecho Penal. El problema es demostrarlo porque las formas en que se manifiesta no es con golpes o con mucho escándalo, es más bien con palabras y actitudes a veces muy sutiles, que desorientan y destruyen la identidad de la persona maltratada. Es un intento de controlar y minar la autoestima de tal forma que la persona pasa a ser totalmente dependiente de su maltratador.

Incluiría críticas continuadas, desvalorizaciones, burlas, insultos, amenazas veladas, intimidación, celos injustificados, castigos de alejamiento y frialdad, culpabilizaciones, prohibiciones, control del espacio y del dinero, manipulaciones, desautorización, aislamientos…

El maltrato psicológico es un sumatorio de actitudes, palabras y acciones que van eliminando la seguridad personal hasta que la mujer deja de saber quién es, qué quiere y para qué vale.

En cuanto al abuso sexual se podría incluir en el maltrato físico, pero tiene unas características diferenciales. Incluye el sexo bajo coacción o amenazas de cualquier tipo, el acoso, la humillación sexual, la comercialización, la mutilación digital, la burla, las comparaciones ofensivas en cuanto al cuerpo, el menosprecio, las violaciones, acusaciones de infidelidad y una inmensa lista de otras posibilidades.

Lo que sabemos seguro es que el maltrato deja profundas heridas en las mujeres que lo sufren, destruye la identidad y deja secuelas físicas y psicológicas.

Además, la persona queda atrapada por un ciclo de violencia que se cumple siempre: Se acumula la tensión, se da la explosión de violencia y después aparecen las palabras dulces que pretenden la reconciliación y, también, las palabras convincentes de que lo que ha motivado la explosión ha sido totalmente justificado por alguna palabra o actuación de la víctima. Cuando este ciclo se repite la persona maltratada se desorienta y queda "enganchada" al maltratador, estando siempre en función de su estado de ánimo e hiper-vigilante ante cualquier cambio de humor del compañero o marido.

¡No será así en la familia de Dios! Debemos grabar a fuego, en nuestras mentes, el texto mencionado y que no me cansaré de repetir: "El verdadero amor es benigno" y ningún hijo del Señor debe herir a otra de sus criaturas.

Nuestras salas de estar deben ser lugares confortables donde ambos cónyuges se comuniquen, crezcan y los hijos se deleiten viendo a sus padres unidos que se aman y les aman.

Si has de cambiar el ambiente de tu sala de estar, ¡hazlo pronto!

IMAGINA LA ESCENA... JUNTOS EN LA SALA DE ESTAR

Zacarías y Elisabet: un ejemplo de comunicación en el matrimonio digno de imitar (Lucas 1:5-25 y 57-66)

Vamos a considerar el relato de una pareja ejemplar que eran fieles el uno al otro durante muchísimos años que no fueron, precisamente, los más fáciles de su vida.

Zacarías, ya anciano, trabajaba en el Templo judío en Jerusalén. En aquel entonces había unos 20.000 sacerdotes y hacían turnos para entrar en "el lugar Santo" y poder quemar incienso en el altar de oro. Pero, puesto que eran muchos, algunos quizás nunca les iba a tocar en suerte tener este privilegio −pero hoy iba a ser, para Zacarías, su día "de suerte"− y no podía haber imaginado la sorpresa que le esperaba. Ah, una cosa que no hemos dicho: no tenían hijo y ya los dos... ya sabes... eran viejos.

Pero, hoy, había llegado su gran día, ¡¡¡lo había anhelado tanto toda su vida!!! Y mientras está a solas, delante del altar de oro donde empezaba a quemar el incienso, de repente se le presentó un ángel que le anunció que Dios había oído su oración y que le va a ser concedido tener un hijo, y le da una serie de instrucciones, incluyendo el nombre que tiene que poner al niño. Al principio Zacarías no lo pudo creer y ¡empezó a ofrecer razones por las que Dios ya no podía contestar sus oraciones! El ángel reaccionó diciendo que por su incredulidad se quedaría mudo hasta que se cumpliera lo que él había dicho.

Así, ¿qué ocurrió? Pues al salir del templo, en vez de pronunciar la tradicional bendición sobre el pueblo, no logra vocalizar ni una sola palabra, para el disgusto de los presentes. Simplemente entendieron que "había tenido una visión" y nada más. Pero vamos a notar tres cosas de este matrimonio:

1. Fiel en su servicio

Lucas apunta en el primer capítulo de su evangelio que "ambos eran justos" (v. 6). No significa "sin pecado" sino más bien: fieles y sinceros en obedecer las leyes de Dios. Con tal descripción de carácter uno pensaría: "Dios los bendeciría de forma pública y extraordinaria", pero, al parecer, no era así y, por lo tanto, fue interpretado como todo lo contrario, porque el v. 7 nos informa: "no tenían hijo y ahora sin esperanza por la edad avanzada". Pero, propongo que una de las lecciones de la vida de Zacarías es que los impedimentos físicos no limitan a Dios.

Bien podríamos preguntarnos a pesar de todas las dificultades y las tentaciones mencionadas por Ester, ¿el Señor nos ve fieles en nuestro servicio, en nuestra vida, en nuestro amor y confianza, tanto de forma individual como en nuestro matrimonio?

2. Fiel en su oración

Estando delante del altar, el ángel que le apareció, le dijo una frase sorprendente: "Dios ha oído tu oración", o "tu petición fue escuchada" (v. 13). Pero esta declaración despierta varias preguntas incluyendo la obvia: ¿pero no habrían orado los dos?

El ángel habla de la oración de Zacarías como el líder espiritual de la casa. ¡Obviamente los dos habrían orado millones de veces!, y Dios lo cuenta como el clamor de la familia, como unidad: ¡los dos en uno!

Pero, surge otra pregunta, el ángel dijo: "tú petición fue escuchada" y, ¿cuándo fue escuchada? Obviamente: desde la eternidad, antes de que Dios iniciara la creación. Esto es obvio porque Dios vive en "el eterno ahora". Muchas veces nos preguntamos si Dios nos escucha, pero podemos tener la seguridad de que siempre nos contesta diciendo: "Sí", "No", "Espera", o "Crece". Esto es importante para aquel que está sufriendo por cualquiera de las causas mencionadas en este capítulo.

El cristiano puede disfrutar de una tranquilidad tremenda al saber: "Mi Padre Celestial siempre me escucha". Pero, ¿Dios puede decir lo mismo de ti? "Mi hijo/a siempre me escucha...".

¿Podemos imitar a Zacarías en nuestra fidelidad en la oración? Una pareja solo puede avanzar sobre sus rodillas. Si no estamos dispuestos a orar "como nunca", ¿cómo podemos esperar Su bendición "como nunca"? Por otra parte: ¿sabes por qué oramos? Sencillamente hablando, estamos diciendo: "Señor, te necesitamos". Por lo tanto, si NO oramos, ¿qué estamos diciendo? "Señor, no te necesi...".

3. Constantes en su fe

De los v. 23-24 vemos que Zacarías actuó en fe como marido y como sacerdote. Afirmamos esto por dos motivos:

(i) Habrá tenido que explicar su experiencia (espiritual) a su esposa, y no le habrá sido fácil porque según el v. 20, ¡se quedó mudo! Como esposos, ¿tenéis la costumbre de hablar del Señor juntos y leer la Biblia y orar juntos, a pesar de cualquier dificultad? Muchos matrimonios han encontrado una tremenda estabilidad al orar y meditar en lo que la Biblia dice, y hacerlo juntos.

(ii) Su relación íntima era su respuesta lógica a la promesa del Señor, también un acto de fe y de comunicación. El Señor les prometió un hijo, pero, ¡contaba con su colaboración! El Señor promete: "Mi palabra siempre da fruto" (Isaías 55:11) pero, ¡cuenta con tu participación! Y parafraseando la carta de Pablo: "¿Y cómo oirán vuestros hijos/amigos/familiares si no les predicas tú? (Romanos 10:14).

Notamos exactamente lo que dijo el ángel en el v. 20: "hasta el día en que se cumpla mi palabra…". ¿Habrá dudado Zacarías? Ciertamente tenía unas evidencias, pero también oportunidades para dudar…

(i) No empezó a hablar al nacer el niño.

(ii) Tampoco en los primeros días. (¿Se habrá preguntado: "¿Hasta cuándo Señor?").

(iii) Ni al octavo día, vv. 59-63.

(iv) Sino solo cuando completó su obediencia al llamar al niño según el mandato del ángel, v. 64: "Juan es su nombre".

El cristiano tiene unas evidencias de la presencia de Dios, pero también ¡oportunidades para dudar! No obstante, tiene también causas para confiar en la verdad del evangelio (por ejemplo, la historicidad de la resurrección de Cristo) (*). Tenemos unas cosas como verdades absolutas y, por lo tanto, podemos confiar que el resto de la Biblia también es digno de confianza.

Volvemos a Zacarías. ¿Cuáles fueron sus primeras palabras cuando recuperó la posibilidad de hablar? ¿Fueron de queja a cómo Dios le había tratado? ¡No! Leemos: "habló bendiciendo a Dios". Notemos que sus últimas palabras fueron de duda, pero ahora ¡se han convertido en un himno de seguridad y confianza!

Después de una experiencia dura, ¿cuáles son tus primeras palabras? Como matrimonios todos pasamos por pruebas: grandes decepciones, pérdida de trabajo, dificultades económicas, la muerte de un ser querido y un largo etc. ¿Hemos desarrollado nuestra relación con Dios, y nuestra relación personal como matrimonio, para que podamos imitar a Zacarías que "habló bendiciendo a Dios"?

...y puedo imaginar la escena en que Elisabet gritaría (¡por lo menos en su corazón!) un fuerte WOW, ¡Amén!

Como una "Posdata" permíteme apuntar: "Los cinco elementos esenciales de una buena comunicación" (idea de Jimmy Evans que he encontrado en la Red):

1. El tono correcto.
2. Tiempo suficiente.
3. Un ambiente de confianza.
4. Un ambiente de verdad y amor.
5. Espíritu de equipo.

Lo explico un poco más,

Para comunicarse con éxito en el matrimonio:

- Debes tener cuidado con tu tono (de voz).
- Tienes que reservar tiempo para hablar los dos solos.
- Tienes que crear una atmósfera de confianza.
- Sazonar la verdad con amor y gracia y
- Debéis poder aceptar las diferencias de cada uno.

Perseguid estos cinco objetivos y veréis que vuestra comunicación mejora. Y cuando la comunicación mejora, también lo hace vuestro matrimonio.

(*) Personalmente he encontrado, sobre este tema, una gran ayuda en páginas web tales como: www.RespuestasEnGenesis.org

---

Medita como matrimonio en...

"El Señor dirige nuestros pasos, entonces, ¿por qué tratar de entender todo lo que nos pasa?" Proverbios 20:24.

BIENVENIDOS A CASA... JUNTOS EN LA SALA DE ESTAR
¿Nos entendemos o cómo está nuestra comunicación?

La relación de pareja no es un programa que incorporamos sino una relación que desarrollamos y cultivamos a lo largo de nuestra vida. Comunicarse bien es hablar de tal manera que el otro entienda lo que quieres decirle.

Situándonos en la sala de estar

Andrés y Sandra son un matrimonio que llevan siete años casados y son padres de un niño de tres.

Los dos son conscientes de que su relación se ha deteriorado y de que están en el punto de no saber el porqué seguir juntos.

Empiezan a contarnos su historia. Observamos, mientras tomamos café, que apenas se miran cuando hablan. Aparentemente todo funcionaba bien hasta que poco a poco dejaron de expresarse sus sentimientos y de involucrar al otro en su día a día, relajándose en escucharse. El diálogo en su casa se transformó en un "intercambio de noticias", simplemente se informaban de lo que habían hecho. Poco a poco y sin apenas darse cuenta, un muro invisible, pero real, se empezó a construir entre ellos dos. Su hijo de tres años era la única razón de volver a casa. De hecho, se había formado un triángulo de amor vicario. El amor que se debían entre ellos dos, se lo daban al niño.

¿Qué le ha pasado a esta pareja que se las prometían tan felices cuando empezaron y ahora se encuentran en dos mundos distintos?

¿Por qué nos es tan difícil la comunicación? ¿Por qué a muchas parejas les cuesta tanto abrir su corazón, compartir sus sentimientos, dudas, ilusiones, proyectos...?

Sin comunicación una pareja muere o, lo que es peor, vive resignada. De cada diez rupturas que se dan en el matrimonio, ocho son debido a una mala o pobre comunicación. Y decimos "mala" porque no existe la "no comunicación". ¡Siempre nos comunicamos! Un gesto comunica, un silencio comunica, una mirada comunica, un portazo comunica...

Cuando dejamos de escucharnos, no solo con los oídos sino también con los ojos, dejamos de mirar al otro y la soledad se instala en la relación; porque en la relación de matrimonio se trata de escuchar también lo que no es audible… su silencio, su malhumor, su tristeza, su preocupación, etc.

Andrés y Sandra se relajaron en practicar los tres elementos indispensables para una buena comunicación que son: Hablar, Escuchar y Comprender.

En la comunicación no se trata de hablar tan solo. Podemos hablar mucho y no decir nada, se trata de hablar de tal manera que el otro entienda lo que quieres decirle. Lo cual no quiere decir que debamos de estar de acuerdo con lo que se dice. Es importante incluir sentimientos y emociones al hablar con nuestra pareja. A muchos nos falla la inteligencia emocional.

¡Nuestra escucha debe ser activa y que se note! Por esto es importante mirar al otro cuando le escuchamos, darle una atención prioritaria, hacer preguntas aclaratorias sobre lo que nos está contando, "si lo he entendido bien, lo que quieres decirme es que". "Por favor, ponme un ejemplo para que te entienda mejor…". Mirarle es una manera de decirle, "te estoy escuchando; me interesa lo que me dices".

Escuchar es un esfuerzo, sobre todo cuando estamos cansados y fácilmente podemos hacer ver que escuchamos, pero en realidad estamos hablando con nosotros mismos.

Cuidado con estas auto-conversaciones que tenemos. Andrés y Sandra confesaron que habían dejado de hablarse entre ellos para hablar consigo mismos.

El pensamiento es una forma de diálogo. Las auto-conversaciones son peligrosas porque sin darnos cuenta empezamos a criticar al otro en cosas que no nos gustan… "Es un egoísta y solo mira para él; ¿cómo puede ser tan aburrido? Es un desordenado; lo que dijo ayer, lo dijo porque sabía que me ofendería…". "Siempre está cansada; no sé qué hago al lado de esta mujer; parece un sargento". Esto era justo lo que Andrés y Sandra pensaban en sus auto-conversaciones. Alimentar pensamientos que los alejaban cada vez más el uno del otro, en lugar de verbalizarlos y poder hablar de ellos.

Lo que nos decimos y representamos mentalmente afecta nuestro comportamiento y nuestra relación con el otro.

Debemos cambiar estas auto-conversaciones pensando menos en lo que me irrita del otro para recordar aquello que me gusta del otro, aquello que me atrajo del otro y que ahora posiblemente no veo pero que sigue estando presente. Sobre este punto, basaremos nuestra primera entrevista.

Andrés y Sandra tuvieron que trabajar a fondo para recuperar la confianza mutua. La confianza es un ingrediente indispensable en toda relación matrimonial. ¿Cómo vas a abrir tu corazón a alguien en el cual has dejado de confiar? ¿Lo que digas, lo va a usar en tu contra, como en un juicio?

Una de las características fundamentales del amor en el matrimonio es fiarse y confiar en el otro sin reparos.

Enfocando la orientación

Cada uno lleva a la relación sus ideas y expectativas de matrimonio. Se han desencantado y vuelcan hacia su hijo el amor (amor substitutivo) que debiera dirigir hacia su cónyuge.

Algo que vemos positivo en la primera entrevista es que tienen claro que no quieren separase. Les honra el querer solucionar su situación. Ella sublima su necesidad de relación con mucho trabajo y muchas actividades fuera de casa. Él, haciendo mucho deporte. Andrés es más bien de un talante frío y pragmático. Sandra es muy sanguínea, muy espontánea. Ella es muy vital; tiene ganas de vivir, de sentirse viva. A él le va mejor la rutina, y esto le da seguridad. Uno de los temas que surgen, al investigar su familia de origen, es que ella es la hermana pequeña y mimada de por padre, y él también es el pequeño de su familia y mimado por su madre. Aparentemente son "dos mimados" que necesitan "mimos" el uno del otro. El desencuentro en ellos es evidente.

Hablando con ellos

Después de una breve presentación personal, las primeras preguntas con las que empezamos una consejería, suelen ser: "¿En qué podemos ayudaros? ¿Qué os ha traído hasta aquí? ¿Podéis describir, por turno, cuál es vuestra situación?".

Lo primero que observamos es su expresión no verbal. ¿Cómo se sientan? ¿Quién habla primero? Andrés y Sandra no se ponen juntos.

Sandra, más extrovertida, toma la palabra. Andrés ni asiente ni desmiente. Mira hacia otro lado, hasta que le pedimos que intervenga. Cuando él habla, ella lo niega con la cabeza. Cuando Sandra y Andrés hablan no se miran. Enseguida vemos que hay un bloqueo emocional en su comunicación.

Manifiestan cada uno que van empeorando y desgastándose. Nuestro objetivo primero sería sacarles del bucle de la incomunicación en el que están.

Uno de los puntos evidentes es su horario familiar. Les preguntamos: "¿Cuál es vuestro horario personal y familiar?" Apenas coinciden durante el día y en la noche están demasiado agotados para entablar un mínimo de conversación. Les preguntamos que nos describan un día normal en su vida.

Posteriormente les sugerimos que hagan un horario familiar y que se incluyan en su agenda personal. Insistimos en el "principio que lo primero va primero". Hablamos de lo que es más importante en un matrimonio. Y los animamos a que por lo menos una vez al mes salgan los dos juntos fuera de casa (a pasear, a cenar, a tomar un café..., según sus posibilidades) para empezar "a recuperar el tono" de la relación.

Hablamos de los "niveles" de comunicación. Andrés y Sandra estaban en el de las noticias, se informaban escuetamente. Pocas veces daban su opinión, pero les animamos a que debían subir a los niveles de abrir su corazón y expresar sus sentimientos mutuamente sin miedo al rechazo ni al reproche. Para ayudarles les pedimos que hicieran una lista de cualidades: "En tres minutos, escribid cada uno en una hoja lo que os gusta del otro".

Andrés y Sandra aprendieron a almacenar y expresar pensamientos positivos del otro: "Es un hombre comprometido con la familia, es trabajador, busca nuestro bien, me ama". "Es una mujer fuerte, alegre, comprometida con la familia, procura nuestro bien, me ama....". Les pedimos que se lo leyeran mirándose uno al otro. Surgen algunas lágrimas.

"¿Cómo crees que afectará a la relación el cambiar los pensamientos negativos por positivos?".

Lo que yo pienso me condiciona a la hora de relacionarme con el otro. Por lo tanto, debo y puedo controlar mis pensamientos.

No se trata de volcarlo todo sobre el otro, pretendiendo una sinceridad total, como si fuera un camión de basuras, sino de expresar nuestros sentimientos y situaciones interiores de forma asertiva, (decir bien en el momento adecuado y de la forma adecuada) al otro. No tenemos porque estar de acuerdo con el otro, pero le debemos el escucharle con empatía.

Surge el tema de los reproches: "el tú siempre… y el tú nunca…". "¿Cómo lo podéis expresar sin ofender ni herir?".

Mensajes Tú o mensajes Yo

Cuando señalamos con el "tú eres la causa de que lleguemos tarde…". "Nunca tomas la iniciativa". "Siempre quieres tener razón en todo". Cuando usamos el tú, se recibe como un ataque y facilita el reproche. Cuando expresamos en mensajes "Yo", estamos expresando sentimientos personales: "Me siento mal cuando llegamos tarde…".

Después, continuamos hablando sobre los "obstáculos reales en la comunicación". Es una cuestión de corazón y mente. Se pone en evidencia la necesidad de ser amado por el otro de una manera adecuada.

Insistimos en que "amar a otra persona" es una decisión que hacemos, no un sentimiento que tenemos, aunque por supuesto vaya acompañado de sentimientos. Amar para sentir, no sentir para amar.

Al llegar al final de nuestra primera entrevista, "solemos asignar una tarea" para el próximo encuentro. Les entregamos una copia del libro *Los 5 Lenguajes del Amor* (G. Chapman) que han de leer cada uno y descubrir el lenguaje propio y el del otro. Esta es la tarea para el próximo encuentro. Junto con esto, tienen que responder a la siguiente pregunta y trabajar la cuestión de: "Como resultado de esta entrevista, ¿qué tres cosas harías para mejorar vuestro nivel de comunicación?".

Para terminar, les propusimos que tuvieran en cuenta y aplicaran un consejo del apóstol Pablo que dice: "Todo lo que es puro, afable, de buen nombre, digno de admirar, (del otro) en esto pensad" (Filipenses 4:8).

En una próxima entrevista, exploraremos más sobre cómo empezaron su relación y profundizaremos en temas más íntimos, así como repasaremos las tareas asignadas.

Idea clave:
"La buena comunicación es vital en el matrimonio. Es como la sabia al árbol o la sangre a la vida".

PARA REFLEXIONAR Y ACTUAR
[MPS – MATRIMONIO POSITION SYSTEM)
¿Dónde estamos y dónde queremos llegar?

Para ti

¿Dónde crees tú que estáis?
* ¿Cómo describirías vuestra comunicación?
* ¿En qué área de vuestra relación, la comunicación no está funcionando bien?
* ¿Qué barreras principales están impidiendo entenderos mejor?

¿Dónde queremos llegar como pareja?
* Tres cosas que harás para mejorar y profundizar más en vuestra comunicación.
* ¿Qué estoy haciendo para que mi matrimonio sea una alta prioridad?

Para vosotros

Hablad juntos de lo que habéis reflexionado a nivel individual.
* Revisad vuestra agenda y anotad un tiempo juntos (semanal, quincenal o mensual). ¿Cuál es el mejor momento del día para hablar los dos?
* Hablad de cómo podéis aumentar vuestra confianza y transparencia mutua.
* Comentad juntos la sección IMAGINA LA ESCENA (Zacarías y Elisabet) propuesta para este tema.
* ¿Qué día y hora vais a realizar vuestra "salida como pareja" para hablar de este tema?

Oración

Si es apropiado para vosotros dos, terminad JUNTOS hablando con Dios.

CAPÍTULO 3

JUNTOS EN LA COCINA

1. Los cónyuges, "cocineros" de las relaciones familiares

Me gustaría, en esta ocasión, enfatizar lo que vengo diciendo desde las primeras páginas: "El matrimonio es algo muy serio que tiene momentos maravillosos, pero también túneles oscuros y etapas muy duras".

Sabemos que muchas de las experiencias vitales se viven en las "cocinas" de las casas. Es el lugar en el que "se cuece" casi todo. Es la zona más humilde del hogar, pero la más "poderosa" en muchos sentidos.

Todos, sin excepción, pasamos por la cocina. Allí estamos con el resto de la familia muchas horas, unidos por un fuerte vínculo, viviendo experiencias intensamente válidas, pero a las que le hemos de dedicar mucho tiempo y esfuerzo para que todo funcione y para que todas las piezas del inmenso puzle, de la vida en común, se mantengan unidas y conexionadas.

¡Ay, la cocina! Queriéndolo, o sin querer, nos recuerda los muy llevados y traídos roles de género. No porque cocinar sea cuestión de uno o de otro. ¡Ambos cónyuges pueden ser perfectos cocineros! Pero es el lugar donde aparecen muchos problemas en cuanto a los papeles que les toca ejercer a cada uno de los cónyuges en el hogar.

En la cocina desayunamos, comemos o cenamos, muchas veces, sobre todo si estamos solos en familia. Era originariamente el lugar más importante en la casa porque allí estaba el fuego del hogar, alrededor del que la familia se colocaba al llegar la tarde.

Es un lugar muy especial del que todos tenemos recuerdos de infancia. Es donde nos ponemos, o no, el "delantal del servicio"...

Es donde nos refugiamos en una noche de insomnio, ante una taza de té o leche caliente, hasta que se levanta el cónyuge y se une a la mesa con su taza.

Es donde lloramos soledades y abandonos...

Es donde somos quienes somos, en zapatillas, con la bata, sin maquillaje y despeinados.

Entramos pues en un capítulo muy difícil para este siglo XXI, pero debemos sumergirnos en esta cuestión siguiendo, como hasta aquí, las recomendaciones bíblicas que, sabemos, son las mejores para los cristianos, aunque fuera soplen vientos y tempestades.

En este capítulo intentaré tratar el tema en dos partes: En la primera me gustaría dejar constancia de algunas de las características necesarias de un esposo amante, para llegar a una mayor armonía en el hogar y en la segunda veremos, de forma sencilla, el ejemplo de una esposa sabia y su influencia en todos los miembros de la familia.

Lo importante es que nos quede claro, desde el principio, la necesidad de ser complementarios formando una unidad en la que sabemos que, para el Señor, ninguno de los dos es superior al otro.

Para el Dios Creador la igualdad entre ambos géneros no está en discusión. Pero creo que es importante recordar que, en el matrimonio, cada uno de los cónyuges tendrá su propia identidad y sus características personales que el otro tendrá que potenciar y valorar.

El plan de Dios es que sean "dos en uno" (Gn 2:24), y que ambos "llenen la tierra y sean responsables de ella" (Gn 1:28) y que, desde sus puestos y sus características personales, formen un perfecto equipo para pilotar bien la nave del hogar y la familia.

¡Será una combinación fantástica!

2. El gran mandamiento para el marido: AMAR

Si miramos con detenimiento el texto en Efesios 5, a partir del versículo 18, vemos que, desde el principio del capítulo, Pablo desarrolla el tema de "andar en amor". Eso solo es posible al ser llenos de Espíritu Santo (v. 18). A partir de este momento los verbos, en el original, están en gerundio y están relacionados. Esos verbos son: Hablando, cantando, agradeciendo y sometiéndoos unos a otros. En ese ambiente Pablo explica cómo vivir los verbos mencionados en familia y vemos que no son tanto lo que podríamos llamar roles de hombre y mujer sino actitudes que determinan la decisión de hacer la voluntad de Dios en el contexto familiar.

Una frase famosa al respecto la dijo una vez el marido de Margaret Tatcher al hacerle la pregunta de quién llevaba los pantalones en su casa. Él contestó: "Yo, y también los lavo y los plancho".

Creo que, de forma muy jocosa, esa contestación explicaría un poco lo que he querido decir. El hombre es cabeza y tiene la autoridad en su familia delegada por Dios, pero puede perfectamente coger la escoba o lavar los platos como parte de su trabajo en el hogar, para su familia y para el Señor.

Cristo es la "cabeza" por excelencia, Él es la autoridad sobre todas las cosas (Ef 1:22), pero se humilló siendo un siervo modélico. El marido debe ser también líder y, a la vez, cuidador; es el que debe amar con ternura, así como lo hace Cristo con su Iglesia y servir, de la misma forma que su Maestro, a los que tiene a su cuidado.

Por lo tanto, es muy importante enfatizar que no podemos desligar el término cabeza del hincapié hecho por Pablo en cuanto a que los esposos deben amar a sus esposas como Cristo ama a los miembros de su Cuerpo, la Iglesia (Ef 5:25-32).

"Cuando el apóstol escribió la declaración de que los esposos deben amar a sus mujeres como Cristo amó a la Iglesia, fue la más asombrosa declaración que jamás se hubiera registrado acerca del papel del hombre. Cuando se lee acerca de la actitud pagana hacia el matrimonio y, en especial, del pensamiento típico de los maridos hacia las mujeres —y no solo los paganos sino de todo el Antiguo Testamento— nos damos cuenta del carácter revolucionario y transformador de estas enseñanzas" (D. M. Lloyd-Jones).

Algunos hombres, como resultado de Génesis 3, piensan que ser varón debe llevar aparejado el dominio, el abuso, la dictadura e incluso el maltrato. En este caso el hombre no ha captado nada del significado creacional para marido y mujer.

Por lo tanto, la norma básica para liderar, de verdad, es el amor. ¡No es más cabeza quien más domina o quien más grita, o quien más maltrata, ¡es más cabeza quien más ama!

Toda mujer, que es tratada con la ternura de Cristo, desea mirar a su esposo como fuente de todo lo que ella necesita. Desea profundamente que su esposo sea el que gobierne bien su casa, que la proteja y la cuide. La responsabilidad primera, por lo tanto, es del hombre. Las posturas erróneas, incompletas o parciales, sacando textos de su contexto, llevan fácilmente a caer en actitudes, a la larga, muy dolorosas y destructivas. Sabemos el peligro que tiene hacer una enseñanza parcial de los textos bíblicos que estamos tratando. Es muy fácil insistir en la necesidad de respeto de la mujer a su marido, olvidando la contrapartida, como condición necesaria: El amor tierno del esposo hacia ella.

"El esposo que se arrellana cómodamente frente al televisor y da órdenes a su esposa como si fuera su esclava, ha abandonado a Cristo para seguir otros ejemplos" (John Piper).

El amor del marido debe ser demostrado. No solo consiste en saber lo que se tiene que hacer; el secreto está en llevarlo a la práctica. Debe practicar el amor "ágape" que es el más desinteresado. El esposo debe dar sin egoísmo, debe amar a su mujer de la forma más entregada, dando todo por ella, incluyendo, si fuera necesario, el dar su propia vida (como Cristo lo hizo por su Iglesia).

Es muy interesante notar la frase: "El marido debe amar a su esposa como a su propio cuerpo" (Ef 5:28-33). Este texto nos indica y recuerda que marido y mujer son uno, "una sola carne", por lo tanto, ¡cuánto de verdad hay en la frase de que "el que ama a su mujer a sí mismo se ama" (v. 28).

Las personas sanas mentalmente cuidan sus cuerpos, suplen sus propias necesidades y se protegen a sí mismos. Por lo tanto, el que descuida a su mujer también se está descuidando a sí mismo y eso traerá mucho dolor al matrimonio, sensación de soledad y abandono, búsqueda de apoyos externos y sensación de que la relación está casi muerta.

El apóstol Pablo insiste en el cuidado de uno mismo y sigue diciendo: "Porque nadie aborreció jamás a su propia carne, sino que la sustenta y la cuida, como también Cristo a la Iglesia" (Ef 5:29-32). Eso mismo es lo que ha de hacer todo hombre cristiano con su mujer.

La falta de amor del marido no solo afectará a los cónyuges, sino que lo hará de forma tremenda en la vida de los hijos.

Si el marido imita el modelo de Cristo será, sin duda, la mejor herencia que le pueda dejar a sus hijos porque verán que su madre no es usada ni maltratada, sino honrada y amada. Esta realidad cotidiana dejará una huella en ellos, les permitirá encontrar una identidad sana e imitarán ese ejemplo, cuando ellos tengan sus propias familias.

Por lo tanto, no me cansaré de repetir la necesidad del "amor tierno por parte del esposo hacia su esposa". Lo vemos, aún más claro, en otra carta paulina, la escrita a la iglesia de Colosas, en el capítulo 3 repite de forma abreviada lo mismo que hemos visto en la carta a los Efesios:

"Maridos amad a vuestras esposas y no seáis ásperos con ellas" (Col 3:19).

La frase "no seáis ásperos con ellas", no tiene desperdicio. Muchos hombres sufren una especie de metamorfosis después del "Sí, quiero", cambiando la ternura que ofrecían antes de casarse por una dureza áspera que rompe el "vaso más frágil", pero el castigo para el hombre áspero es tremendo: "Las oraciones del marido, en ese caso, no son oídas por el Señor" (1 P 3:7). ¿Qué te parece?

Este último párrafo derrumba todo argumento en cuanto a que la Biblia es un libro que no cuida a la mujer. ¡Nada más lejos de la realidad!

3. La gran recomendación para la mujer: Vivir con sabiduría

Quiero recordar aquí la historia de una mujer muy sabia. Encontramos el relato bíblico en el libro sapiencial de Proverbios, escrito por el rey Salomón.

El capítulo 31 fue escrito por alguien llamado Lemuel y es el último de este libro, en el que se nos habla de una mujer que vivió con gran sabiduría.

En los primeros versículos parece que habla la madre del escritor. En el caso de que Lemuel fuese otro nombre para Salomón, nos sorprendería que la mujer mencionada, fuese Salomé. Por lo tanto, es posible que Lemuel fuera una persona distinta a Salomón (escritor del resto del libro).

En un sentido, no importa demasiado, lo cierto es que este capítulo es el colofón de un libro de sabiduría para las mujeres de todos los tiempos y el broche de oro de un manual de conducta excelente para la vida de hombres y mujeres en general. Ciertamente hay grandes enseñanzas y consejos para el hombre, pero el capítulo 31 se refiere a la mujer y no creo que esto sea casual; es el colofón del libro y todos sabemos que "¡Quién mueve la cuna, mueve el mundo!". O, siguiendo en la cocina, la mujer "tiene la sartén por el mango" y tiene una influencia tremenda, en su casa y fuera de ella; tiene un gran poder en todo lo que hace y dice.

Pero veamos la historia:

La vida de esta sabia mujer, su forma de comportarse, hace que nos empequeñezcamos ante el ejemplo incomparable de sus cualidades excelentes. Nos parece un ideal inalcanzable pero es, sin duda, un modelo a seguir.

Podríamos catalogar a esta persona como una mujer muy sabia, que jugaba muy bien sus papeles. Una mujer, que hoy diríamos "de impacto" ("influencer") y, desgraciadamente, no hay impacto positivo, en la propia vida y en la de los demás, sin sabiduría.

En el mismo libro de Proverbios se habla de otras mujeres que, por su necedad, también impactaron, pero siempre en negativo.

Por ejemplo, se nos habla de la mujer seductora (Prov 2:16). Es esta una mujer muy poco sabia, por eso su casa "está inclinada a la muerte" (Prov 2:18). La seducción debe ser apartada de la vida de la mujer que se conduce con cordura. Lleva por caminos tortuosos porque hace lo que no debe y, al final, desemboca en un pozo de desesperación y destrucción de su propio hogar.

Otro tipo de mujer que impacta en negativo es la mujer mala (Prov 12:4) que "es como carcoma en los huesos de los demás". Impacta por el daño que hace, especialmente en la vida de su marido.

Y el tercer ejemplo es la mujer quejumbrosa (Prov 19:13). Es quizás el caso menos espectacular, porque es muy sutil, el texto nos dice que es como "gotera continuada". ¡Qué metáfora tan clara! La mujer quejumbrosa cansa por su poca sabiduría y su pesadez. Muchas veces esa forma de ser tiene detrás una necesidad de llamar la atención. Pero, ya dijimos en el primer capítulo, que la persona que utiliza esa vía de demanda se equivoca ya que los que se queden con ella y la atiendan, lo harán por cumplir pero, después se irán limpiándose el polvo de los zapatos, porque, ¡nadie está bien con una mujer quejumbrosa!

Todas estas mujeres eran muy poco sabias y habían tomado decisiones equivocadas para sus vidas y para su convivencia matrimonial.

Entonces, y antes de seguir, te quiero hacer una pregunta:

¿Quién manda en ti? Tú, ¿verdad? ¡Pues manda bien! No caigas en ser como ninguna de las tres mujeres mencionadas e imita la conducta de la mujer del cap. 31 de Proverbios.

Esa mujer era sabia y actuaba correctamente en todos los roles de su vida y, como consecuencia, las cosas le iban muy bien porque hacía lo que debía hacer en cada momento y no, simplemente, lo que le venía en gana.

Veremos que esta mujer parece un ideal inalcanzable para nosotras, pero los principios de su vida no lo son y, si hay un modelo a seguir, es porque podemos imitarlo.

El capítulo es como una guía completa, un acróstico, de sabiduría para toda mujer.

Debemos, primero, definir la palabra sabiduría:

Los diccionarios la definen como "el buen juicio y la prudencia con la que alguien gobierna su vida". La palabra clave, como podemos imaginar, es "gobierna" que se traduciría en una conducta prudente y esforzada para vivir y no solo sobrevivir.

Vuelvo a repetirte: ¿Quién manda en ti? Seguro que sabes lo que tienes que hacer, casi en cada momento. Sabes la diferencia entre el bien y el mal. ¡Manda bien!

Vemos que la sabiduría de esta mujer-modelo se puede aprender y que su fundamento es "el temor del Señor" (Prov 31:30).

La mujer de Proverbios, la que tiene un "valor superior a las piedras preciosas" (31:10), conduce sus pasos y dirige su vida con sabiduría, en el temor del Señor.

Pero, a veces, confundimos sabiduría con inteligencia y no es lo mismo; la sabiduría va más allá. ¡Cuántas personas inteligentes han perdido casa, familia y vida por ser poco sabias!

Stemberg, un gran estudioso de la inteligencia humana, ha escrito una frase aplastante al respecto: "¿Cómo puede ser que algunas personas inteligentes sean tan estúpidas?".

Steiner, otro estudioso de la mente humana, nos dice: "La cultura no hace a las personas más sabias, solo las hace más cultas". Hoy, desgraciadamente, hay muchas vidas rotas, aunque sean vividas por personas muy inteligentes y con gran cultura.

Por eso, cuando fracasa la sabiduría, cuando alguna "torre humana" cae, no es porque el coeficiente intelectual sea más o menos bajo, es porque se ha dirigido mal la vida, porque no ha habido control de la propia conducta. Probablemente, en esos casos, haya habido una mala gestión y un error de rumbo; un utilizar muy mal los distintos elementos de nuestra particular cocina.

Recuerda, de nuevo: ¡Manda bien en tu vida! ¡Haz lo que debes en cada momento!

Vamos a ver algunos de los principios que rigieron la vida de la mujer del capítulo 31 de Proverbios:

Nos fijaremos, sobre todo, en sus actitudes. No es necesario enfatizar que si las actitudes de la mujer son siempre negativas y nefastas, influirán en el marido y en los demás miembros de la familia, el impacto será muy negativo en toda la casa.

Has de cuidar, con mucho esmero, qué actitudes (ingredientes) decides escoger para todo. Puedes tener actitudes varias pero, siempre, ¡las eliges tú! Puedes tener una actitud de gratitud, por lo que posees, o de ingratitud por lo que no tienes. Puedes mirar la vida con amargura o con gozo y así sucesivamente...

Hay mujeres, y parejas, que lo tienen todo y, en el fondo, no tienen nada. En cambio, lo que rezuma de la vida de la mujer que nos ocupa es su actitud positiva y agradable para con ella misma, para con sus roles y para con los demás.

Otra cuestión importante, en esta mujer, es la perseverancia. Hace de todo, va y viene, no para. Seguro que, como todo el mundo, tenía sus dificultades, pero vemos la perseverancia en todos sus caminos.

La perseverancia tiene un poder muy superior a un coeficiente intelectual alto.

La fuerza de voluntad se genera utilizándola. Si no tienes ganas de hacer una cosa, decide actuar "como si la tuvieras" y ¡verás que funciona!

Muchas mujeres tienen también la fuerza de voluntad afectada y, por lo tanto, en su vida falta la perseverancia. Para generarla se tiene que seguir, seguir, seguir..., haciendo lo que debes, con más o menos ganas, pero no abandonando nunca el esfuerzo.

Tú sabes que las personas que han tenido éxito en la vida son las que, a pesar de los vaivenes, la lucha por la existencia y las tormentas a su alrededor, siguen adelante con perseverancia. La mujer de Proverbios es un ejemplo indiscutible de esta forma de actuar.

Sus actitudes las vemos en el cuidado de ella misma y en el cuidado de los demás porque la mujer sabia se cuida. Se viste bien, con dignidad (31:22). Es fuerte físicamente (31:17) y recordemos que nadie es fuerte si no se cuida y se alimenta bien. Evita el estrés (31:21). Parece tener la energía de la juventud y la dignidad de la edad (31:25).

Tenemos que imitar a esta mujer y tener la perseverancia necesaria y una actitud positiva en el cuidado de nuestros cuerpos, por nosotras y por nuestros maridos. Quizás esta idea puede parecer poco espiritual, pero recordemos que el cuerpo es templo del Espíritu Santo y que es el único que vamos a tener en esta tierra y, por lo tanto, es muy sabio cuidarlo y eso, muchas veces, tiene que ver con la cocina.

Este modelo de mujer cuida, además, sus emociones que están directamente ligadas a los pensamientos. Es sabio analizar el diálogo interior, pensar con cuidado en lo que nos decimos, lo que nos dicen o nos hacen otros. ¿Qué te cuentas a ti misma? ¿Es un discurso negativo? ¿Piensas siempre mal? Pues, ¡no te queda otra! ¡Cambia tu manera de pensar! Sigue el patrón de Filipenses 4:8 de nuevo. La mujer sabia es también capaz de decidir lo que piensa (31:25), buscando lo bueno, lo amable, lo digno de buen nombre, lo verdadero...".

Cuando vengan pensamientos a tu mente que no convienen, cámbialos. ¡Llévalos cautivos a Cristo! ¡Manda bien!

Y, sobre todo, esta mujer, cuidaba su aspecto espiritual "temía al Señor". ¡Por eso era sabia!

Se debe aceptar la realidad de que "la hermosura física es bastante vana" (31:30), pero "la mujer que teme al Señor será alabada" (31:30). Por lo tanto, nunca debemos dejar de cuidarnos espiritualmente, acercándonos a Dios, cada día, para recibir de Él la sabiduría necesaria y las fuerzas para llevar una vida de impacto positivo.

Esta mujer influía en la vida del esposo desde una actitud de compromiso serio que implica, a la vez, renunciar a veces a diferentes cosas y actitudes, dar continuamente lo mejor y respetar siempre al esposo tierno y amante.

Es interesante notar la frase: "El corazón de su marido está en ella confiado" (31:11).

Hoy día es muy fácil ser infiel y que el corazón del cónyuge no pueda estar tranquilo ni en paz. Ser infiel, en el mundo en el que vivimos, no solo es fácil, es también lo "normal". Sin embargo, lo habitual, no tiene necesariamente que ser lo correcto.

Las frases: "Alguien que he conocido me atrae mucho porque está por mí y me atiende", "Se me murió el amor", "He tirado la toalla", "No hay pasión en mi matrimonio", "Esa persona que estoy conociendo me ha hecho sentir algo diferente"... Son frases poco sabias que nos conducirán, más tarde o más temprano, a la ruptura, al desamor y a la destrucción de nuestra familia.

El compromiso, en el matrimonio, implica fidelidad. La mujer de Proverbios era fiel y, por eso, el corazón de su marido podía descansar y vivir confiado.

La fidelidad implica, muchas veces, renuncia y esto actualmente no está, en absoluto, de moda. Ahora el hedonismo (el principio del placer) y el narcisismo (el "yo" primero) es lo que impera.

La mujer sabia hace muchas cosas y aunque, como hemos visto, ella se cuida a sí misma, su foco de atención es su hogar y no se pierde en buscar placeres o autorrealizaciones vacías y pasajeras.

Volviendo al marido, él era un hombre muy afortunado porque salía a las puertas donde era reconocido, respetado y aceptado y entendemos que lo mismo debía ocurrir en su hogar.

Las mujeres tenemos una gran capacidad lingüística, pero la hemos de utilizar bien, especialmente con el esposo, porque la Biblia nos insta, una y otra vez, a "respetar al marido" (Ef 5:33) y lo respetamos, especialmente, a través de las palabras que le decimos.

La palabra, como ya hemos visto, puede ser un arma letal de destrucción doméstica. Las palabras tienen mucho poder, pueden curar o herir gravemente. Hay personas que viven juntas para entregarse a la ardua tarea de destrucción mutua a través de cómo se hablan.

La psicología nos dice que la necesidad número uno del hombre es la valoración y el respeto.

En la mujer sabia vemos muy claro el respeto a su marido porque "la ley de clemencia dominaba, continuamente, su lengua" (31:26), y "...le daba ella bien y no mal todos los días de su vida" (31:12) por eso él era tan respetado por sus vecinos y por su pueblo (31:23).

No está muy claro, en el texto que estamos estudiando, la cuestión de la instrucción, pero en los primeros versículos del cap. 31 parece que la madre le dice a su hijo: ¿Qué te diré, hijo mío? (31:2) Hoy nosotras le diríamos desde la mesa de la cocina: "No tomes drogas", "Ten cuidado con las malas compañías", "Esfuérzate", "No bebas", "No te apartes de lo bueno", pero, sobre todo: "Haz lo que hacemos tu padre y yo, sigue mis pasos y los de tu padre, porque somos modelo para ti". Y, nos dice el texto que: "¡Sus hijos la llamaban bienaventurada y su marido también la alababa!" (31:28).

¡Qué gran valor tiene una mujer amable, misericordiosa y buena! ¡Vale más que las piedras preciosas! ¡Una sonrisa de tu parte, un estar ahí, una palabra de consuelo, el cuidado personal y atento hacia tu marido y hacia los que te rodean, cambiará tu vida!

Por eso y, para terminar, podemos honrar a esta mujer diciendo "muchas mujeres hicieron el bien, pero tú sobrepasas a todas ellas" (31:29).

¡Ojalá que este pudiera ser también el epitafio en nuestra propia tumba!

4. Las "cocinas" de las familias reconstruidas

La mayoría de los capítulos de este libro se referirán a las familias "primeras" o llamadas también "intactas". Pero no quisiera dejar este capítulo sin hacer una breve alusión a las que se han roto o a las personas que han enviudado y los componentes que han quedado han formado otra unión.

Aunque dedique unos párrafos a las familias reconstruidas, no he cambiado ni un ápice en cuanto a mis ideas expuesta en el capítulo primero con respecto al matrimonio. Pero hemos de aceptar la realidad de que son muchas las parejas que encuentran al Señor después de que se rompieran sus matrimonios o aún en creyentes hay circunstancias que les han llevado a encontrarse reconstruyendo una nueva familia por diversas razones. Tampoco podemos olvidar a las madres solteras/padres solteros, o las personas viudas.

Definimos "familia reconstruida" (también llamadas ensambladas o mixtas) como el matrimonio en el que uno de los cónyuges, o los dos, tienen hijos de relaciones matrimoniales previas por las razones mencionadas en el párrafo anterior.

Sea cual sea la razón, una familia reconstruida tendrá que enfrentarse a dinámicas distintas y muy difíciles en comparación con las familias "primeras". Es por eso que se da un mayor número de separaciones en ese colectivo.

En cuanto a este tema no podemos profundizar en todos los detalles que deberíamos, porque sería mucho más extenso de lo que el espacio nos permite, pero tocaremos algunos puntos que creemos relevantes.

Una de las cosas con las que deberán lidiar los nuevos esposos, desde el principio, es en cuanto a lo ocurrido en sus vidas antes de conocerse y antes de que se estableciese esta nueva relación. No es fácil aceptar que ha habido otra vida matrimonial y, por otro lado, se darán situaciones relacionadas con la vida anterior que complicarán, a veces, el "microcosmos" del nuevo sistema familiar. Cada uno de los cónyuges llevará su propia maleta con un historial de su relación anterior y, aunque las dificultades que les llevaron a la ruptura se hayan tratado, quedarán probablemente serios traumas y resentimientos que gestionar y si, además, hay hijos las complicaciones se multiplicarán por mucho.

Es importante destacar aquí que los sentimientos, positivos o negativos o una combinación de ambos seguirán, en el alma, por años. Las personas abandonadas tendrán que lidiar con la rabia y la ira contenida y en el caso de los viudos/as, con el dolor de la pérdida... Parte de la persona que ya no está, habrá dejado su propia huella y cualquier otra relación tendrá que estar presidida por gran aceptación, comprensión y paciencia.

Los nuevos componentes de la pareja, en caso de separación anterior, tendrán que saber que, sin poder evitarlo, se darán ciertas comparaciones, durante un tiempo con el excónyuge, pero los dos miembros de la nueva pareja, voluntariamente, tendrán que hacer un esfuerzo serio por dejar todo atrás y mirar hacia delante, amando a la nueva familia y luchando por ella. Dar por cerrados, cuanto antes, los vínculos afectivos anteriores, sanar heridas y recuperar fuerzas sin la omnipresencia del excónyuge.

Por lo tanto, es muy importante, no acariciar pensamientos que lleven al pasado. Poco a poco, el tiempo y la fuerza de voluntad, irán haciendo su trabajo, para dejar la historia en su lugar, sin recurrir a ella de forma continuada. Esa actitud ayudará, inmensamente, a los dos nuevos cónyuges, para que no haya una atadura difícil de romper.

Otro tema a tener en cuenta son las expectativas en cuanto a la familia reconstruida. Son muchas las personas que, tras un fracaso matrimonial o una viudedad, pueden esperar un gran ideal en una nueva relación y desear, también, que ese ideal se consolide muy pronto. Hemos de saber que los vínculos afectivos fuertes y duraderos se construyen despacio. En el nuevo sistema familiar todos deben encontrar su lugar y, sobre todo los niños que, en la mayoría de los casos, tendrán que aceptar una relación impuesta y muy poco escogida por ellos. Todos en la familia tendrán que aprender de nuevo a relacionarse. Los adultos necesitarán de mucha paciencia para ser modelos en cuanto al trato con los demás y también deberán aceptar los momentos de ira y agresividad de los hijos que, sin duda, aparecerán contra el recién o la recién llegada al cuadro familiar. Tampoco se debe perder de vista la profunda tristeza que los hijos respectivos pueden tener y que se manifestará de distintas formas, dependiendo de la personalidad del niño y de las circunstancias concretas de cada familia.

Los niños deberán entender que, la nueva relación empezada, entre su padre o su madre y una nueva persona, es paralela en importancia a la relación que su progenitor tiene con ellos. La importancia en la relación con el nuevo cónyuge ha de ser "sagrada", nunca puede quedar en un segundo lugar, ni se debe permitir que, los hijos respectivos, maltraten de ninguna manera al recién llegado. Este aspecto tiene que estar cimentado en un profundo compromiso y fortaleza por parte de ambos cónyuges.

Siguiendo con el tema de los hijos, la pareja tendrá que aceptar que se necesitará un modelo multisistémico educativo que cuide de la combinación entre paternidad y maternidad biológica, paternidad y maternidad reconstruida y la conjunta. Esta combinación es muy difícil y es la causa, también, de muchas de las rupturas mencionadas. Recomiendo que, en cuanto a la disciplina de los hijos respectivos, los dos cónyuges presenten un frente común pero que esté también avalado y consensuado, en lo posible por los padres biológicos respectivos, que no viven cotidianamente con los niños. Además, a la hora de tener que pautar castigos y ejercer la disciplina, de una forma directa, sea el padre o la madre biológica, que vive con el niño, el que tome las riendas y que el cónyuge no biológico le apoye pero que no ejerza de forma directa la decisión de castigar. Esto puede ahorrar muchos problemas de relación entre los hijos y el marido o la mujer que no son padres biológicos, sobre todo en los difíciles años de la adolescencia.

Esto es así porque el progenitor biológico ama de forma muy especial a su hijo/a y eso cambia cualquier acto disciplinario. Recordemos que una disciplina, sin un profundo amor, puede convertirse y ser visto por el niño o por el adolescente, como un maltrato.

Lo importante será buscar el bienestar familiar. Construir en positivo. Que nunca falte el amor, el respeto, el perdón, la comprensión, la empatía y la asertividad.

En familias reconstruidas el amor benigno se ha de ver continuamente, porque surgirán muchos problemas que, por recuerdos tóxicos, por celos inapropiados, por revancha... por lo que sea, podrán convertir la nueva relación en algo muy distinto al amor que no hace daño. Las palabras cargadas de ira y amargura pueden transformar lo benigno en maligno de forma muy sutil pero muy fácil.

El perdón, es una decisión que se puede tomar de forma unilateral y no se necesita del consentimiento del otro. Cuando se ha de mirar hacia delante para construir una nueva relación no queda otra que cerrar con el cerrojo del perdón, la anterior. No se puede vivir, de por vida, cargados con la "revancha" atada al cuello. Es necesario perdonar para poder seguir viviendo.

La comprensión, en el caso de las familias reconstruidas, irá muy unida a la empatía. Ponerse en lugar del otro y comprenderlo hace mucho más fácil el perdón mencionado. Cada persona tiene una sensibilidad y vive de forma muy subjetiva las pérdidas; por lo tanto, los juicios de valor, desde un punto de vista determinado, no siempre son justos ni apropiados, ni aportan nada en cuanto a soluciones prácticas. ¡Recuérdalo!

5. Algunas claves para una mejor comunicación en la "cocina"

Debido a que normalmente pasamos muchas horas en la cocina voy a daros, para finalizar este capítulo, algunas claves generales, mencionadas someramente en los anteriores capítulos, para que vuestra comunicación mejore:

1. Reserva un tiempo semanal para compartir con tu cónyuge a solas, en la cocina o, si fuera posible, fuera de la casa (una cafetería, un parque, un restaurante, un paseo por la ciudad o la playa), ...que sea deseable y esperado. En ese tiempo evita estar colgado de cualquier pantalla. Es un tiempo especial para ella/él.

2. Si escogéis ese tiempo para poder hablar, a solas, de cosas personales e íntimas, ¡habla, dejando hablar! Y, ¡hazlo de forma positiva! Dile palabras que hagan crecer al otro, no te dediques en esos momentos a criticar o a recriminar nada. No quieras solventar todo en una tarde. Escoged un tema a la vez sin enredaros en luchar por llevar la razón o querer abarcar demasiado para un día. Es necesario, también, ser asertivos diciendo las cosas que debemos, de la forma en que debemos hacerlo y en el momento más oportuno.

3. Mientras estés escuchando, lee entre palabras las emociones y necesidades del otro. Piensa en lo que hay detrás de lo que estás oyendo. Estate, por lo tanto, atento/a, al lenguaje no verbal. Mira sus expresiones faciales, su postura... Mantén durante el tiempo que dure la conversación el contacto visual. No te entretengas en mirar otras cosas y, mucho menos, en mirar a otras personas. Tu cónyuge necesita tu atención plena en esos momentos tan especiales.

4. No manipules con tu discurso, ni quieras arrimar "el ascua a tu sardina". No pretendas convencer al otro de que siempre tienes la razón. Ponte en sus zapatos y mira todo desde su punto de vista y no interrumpas hasta que el otro termine de hablar. Sobre todo di bien las cosas. Sé siempre amable. San Pablo dirá: "Que vuestra amabilidad sea conocida por todos" (recuerda que incluye a tu cónyuge).

5. Aclara las dudas que tengas, no te quedes con ellas. Pregunta todo lo que necesites preguntar hasta que cualquier cosa, por pequeña que sea, quede aclarada. No supongas nada, no des nada por sentado. Explícate bien y di con cariño y respeto lo que tienes que decir. No dejes que tu pareja tenga que adivinar las cosas.

6. Evita siempre la ira y el enfado. Recuerda que "la blanda respuesta quita la ira" (Prov 15:1). Es importante también no acudir a las acusaciones ni poner etiquetas.

7. Si has decir algo negativo, habla de la conducta, pero no de la persona.

8. No te refugies en el silencio como castigo hacia el cónyuge. Dejar de hablar es, muchas veces, un maltrato.

9. Podéis estar en desacuerdo en algo, pero eso no tiene porqué implicar una discusión entre los dos... El tener diferentes opiniones, si las compartís con cuidado, sin agrediros mutuamente, os hará crecer y enriqueceros.

10. Conoce muy bien a tu pareja. Pregunta cosas que te ayuden a entenderla. Introduce en la conversación la parte espiritual. Conoce tu Biblia para poder mencionar versículos que os ayuden a hacer mejor las cosas. ¡Que la Palabra de Cristo more también en abundancia en tu cocina!

IMAGINA LA ESCENA... JUNTOS EN LA COCINA
Job y su esposa: el rol de cada uno

Admito que haré referencia a los 42 capítulos del libro de Job, pero, aunque no tengo muchos textos bíblicos para escribir sobre la esposa de este matrimonio, sí tengo unos datos que me permiten decir algo que espero pueda ser de ayuda.

1. La esposa que no se quejaba

Seguro que más de una persona diría: "¡Espera! Lo único que sabemos de ella es que criticaba duramente a su marido en Job 2:9". Bueno, llegaremos a esto, pero primero hay otras cosas a su favor:

(i) No se quejó por tener muchos hijos. ¡Durante la primera parte de su vida matrimonial dio a Job siete hijos y tres hijas y, al llegar al capítulo 42 vuelve a ser madre y da a luz a 10 hijos más! (Job 1:2 y 42:13). A pesar de todo lo que podemos decir de que era "una mujer de su tiempo" y, en aquel entonces, se entendía que parte del rol de la mujer/esposa era dar a luz hijos, no obstante, podemos notar que, en este caso, cumplía perfectamente su rol, pero no podemos olvidar lo que esto implicaba de dolor físico y emocional al ir educándoles durante su infancia y juventud, etc.

No sabemos, pero, ¿pudiera ser que llorara en secreto?

(ii) ¿Lloraba en secreto? Sin duda el dolor que invadió el corazón de su marido al recibir la noticia devastadora de la muerte de todos sus hijos, también le habrá afectado a ella, ¿no? Y puede ser, que como madre, le afectara de forma terrible. No obstante, la Escritura no menciona ninguna palabra inapropiada de su boca. Job se lamentaba públicamente y ella, ¿en privado? ¿Cumplía con su rol de apoyo a su marido al no intensificar todavía más su dolor?

No sabemos, pero, ¿pudiera ser que llorara en secreto?

(iii) El mayor problema para Job. El problema para Job, no era "meramente" la muerte de seres queridos y un quebrantamiento económico. La mayor dificultad para Job, reflejada en su libro, era la cuestión religiosa, la cuestión de la justicia universal, la justicia de Dios. En estos problemas y discusiones "filosóficas" no entró la mujer. Ella observaba, escuchaba y permitía a su marido estar en "su cueva" para resolver sus problemas personales, no leemos que ella exigiese su atención o su ayuda con su dolor personal. Cada uno cumplían su rol al dejar al otro elaborar su propio proceso de duelo.

No sabemos, pero, ¿pudiera ser que llorara en secreto?

(iv) El don de la hospitalidad. Durante toda la batalla verbal que Job sostuvo con su tres (cuatro) "amigos" sale a la luz como él había socorrido al huérfano, a la viuda, al sintecho y al necesitado en general. Hasta decía como a ellos los había recibido en su propia casa. Si su esposa hubiese sido como la mujer necia de Proverbios capítulo 14:1: "La mujer sabia edifica su hogar; pero la necia con sus propias manos la derriba", sin ningún don de hospitalidad, le hubiera hecho a Job la vida imposible. ¿Has conocido algún hombre que se ha encontrado con algún problema personal en cuanto a que su esposa le ha llevado a la amarga situación de que no le ha permitido recibir a nadie en su casa? Pero, ¡qué diferencia es ver a un matrimonio compartiendo el don de la hospitalidad, siendo un refugio y un bálsamo para la vida de tantas personas heridas!

No encontramos ni una sola queja de que su casa estuviera a disposición de cualquier invitación hecha por su esposo Job.

(v) Sin amargura. Pero hay otra cosa que se desprende de los discursos de Job. No solamente había sido motivo de ayuda a los necesitados, usando también su casa, sino también su dinero, y nos da la impresión de que utilizaba su dinero libremente sin ninguna restricción por parte de su esposa. Ya sé que eran "otros tiempos", pero también en aquellos días las esposas podrían quejarse, ¿no? Salomón da a entender (¿por su propia experiencia?) que es muy amargo vivir con una mujer contenciosa: "Gotera continua en tiempo de lluvia y la mujer rencillosa, son semejantes; pretender contenerla es como refrenar el viento, o sujetar el aceite en la mano derecha" y "Dolor es para su padre el hijo necio, y gotera continua las contiendas de la mujer (Prov 27:15-16 y 19:13).

2. La esposa que no pretendía herir

¿Por qué dijo ella lo que dijo: "¿Todavía intentas conservar tu integridad? Maldice a Dios y muérete". Imagina la escena...

Ella también sufría la pérdida de sus hijos, toda la riqueza de la familia y, según lo que ella podría imaginar, perdió también un futuro económico estable, quedándose con un marido terriblemente enfermo y a punto de morir. Pero no dijo nada inapropiado durante todo el capítulo uno del libro. Solamente tenemos registradas sus palabras al enfrentarse con el sufrimiento insoportable de la persona que más amaba en el mundo, su marido. Nos describe un cuadro patético en extremo: "Job, sentado entre cenizas, se rascaba con un trozo de teja" (2:8). En una situación pavorosa como esta, ¿no desearíamos que el Señor se llevara a la persona amada para que no sufriese ni un instante más?

Entonces, ¿cuál fue su error?

Decir: "¿Todavía intentas conservar tu integridad? Maldice a Dios y muérete" (Job 2:9). Aquí ella, delante de tanto dolor, se rompe por dentro... y por fuera. Pierde sus papeles en cuanto a su "rol de la cuidadora", pero, afortunadamente, Job sigue con su rol de cabeza espiritual de la familia al llamarle la atención y luego intentar ayudarla a ver las circunstancias desde otra perspectiva: "Hablas como una mujer... necia (*) ¿Aceptaremos solo las cosas buenas que vienen de la mano de Dios y nunca lo malo?" (2:10).

Es fácil decir que la esposa tenía que haber estado al lado de su marido en el capítulo 2 y tenía que haber refrenado su pregunta "¿Todavía intentas conservar tu integridad?". Pero es una mujer aplastada con la amargura de la pérdida de golpe de sus hijos y ahora la pérdida de la salud de su marido y la pérdida de su futuro, pero notamos, con cuidado, que cuando Dios habló con Job ¡no reprendió a la mujer! Además, Dios habló con Job para que él, no solo pudiera ayudar a sus amigos, sino también a su esposa. Cumpliendo así con su papel de cabeza espiritual de la familia. Sin duda Dios puede hablar a través de las esposas (¡menos mal que lo hace!) pero no debe sorprendernos que el marido lleve la responsabilidad de cuidar a su esposa en el terreno de ayudarla a fortalecer su fe.

No sabemos si la esposa de Job estaba presente cuando Dios le habló en los capítulos 38–41 pero al final habrá participado en la restauración de su marido, ¡¡también con otros 10 hijos!! (42:12-14) y con el doble de todas sus riquezas. Ya no sale la pregunta: ¿Lloraba en secreto? Ahora estaban juntos, viviendo y trabajando juntos, juntos "en la cocina" de la vida.

> **Medita como matrimonio en...**
> "La respuesta apacible desvía el enojo", Proverbios 15:1.
> "Las palabras amables son como la miel: dulces al alma
> y saludables para el cuerpo", Proverbios 16:24.

(*) Pregunté a Ana Blanco, profesora excepcional de hebreo, sobre esta palabra: "necia". Extraigo unas frases de su respuesta... ¡de 4 páginas!

Raíz nabal (la que aparece en Job 2:10) לְבַנ ('nabal') "necia".

En hebreo, cada palabra, ya sea un sustantivo, un verbo, un adjetivo, etc., está formada por tres consonantes. Estas tres consonantes se llaman 'raíz'.

El adjetivo traducido por "necia" en Job 2:10 proviene de la raíz לבנ (nabal). Mi diccionario de hebreo la define así:

1) Marchitarse, mustiarse, ajarse, agostarse, secarse / debilitarse, languidecer, consumirse / desfallecer, sucumbir.

2) Obrar neciamente, ser necio, grosero, insensato; Hitpael (acción reflexiva) (en heb. rabínico): obrar neciamente, atontarse / envilecerse, deshonrarse /ensuciarse, mancillarse.

En muchas ocasiones, pero no siempre, el primer significado se relaciona con el segundo significado. No sé cómo es en este caso, habría que investigarlo mucho más en muchos textos, pero si (en este caso) están relacionados, podemos decir que una persona que está ajada, rota, consumida, también puede estar humillada, etc., o que actúa así por lo que ha sufrido. Y pienso que sí que le sucede esto a la mujer de Job.

La traducción de este término es difícil, quizás "insensata" o mejor la paráfrasis "has hablado sin sentido", "como un no creyente", encaja más que "necia", que en el castellano actual es un adjetivo muy fuerte y denigrante.

Entiendo que en Job 2:10 el significado de "necia" es más "no ver el propósito de Dios en la prueba, o la soberanía de Dios en ese momento". Me parece acertada esta interpretación y la traducción por "godlessness" más que "sillines" , o utilizar "sillyness", pero en el sentido de "no pensar en Dios, no tenerle presente, olvidarse de él en un momento así".

A mi parecer, la situación es parecida a la de Noemí. Noemí no sufre de repente tanta desgracia junta, y no llega a "olvidarse de Dios", pero también está en amargura y ha perdido la visión (Rut 1:20-21). Está como en un grado menos de dolor. Dios no le tiene en cuenta sus palabras, no vemos que la reprendiera, igual que a la mujer de Job.

http://classic.net.bible.org/verse.php?book=Job&chapter=2&verse =10&tab=commentaries

BIENVENIDOS A CASA... JUNTOS EN LA COCINA
¿Qué cocinamos hoy; qué se cocina en casa?

Los roles, funciones o tareas dentro del escenario de la relación de pareja, son mucho más que una división de funciones. Un rol es la función que corresponde a cada componente de la relación para la buena marcha de la misma.

Su distribución y reparto deberá seguir un sentido práctico, justo según las capacidades de cada uno, y atendiendo a las situaciones dinámicas y necesidades de cada etapa en la vida de pareja. Llevarlos a cabo, después de un acuerdo previo de distribución, asignación justa y con un espíritu de equipo, de humildad, de entrega, de sacrificio y amor mutuo. Los roles y las tareas no son estáticas, cambian con el tiempo y las circunstancias. Se trata de un círculo continuo donde "definir" qué roles hay que desempeñar; "distribuirlos" para ver quién debe hacerlos; y "revisarlos" después de su realización, para posibles mejoras o cambios.

Situándonos en la cocina. ¿Quién hace qué?

Vicente y Carmen llevan 20 años casados y tienen dos hijos (15a -12a) y una hija (9a).

¿De quién es el suelo sucio de casa? ¿Quién limpia el baño y quién trae los garbanzos a casa, es decir, quién sostiene la economía familiar?

Vicente viene de una familia en la que todos los hermanos son varones. Es el mayor de tres hermanos. Su madre permaneció en casa haciendo las tareas del hogar y cuidando de la familia. A la vez que hacía esto, también dedicaba unas horas a un negocio de venta de máquinas de vapor para ampliar las entradas económicas familiares. En casa de Vicente, todo dinero que entraba era considerado dinero familiar y lo administraba el padre. El padre de Vicente tenía su propia empresa. Vicente se dedicó toda su vida a estudiar. En tiempo de vacaciones ayudaba a su padre en la empresa. Cuando llegaban después del trabajo o de la universidad, todo estaba preparado, la comida, la ropa, etc. Su madre era una mujer muy servicial y abnegada. Vicente comenta "mamá hacía las habitaciones, recogía, limpiaba y planchaba la ropa. Compraba y cocinaba. Limpiaba la casa. Eso sí, hacía la lista del sabado de bricolaje para que el padre lo pudiera arreglar". El padre de Vicente era un padre "muy apañao".

En este ambiente creció Vicente. Pensaba que las tareas de la casa se hacían solas. El rollo del papel higiénico se trasladaba de una forma milagrosa de la tienda al baño. La ropa sucia que quedaba en el suelo, al día siguiente había desaparecido, y un largo etc. que, inconscientemente, estableció e instaló en Vicente una manera muy pasiva de acercarse al tema de las responsabilidades familiares.

Aspecto que ahora da por sentado en su relación con Carmen.

Esto irrita a Carmen, pues, aunque aprecia en Vicente su pro-actividad fuera de casa en el trabajo y en temas sociales, le sorprende, en palabras de Carmen, "esta pasividad en casa". También Carmen aprovecha para señalar, quejándose que, aunque los dos son cristianos, Vicente es muy pasivo a nivel espiritual. Según Carmen: "él se conforma con ir el domingo a la iglesia y quincenalmente a un grupo de crecimiento, pero va con bastante desgana. Siempre lo tengo que llevar a rastras". Parece que ella es la que tira del carro en todas las áreas de la familia.

Por su parte, Carmen viene de una familia en la que son cinco hermanos. Ella tiene un hermano mayor y es la primera hija de la familia. En casa, su madre era una fanática de la limpieza y el orden. Su padre se parecía más a un oficial militar. Era muy exigente. Todo lo quería bien y a punto. "Papá fue educado así y así quería que funcionase ahora su casa". En este ambiente creció Carmen. Por ser mujer y la hija mayor tenía que ayudar a su madre en todo y hacer la labor también de sus hermanos. En su interior se había dicho infinidad de veces: "Cuando tenga mi propio hogar será totalmente diferente. Nadie me va a mandar y no voy ser la servidora de nadie. Cada uno hará lo suyo".

Carmen hoy es gerente comercial de una empresa multinacional francesa.

Vicente tiene su propia empresa textil, heredada de su padre.

Enfocando la situación

Las tareas domésticas son algo de lo que no podemos escapar. Las rutinas cotidianas son para los dos, y progresivamente, también para los hijos. Es evidente que la manera en la que Vicente y Carmen están afrontando su situación tiene mucho que ver con la vivieron y experimentaron en sus respectivas familias, aunque no sean conscientes de ello. Solemos tender a repetir lo que hemos visto en casa o irnos al otro extremo.

Cuando Vicente llega casa parece que aún está conectado con la empresa. Está como ausente y de mal humor. Los niños también lo notan. Esto está llevando a Carmen a un gran resentimiento contra Vicente, y a frecuentes discusiones. Carmen está teniendo mucha presión en el trabajo. Le piden más resultados. Los niños cada vez exigen más. Sobre todo, en cuanto al tiempo de las clases extraescolares y la situación de adolescencia de los chicos. Cuando Carmen confronta a Vicente, este se encierra en sí mismo, creando un bucle de insatisfacción en la relación. Al punto que Carmen se planta y dice, "no puedo más, lo resolvemos de una forma justa, o yo tiro la toalla".

Hablando con ellos

Los roles o tareas que se dan en la pareja vienen de dos fuentes principales: las tareas que se necesitan hacer y las opiniones que cada uno tiene sobre quién debe hacerlas. La clase de tareas que se han de hacer en casa varían a lo largo del tiempo en función de las circunstancias y de las situaciones.

¿Quién debe hacer qué?

Es una de las cuestiones más destacadas sobre todo en los primeros años de toda relación matrimonial, y de ahí saldrá un patrón de relación que durará muchos años.

En la conversación con Carmen y Vicente, se pone en evidencia dos puntos de tensión: un enfoque distorsionado con relación al género: "esto es cosa de hombres, esto es cosa de mujeres", y el otro tema es el sentido de justicia, de equidad, de distribución de tareas, cuando el trabajo doméstico está desequilibrado e injustamente asignado en uno más que en el otro. Estas diferencias llevan a pensar el uno del otro, principalmente a Carmen, que Vicente no está poniendo todo de su parte y que pasa olímpicamente de las cosas del hogar. "A este hombre le da igual como está la casa, los niños, etc.".

Nuestro primer acercamiento mientras tomamos café, es ayudar a Carmen y Vicente a "desarrollar un respeto" el uno hacia el otro. Hacer que aflore el resentimiento y la frustración de Carmen y las posibles consecuencias en la relación. Intentar que Vicente "se meta en la piel" de Carmen y viceversa. A que cada uno sienta la situación del otro y la viva como el otro la percibe.

"¿Os dedicáis tiempo el uno al otro, pasáis tiempo juntos? ¿Salís a pasear juntos para desconectar del trabajo?".

Observamos una dejadez en la relación. Han establecido vidas paralelas y no hacen mucho para encontrarse. Cada uno espera que sea el otro que tome la iniciativa.

En cuanto al tema de género, y como los dos son cristianos, les recordamos que tenemos el mismo valor, la misma dignidad y roles complementarios.

El segundo paso es "definir qué tareas se necesitan hacer" realmente en casa para el mejor funcionamiento y felicidad de la familia.

¿Cómo han de dividirse Carmen y Vicente las tareas?

Es el "¿quién-hace-qué?". La manera de dividirse las tareas tiene mucho que ver con la manera en que los padres respectivos manejaron las situaciones. Si no se reflexiona y se habla, lo más seguro es que se repitan las mismas conductas.

Si los dos trabajan fuera de casa, algo muy normal en las parejas de hoy, deben entender que las tareas domésticas, incluido el cuidado de hijos, es cosa de los dos y han de repartirse de forma justa y acordada. Han de entender que son un equipo, como un partido de dobles en tenis.

El siguiente paso, pues, "será dividir y asignar las tareas". Han de dividirse las tareas en "tuyas", "mías" y "nuestras". Recordarles, una vez más, que están dividiendo tareas y responsabilidades, no que están dividiendo su relación.

La división y asignación de tareas es una oportunidad única para la cooperación y no para el conflicto.

Se deberán asignar las tareas en relación al tiempo disponible de cada uno. Lo que cada uno haga o se le asigne vendrá determinado por sus preferencias, capacidades y talentos, basado en una igualdad de tiempo para cumplir las mismas. Se les indica que pueden empezar la distribución por lo que a uno le guste o se le dé bien, y luego completar las tareas que no gustan tanto a ninguno de los dos. Aquí, el diálogo y la comprensión entre ellos dos será básico, junto a un esfuerzo por ambas partes.

Vicente tiene que entender que si no le gusta hacer algo, posiblemente a Carmen tampoco. "Dialogar" sobre las situaciones y no "comerse" los problemas. "Ser flexibles" los dos, sobre todo Carmen y evitar, sobre todo Vicente, las "comparaciones" con el funcionamiento de las respectivas familias y amistades.

Les pedimos que en cinco minutos escriban una lista de los roles y de las tareas que según ellos son indispensables para el buen funcionamiento de un matrimonio y de un hogar. Después de compartirlo, les pedimos que pongan al lado el nombre de quién debe hacerlo. Con esta lista, una vez consensuada, tendrán que trabajar en los próximos días hasta la nueva entrevista. Les explicamos que no se trata de hacer un contrato tipo: "si tú cumples tu parte, yo cumpliré la mía".

En resumen, la palabra clave para las tareas familiares "será equidad en la asignación de tareas", en vez de hablar en términos de si son tareas de mujeres o de hombres.

Nota: Los dos deberán tomar decisiones importantes cada día sobre cómo vivir juntos. Esta cotidianidad forma y conforma la dinámica de la relación en una infinidad de detalles, y establece los patrones de convivencia. Surge la posibilidad de conflictos que cada pareja deberá resolver de manera única. Muchas de nuestras expectativas provienen de nuestra familia de origen, de nuestra procedencia y del modelo y experiencias vividas en ella.

Para terminar, les leemos del apóstol Pablo lo siguiente: "Sin embargo en el Señor, ni la mujer existe aparte del hombre ni el hombre aparte de la mujer", 1 Corintios 11:11; "...no hay hombre ni mujer, porque todos vosotros sois uno solo en Cristo Jesús". Gálatas 3:28 (NVI).

¿Qué "tarea" les asignamos? Que vuelvan a leer la lista en los próximos días, la amplíen, decidan quién debe hacer qué y cuándo la van a revisar.

Idea clave:
"Lo que se cocina hoy en casa tiene mucho que ver con el crecimiento y la salud de la familia, mañana".

PARA REFLEXIONAR Y ACTUAR
[MPS – MATRIMONIO POSITION SYSTEM]

¿Dónde estamos y dónde queremos llegar?

Para ti

¿Dónde estamos?

- ¿Qué crees que está haciendo bien el otro en cuánto a tareas y roles? (Piensa en dos o tres contribuciones significativas del otro). Escríbelo y díselo en el tiempo "Para Vosotros".
- ¿Qué aspectos indispensables me gustaría hablar contigo y proponerte algún cambio para mejorar el funcionamiento de nuestra relación y de nuestro hogar? (Ej.: manejo del dinero, la toma de decisiones, la organización, limpieza de la casa, cuidado de los hijos, la organización del tiempo libre, etc.).
- Escribe tres necesidades que crees que tiene tu pareja ahora (además de la económica).
- ¿Qué importancia tiene para ti la espiritualidad en la relación?

¿Dónde queremos llegar?

- ¿Qué deberías incorporar en tu papel de esposo/a para cubrir las necesidades del otro?
- ¿Qué crees que necesitas hacer para una distribución más equilibrada de las tareas en casa?

Para vosotros

Comentad entre vosotros lo que habéis reflexionado a nivel individual.

- Decidid día y hora que vais a realizar vuestra "Salida como pareja".
- Comentad juntos la sección IMAGINA LA ESCENA (Job y su esposa), propuesta para este tema.

Oración

Si es apropiado para vosotros dos, terminad JUNTOS hablando con Dios; para que os ayude a ser un equipo, para que os guie a saber distribuir bien vuestros roles y tareas, y os haga sensibles a las necesidades del otro.

CAPÍTULO 4

JUNTOS ANTE EL ESPEJO

1. Cómo somos, de verdad, individualmente y como pareja

Para contestar esta pregunta deberíamos, de vez en cuando, sentarnos los dos ante el "espejo" y mirarnos con cuidado:

¿Quiénes somos? ¿En qué nos hemos convertido a lo largo de los años? ¿Cómo hemos cambiado? ¿Qué hemos dejado atrás? ¿Qué deseamos para nuestro futuro? ¿Cómo nos imaginamos dentro de diez años? ¿Cómo estamos física, emocional y espiritualmente?

Pero sabemos bien que, para contestar esas preguntas ¡hemos de parar! ¿Parar? ¿Cómo? Vivimos de forma acelerada casi continuamente. Hay poco tiempo para el espejo, para mirarnos con cuidado y analizar nuestras vidas, nuestra forma de ser y nuestra relación.

Sin embargo, cuando escribo estas líneas, desgraciadamente, en estos momentos, ¡hemos parado! Estamos todos confinados por un problema sanitario que está siendo muy difícil de controlar. Se trata de la pandemia por un virus que se ha extendido de forma global y que ha hecho que nuestras vidas frenen de golpe.

¡Qué sensación tan extraña!

Hoy, hace un mes, no podíamos parar, de ninguna manera, íbamos casi todos con un ritmo frenético y ahora, en este momento, estamos sin poder hacer lo que hacíamos y con sentimientos de cierta perplejidad sin saber qué esperar de las futuras semanas, meses y, quizás, años.

Los creyentes de todos los países estamos, como nunca, pidiendo a Dios que este periodo de la historia se acorte, que pasen pronto los meses y se encuentre una solución al inmenso problema del virus que está asolando la tierra.

La mayoría de las personas, a la vez, hemos hecho una reflexión importante: Nos hemos mirado al espejo con sinceridad y nos hemos preguntado si hemos tenido que llegar a este punto para hacer un alto muy importante en nuestro diario y acelerado vivir.

¿Qué nos decía, ese mismo espejo, hace unas semanas, antes de empezar esta crisis mundial?

Seguramente, muchos de nuestros rostros reflejaban un cansancio inmenso. Pero era igual, seguíamos sin piedad, sin dar tregua a estos cuerpos nuestros tan vapuleados por el estrés.

No sé que habrá sucedido cuándo leáis estas páginas. Ojalá que ya haya pasado la pandemia y que esté todo superado o, en el peor de los casos que, por lo menos, estemos saliendo de ella.

Pensad, por un momento, si os ha servido para algo y que si en los meses anteriores os habíais mirado el espejo solo para ver lo físico.

Ahora os animo a miraros de nuevo y ver qué os devuelve de vuestra vida emocional y espiritual y... después: ¡Mirad hacia arriba! ¿Me entendéis? ¿Verdad?

2. Volviendo a mirarnos con más detenimiento

Creo que ha sido muy revelador ver que cuando llegan tiempos de gran peligro es cuando tenemos la sensación de necesitar a Dios de forma personal, como matrimonio, como familias y como iglesias. Conozco, de primera mano, parejas que han empezado a disfrutar de un tiempo juntos con el Señor, cada día, en los meses del confinamiento y han vuelto a tener conversaciones entre ellos, como nunca las habían tenido.

Pero cuando las cosas nos van bien y estamos estupendos ante el espejo, hacemos como el pueblo de Israel y empezamos a adorar a otros "dioses" (el dinero, la fama, la elegancia, las casas, otras posesiones... y un largo etcétera de "baales") y volvemos a oír a Dios diciéndonos como le dijo al profeta Jeremías: "Me dejaron a Mí, fuente de agua viva, para cavarse pozos que no retienen agua" (Jr 2:13). Terrible, ¿verdad?

¿Es necesario volver a necesitar tener imágenes de horror en nuestros espejos para que decidamos estar de nuevo, cerca de Él y para descubrir cosas como matrimonio que no sabíamos o teníamos olvidadas?

Todos, sin excepción, deberíamos dejar de ser cristianos tibios (Ap 3:14-22). ¿No os parece? Quizás la pregunta adecuada sería: ¿Cómo ha sido nuestra vida espiritual, en pareja, en los últimos años?

Todo lo que hemos vivido durante la pandemia del coronavirus nos ha tocado, en muchos sentidos, nuestra autoestima individual, porque nos hemos tenido que dar cuenta de nuestra verdadera condición. Si pensábamos que éramos personas importantes o muy capaces, hemos visto, con nuestros propios ojos que ¡no somos nada! Nuestras fuerzas son nulas y nuestros conocimientos también, por lo tanto, hemos tenido que reconocer que ¡solo Dios es muy grande!

Y estoy segura de que los cristianos hemos clamado a Él, como nunca, al ver los tremendos desastres a nuestro alrededor y ver nuestra imagen en el espejo languideciendo, al ir pasando los días, semanas, meses...

Nos hemos dado cuenta que, cuando pasamos por "aguas turbulentas", entonces sí que clamamos a Dios, en agonía, pidiendo misericordia pero, es obvio que le llamamos como a los bomberos, cuando nos estamos quemando. Y, me vuelvo a preguntar, ¿cuándo "la tormenta" pase, volvemos a las andadas creyéndonos más capaces y poderosos que nadie?

Me gustaría pediros que, a partir de ahora, toméis la decisión de no alejaros del Señor (ninguno de los dos), cuando las cosas vayan bien; que estéis debajo de sus alas siempre, en momentos buenos y momentos malos, para que al llegar las circunstancias adversas no tengáis que avergonzaros y paralizaros de miedo, sumergidos en la amargura... Sabiendo que, nunca, en este mundo caído, vamos a vivir del todo bien y que, por lo tanto, necesitamos a Dios en presente continuo y, también, necesitáis estar cerca el uno del otro, en toda circunstancia.

Nunca se nos ha prometido una Disneylandia. Jesús mismo nos dijo que la aflicción sería la tónica general para los habitantes de este planeta (Jn 16:33) pero que tenemos un refugio seguro (Sal 91), y que debemos permanecer en él continuadamente y no volver a refugiarnos allí solo en momentos de crisis.

Debemos ser mucho más humildes y aceptar la realidad de nuestra pequeñez (deberíamos tener espejos que minimizarán nuestra imagen) y entender que la protección ante cualquier cosa ¡nos viene de fuera! Isaías dejó escrito: "En quietud y en confianza, en Dios, está nuestra fuerza" (Is 30:15), ¡no en la maravilla de nuestras cualidades y posibilidades humanas!

Debéis estar seguros de que Dios está a vuestro lado cuando pasáis por peligros y dificultades pero también, que no solo está con vosotros, sino que además ¡sufre con vosotros!: "En todo sufrimiento nuestro, Él también es angustiado" (Is 63:9). Él mismo ha prometido: "Estaré contigo en la angustia" (Sal 91:15). ¿Qué Dios hay como el nuestro?

Por lo tanto, ¡agarraos, como matrimonio, a las promesas del Señor! La fe en ellas no os evitará el sufrimiento, pero lo podréis vivir todo de forma distinta. Isaías nos dirá: "Dejad, por lo tanto, de inquietaros, encontrareis fuerza en la calma y la confianza" (Is 30:15). Y el salmista exclama: "Nuestros tiempos están en Sus manos" (Sal 31:15).

Así pues, como hemos dicho, necesitamos cambiar; tener una actitud de mayor humildad, dejándonos caer en el poder de Su fuerza y no ir nunca al espejo con aires de grandeza.

3. La necesidad imperiosa de vivir "despacito"

El vivir, los dos, colgados siempre de las agujas del reloj y corriendo durante todo el día, puede tener que ver, quizás, con algún problema más profundo:

¿Alguno de los dos (o ambos) necesita conquistar el éxito de forma rápida? ¿Hacer más cosas de las que se puede en las horas que tenemos? ¿Se quiere olvidar lo que no queremos afrontar? ¿Se necesita ocupar la mente de forma constante y sin tregua?

¿Evitar ver que envejecemos e incluso huir de la realidad de que nos tendremos que encontrar con nuestra propia muerte o/y con la de nuestros seres queridos?

¿Habéis vuelto, otra vez, a no tener tiempo ni de miraros al espejo, no solo en el sentido figurado sino hasta en lo físico? Podemos hacer fácilmente, una dejación de cuidar nuestra higiene, nuestro rostro, nuestro cuerpo en su totalidad y, aunque algunos hombres pueden tener más tendencia a "dejarse", también la mujer puede caer en ese error. Pero el espejo no solo debe servir para ser conscientes de lo que vemos a nivel físico, nos ha de devolver también imágenes de lo que ocurre dentro, ¿cómo va nuestro corazón? ¿Cómo rige nuestras actitudes?

4. El necesario cuidado del "templo del Espíritu Santo"

Hablar del cuerpo parece un tema muy poco espiritual, pero debemos recordar que la Biblia nos dice que nuestros cuerpos son el templo del Espíritu Santo, por lo tanto, el cuidarlo bien será un ejercicio también espiritual. No estoy hablando del "culto al cuerpo", tan común en nuestros días, estoy intentando resaltar la importancia de cuidar la parte física de nuestro ser que hemos recibido como regalo Dios.

Es muy importante que ambos intentéis no agredir al cuerpo con hábitos nefastos para la salud porque somos también mayordomos del cuerpo recibido porque es el vehículo con el que podemos servir a Dios en esta tierra.

Por lo tanto, permitidme hacer solo una corta llamada de atención en cuanto a la alimentación:

Comer bien no significa obsesionarse con calorías, vitaminas, minerales, combinaciones e incompatibilidades de alimentos, ni ecuaciones difíciles para seguir una dieta equilibrada.

Lo más importante para cuidar el cuerpo es comer productos lo más naturales posible, evitar los precocinados y procesados. Además, recordar que es conveniente hacer cinco comidas al día; tres principales y dos más pequeñas, a media mañana y a media tarde. En las cinco comidas tiene que haber algo de hidrato de carbono no refinado (recuerda que frutas y verduras, son muy recomendables y estarían también incluidas en este tipo de alimentos), proteína en su justa medida (cada persona, según su físico necesitará mayor o menor cantidad pero, casi la mayoría de las personas, ingieren un exceso de proteínas en los países occidentales) y se debe tener también en cuenta las grasas (aceite de oliva o frutos secos).

La dieta mediterránea sería muy aconsejable y, además, debemos recordar que es siempre preferible priorizar la calidad a la cantidad.

Importante también es la forma de comer. No lo hagáis deprisa y corriendo. Tomad el tiempo necesario para estar tranquilos, sin pantallas y agradeciendo a Dios por su provisión. "Sed agradecidos y así la paz de Dios reinará en vuestros corazones" (Col 3:15).

Os dejo, además, otras recomendaciones generales para que no os abandonéis físicamente:

-Haced ejercicio todos los días (por lo menos andad deprisa 30 minutos).

-Descansad suficiente y, en ciertos momentos, utilizar unos minutos para relajaros.

-Bebed suficiente agua.

-Cultivad unas correctas relaciones sociales.

-No os descuidéis (no vayáis de cualquier manera, aunque sea en vuestra propia casa).

5. Y, de las emociones, ¿qué?

A parte de lo mencionado, ¿os cuidas a nivel emocional?

Las emociones han sido regaladas también por el Señor. Dios mismo es un ser emocional y hemos sido creados a su imagen y semejanza. Por lo tanto, tampoco podéis ignorar esta área de vuestra existencia y creer que las emociones las podéis silenciar por largo tiempo. Saldrán más tarde o más temprano y, lo harán, si no se gestionan bien, de forma extemporánea y quizás de malas maneras.

Las emociones también se dejan ver en el espejo. "Un corazón amargado seca los huesos" (Prov 14:30; 17:22).

Quizás os preguntéis el por qué menciono la amargura en primer lugar. La respuesta la conocéis: Sabéis que es muy difícil que esa actitud no aparezca en nuestro rostro y en nuestra vida y no nos contamine a nosotros y a los de nuestro alrededor (Hb 12:15).

¿Cómo puede ser que, con el poco tiempo que tenemos, dediquemos tantas horas a regar esa planta tan fea?

La amargura es una respuesta equivocada a muchas cosas de las que os pasan cada día. ¿Os habéis mirado al espejo cuando estáis amargados?

La cara se transforma porque "el rostro es el espejo del alma". Y se refleja también en vuestra relación porque es como un tumor que se extiende e invade todo lo que tocáis.

Quizás estéis pensando que no podéis vivir en esta tierra sin que alguien o algo os haga daño... El problema es cómo se reacciona ante esa realidad. Vivir mal, en el territorio de la ofensa permanente, con amargura, es como lluvia ácida que cala hasta los huesos.

Pero recordad: No ofende quien quiere, sino quien puede. Tú mandas en ti. ¿Vas a dejarte caer ante palabras o actitudes de los demás? O ¿vas a tomar la actitud de dejar las ofensas de lado? Puedes perdonar o amargarte. ¡Escoge tú!

¿Sabes? Perdonar significa "liberar". Una actitud perdonadora continuada es como unas cataratas que van cayendo sobre ti y limpiando la lluvia ácida que te empapa el alma cuando resides en el territorio de la ofensa.

Os vais a ver mucho mejor, en el espejo, cuando esas cataratas limpien vuestro corazón y también vuestro rostro.

Eso, que es una norma general para todas las relaciones interpersonales, se hace mucho más palpable en vuestra relación matrimonial.

¡Qué difícil es vivir con el cónyuge en un estado de amargura continuada!

El tema del perdón saldrá muchas veces en este libro, pero también quiero hacer alusión a él en este capítulo. Mírate en tu espejo personal, ¿qué ves? Repasa Mt 18:15-35.

Dios nos perdonó a nosotros cuando nosotros no lo merecíamos. ¿Os acordáis? Solo necesitó nuestro arrepentimiento. Nos perdonó sin condiciones previas. Por lo tanto, nosotros tampoco podemos decir: "Te perdono si...". No podemos fijar requisitos, ni poner condiciones, que ha de cumplir el otro para que nosotros concedamos el perdón. Es una decisión unilateral, sin más.

José (Gn 50:20 y ss.) fue un paradigma de perdonar bien. Lo hizo con sus hermanos de forma excelente porque los amaba y porque había aprendido mucho en la escuela del sufrimiento. Dios nos manda, a veces, a la "casa del alfarero" (Jr 18:2 y ss.) para que las vasijas que son, duras y fuertes, se quiebren. Solo en una vasija restaurada, pero con fisuras, se puede ver la luz que hay dentro de ella y también la persona puede ser mucho más empática con las demás "vasijas rotas". Recuerda que una de ellas y la más cercana, ¡es tu cónyuge! ¿Hay algo que perdonar en vuestra relación? Si es así, ¡hazlo pronto!

6. ¡Cuidado con la necesidad de ser "fantásticos/as"!

Puede ser también que, ante el espejo de la vida, seáis exageradamente ordenados/as y perfeccionistas. Entonces no será fácil vivir el uno con el otro.

¿Qué te devuelve el espejo? ¿Qué te explica?

Actualmente parece que ser rápido y maravilloso sean características casi exigidas en la sociedad actual. Hay gran presión, ya desde niños, para que lo que hagamos quede de forma excesivamente correcta y, además, lo hagamos todo de manera rápida.

Pero tu deseo de hacer todo de forma excepcional puede amargar la vida del otro que quizás no alcanza las cotas de brillantez que tú exiges.

Esa manera de ser, aunque puede tener aspectos positivos, no es una cualidad de la que te puedas enorgullecer; puede, fácilmente, traerte graves conflictos ya que estarás buscando continuamente superarte, (eso está bien si tus metas no están muy por encima de tus posibilidades), y vivirás con temor permanente a equivocarte o a no hacer las cosas exageradamente bien, evitando así que disfrutes de la vida, porque muchas de las actuaciones que podrían potenciar tus sentimientos de logro, o no las empezarás o las abandonarás por miedo a no hacerlas de la forma exageradamente perfectas.

Muchas personas con esa característica se amparan detrás de ese rótulo, de "yo soy muy perfeccionista", a fin de evitar que otros les juzguen por su manera de ser. En un sentido hay mucha inseguridad detrás de esas conductas, gran preocupación (con el consiguiente desgaste emocional) y miedo a ser rechazados.

Es necesario tener tiempos en los que gozar de vuestro hogar, aunque haya polvo en los muebles o no esté todo en perfecto orden...Recuerda una frase que me habrás oído decir algunas veces: "El polvo hace rústico"... Con esto no quiero decir que la casa tenga que ser una pocilga.

Por lo tanto, en el buen medio está la virtud. Hay tiempo de limpiar, de cuidarte, de descansar, de que los juguetes estén por medio, de que el adolescente tenga una habitación en la que se tiene que entrar con escafandra... Hay tiempo para todo... menos para tener un perfeccionismo neurótico que nos impida vivir de verdad.

De todas maneras, tampoco quiero que te confundas. Recuerda que, todo lo que hagáis, tenéis que hacerlo "como para el Señor" (Col 3:17 y 23), con la excelencia que eso requiere, tanto individualmente como en pareja. Por lo tanto, este hecho implicará un hacer las cosas de la mejor manera posible, pero centrándoos no solo en el resultado final sino también en el proceso.

También Dios quiere que guardéis un día para Él, de forma especial (Éx 20: 9-11). Ese día no es para aprovecharlo y hacer todo lo que no podéis hacer el resto días (planchar, comprar...), es para dedicarlo al Señor Jesús y descansar con Él y en Él.

¿Qué os devuelve el espejo? Unas ojeras que llegan a los tobillos.

¡No me extraña! Quizás deberíamos volver a las puertas y sentarnos con las amistades, charlar y ver pasar la vida "despacito", dormir ocho horas y descansar el domingo.

El agotamiento de no llegar nunca donde debemos, en el tiempo que tenemos, nos lleva a la ansiedad y de la ansiedad a la depresión solo hay un paso... Nos llegan las repuestas del cuerpo y cuando nos miramos al espejo, ¡ya no somos los mismos!

Un diario sometimiento a Dios y a sus normas nos va a liberar mucho. Aceptad las circunstancias con agrado. Recordad que no es lo que pasa a vuestro alrededor sino cómo reaccionáis ante lo que pasa. Desde la mañana vivid con agradecimiento lo que sois y lo que tenéis (también dad gracias por el cónyuge que Dios os ha dado y aceptadlo como es, disfrutad uno del otro, mientras el Señor os dé vida, a los dos, juntos). Tomad tiempo para "respirar", no os aceleréis, haced las cosas despacio, disfrutad de todo, de los pequeños detalles, tened tiempo para la familia, compartid con los amigos tiempos de calidad. Redimid horas para hacer el bien y hacedlo sin amargura.

Los seres humanos somos imperfectos por definición y, por lo tanto, lo que hacemos y como nos relacionamos estará tocado por esa posibilidad de que no sea lo perfectamente deseado. Esto que nos parece que puede ser nefasto tiene sus beneficios, nos abre a la creatividad para hacer las cosas de otra manera y nos baja del pedestal en el que nos situamos cuando nos parece que hacemos las cosas mejor que nadie.

También nos ayuda a aceptar que no somos los que tenemos todos los recursos ni todas las capacidades.

Qué bueno es saber que en nuestras fuerzas podemos hacer muy poco. "Separados de mí nada podéis hacer", nos dirá Jesús (Jn 15:5) y que nuestras vidas no son lo que deben ser de golpe, sino que se van transformando "de gloria en gloria" (2 Cor 3:18) y que nuestro Dios, "el buen alfarero", nos va moldeando para que seamos más como Cristo.

7. La obra necesaria: Rehacer la vasija

Mientras dure esa obra de remodelación de nuestra vida, permitidme que os deje unas sencillas recomendaciones personales:

-Analizad el porqué de una forma de ser determinada, contestando honestamente a las preguntas siguientes: ¿Qué se esconde detrás de esta forma de ser? ¿Hay miedo a cometer errores? ¿Inseguridad personal? ¿Necesidad de demostrar a todos lo que valéis? ¿Miedo al rechazo de otros si no cumplís los objetivos que os habéis propuesto o que pensáis que los demás esperan?

-Cambiad vuestra forma de ser, aceptando que no podéis ser perfectos. La imperfección os va a seguir el resto de vuestra vida, intentad hacer las cosas lo mejor que podáis pero no pongáis listones excesivamente altos que sean imposibles de alcanzar. En este cambio es importante que los que os rodean vean que todo es diferente y que relativizáis mucho más las cosas por el bien de todos.

-Escribid una lista de cosas que normalmente no hacéis por no poder hacerlas tan bien como desearíais. Hacedlas de todas maneras y veréis que no pasa nada por no ser "un diez" en esas labores. La vida es más. ¡Vividla! Sed felices haciendo cosas que os salen regular y terminadlas aunque os equivoquéis muchas veces. Dad lugar a la creatividad y a la aceptación de la mediocridad, sin sufrir por eso.

-Conseguid, los dos, tener un mayor sentido del humor al cometer equivocaciones u obtener resultados no muy satisfactorios en alguna tarea o alguna reacción o acción del otro. Y recordad que, ¡es mucho más sano reírse que enfadarse!

-Haced el bien a otros, aunque no lo hagáis con toda la perfección que siempre pensáis que las personas esperan de vosotros. Sed hospitalarios.

Vuestra casa no ha de ser un museo, ¡es bastante con que sea un hogar! Desgraciadamente, y en este punto, los dos debéis ser muy conscientes de que el tema de la hospitalidad hoy, en la sociedad en general y en la iglesia local en particular, está muy olvidado (Hb 13:2), creo que por varias causas: Una podría ser el horrible perfeccionismo mencionado, otra causa muy importante, también, sería la falta de tiempo y, seguramente tampoco ayuda el individualismo que cursa con el narcisismo del siglo XXI.

Preguntaos ¿qué estáis haciendo para ser de bendición a otros? ¿Estáis utilizando vuestra casa para el Señor? ¿Sois egoístas? ¡Entonces no os miréis en el espejo! ¡¡¡Será terrible la imagen que os va a ser devuelta!!!

8. La necesidad de tener una alta autoestima, ¡un gran peligro!

Cambiando de tema, pero quedándonos mirando al espejo, hemos de hablar de un tema que está muy de moda. Me refiero a cómo nos vemos a nosotros mismos y cómo está, por lo tanto, nuestra autoestima.

Para deciros la verdad no me gusta mucho hablar de este concepto porque creo que está hoy muy sobredimensionado.

Se define la autoestima como el sentimiento que tenemos hacia nosotros mismos que incluye la confianza en nuestras habilidades y nuestra valía, en relación a los demás. Pero lo que acabo de decir es demasiado ambiguo. Tú te puedes sentir fantásticamente bien, aunque estés comportándote fatal y tratando a los demás de forma terrible. O quizás te sientes fatal contigo mismo, y no te reconoces ningún valor.

Por lo tanto, por exceso o por defecto, puede ser que en ambos sentidos o en uno de los dos, no vayas bien. Así pues, esa definición se me queda corta. Pero tanto, por exceso como por defecto, la autoestima va a condicionar bastante la vida y tendrá efectos sobre el otro miembro de la pareja y sobre el resto de personas con las que os relacionéis.

¿De dónde surgen, entonces, las diferentes formas de autoestima? Seguramente los caminos para tener una alta o baja autoestima son muy variados y habrá habido, en la historia de cada uno, muchas personas y circunstancias que habrán influido en ella: Profesores y compañeros de la escuela, amigos, la pareja, líderes y pastores y, también, uno mismo; pero, para mí, de todas esas personas, hay una que es la más importante: La familia de origen, como resume muy bien Juan J. Millás al escribir:

"Cuando un niño nace, alguien toma en sus brazos aquel trocito de carne y empieza a amasarlo con palabras. Las palabras de los que nos cuidan configuran nuestras creencias y la conciencia de nosotros mismos".

El concepto de autoestima es relativamente nuevo y está tomando excesiva importancia, dos siglos atrás nadie hablaba de este tema de forma tan recurrente.

Un primer intento de definición lo hizo W. James a finales del siglo XIX y asoció la autoestima con el concepto de éxito.

Después han habido muchos intentos de acotar el término, pero no ha sido fácil. La confusión viene de la intención de definir el "yo" porque comprende dos aspectos que se superponen:

Lo que la persona piensa y hace, y lo que siente en cuanto a sí misma.

El resultado es que autores distintos darán definiciones diferentes e, incluso, contrapuestas. Por ejemplo S. Freud asociará el término autoestima al amor propio que surge de las relaciones tempranas (como hemos visto en la frase de Millás).

Para Branden, psicólogo objetivista, la autoestima será la convicción de lo que alguien es capaz de hacer y, si no es capaz de hacer las cosas bien, merece perder su autoestima.

Autores más humanistas opinan que debemos aceptarnos con independencia de lo que hagamos y también de lo bien o lo mal que lo hagamos. Carl Rogers, como uno de sus teóricos, la asimilará a la aceptación incondicional positiva. Ellis, por su parte, dirá: "Me acepto, tengo alta autoestima, soy digno de la vida y de los placeres porque existo y estoy vivo".

Notamos que, en los ejemplos mencionados, hay tres formas de vernos a nosotros mismos y, probablemente, ninguna cumple el texto de San Pablo en el que pide que "cada uno piense de sí con cordura" (Rm 12:3).

Veamos esas tres formas erróneas:

1. De forma altamente positiva ("me siento muy bien conmigo mismo", "estoy encantado de conocerme", "soy capaz..."). Esta manera de vivir la autoestima está basada en conceptos filosóficos en los que el orgullo y el egoísmo son virtudes y la humildad un sacrificio que se considera negativo e innecesario.

2. De forma altamente negativa ("no sirvo para nada", "no me gusto", "ojalá no hubiera nacido"). Esta postura puede venir de ideas muy negativas instauradas muy precozmente y que llevan a la persona a hacer demandas de atención continuadas. Puede venir también de críticas o traumas no resueltos, perfeccionismo excesivo o de padres que han puesto el listón más alto de lo que el niño/a podía llegar...

3. De forma resignada y cambiante ("yo soy así", "aunque no debería...", "me acepto... aunque no me gusto...).

Por lo tanto, vemos que estas formas de acercarnos al término que nos ocupa no son las más adecuadas. Mowrer, desde la psicología de orientación religiosa, hablará de otra manera, aceptando los sentimientos de culpa en cuanto al pecado y los efectos de no hacer las cosas bien para la autoestima...

Siguiendo una línea cristiana, sabemos que "Dios nos acepta en Jesús" (Ef 1:6), pero eso es solo el principio. En el momento en que aceptamos a Cristo queda un largo camino para mejorar y el Espíritu Santo va haciendo ese trabajo y nos da luz en cuanto a lo que somos y en cuanto a los cambios que debemos hacer.

El texto bíblico que se ha tomado como base para la autoestima es Mt 22:37-39, en el que se nos dice que "amemos al prójimo como a nosotros mismos". Este versículo nos lleva a pensar que de esta frase podemos entender tres cosas:

-Que Jesús manda que nos amemos a nosotros mismos.

-Que ese amor implica autoestima.

-Que tenemos que amarnos a nosotros mismos para amar a los demás.

Propongo que las tres cosas pueden ser erróneas. Jesús no da aquí un mandato, hace una afirmación, da por sentado que nos amamos a nosotros mismos. Es algo innato. El amor hacia uno mismo es natural, la autoestima se aprende.

Por otro lado, amarse a uno mismo no lleva a la autoestima, lleva al cuidado personal. Así pues, amar a los demás significa cuidarlos como te cuidas a ti mismo. No tenemos que aprender a amarnos para poder amar a los demás, si los cuidamos ya los estamos amando.

Entonces, ¿qué hacer? Creo que debemos alcanzar una imagen positiva de nosotros mismos al cumplir y vivir con los valores que reflejen los de Jesús y sus enseñanzas, sabiendo que es más importante lo que eres y tu posición en Cristo que lo que haces o lo que tienes. Y creer también que "cuando eres débil entonces eres fuerte porque se manifiesta en ti el poder de Cristo" (2 Cor 12:9, 10) y "que nadie te menosprecie" (1 Tm 4:12) porque tus valores y tus actos están ajustados a los parámetros bíblicos.

Muchas veces el tener una autoestima más o menos adecuada tiene que ver con nuestros cuerpos. ¿Cómo te ves físicamente? ¿Te menosprecias? ¿Envidias otros cuerpos? ¿Quieres permanentemente cambiar el tuyo? Dios quiere que todo lo que eres y todo lo que tienes le alabe. Nuestros cuerpos también deben ser para su alabanza. Te dejo un texto tremendo: "¿Le dirá el barro al alfarero que mal me hiciste?" (Is 45:9).

Cuando tú rechazas tu cuerpo estás rechazando la obra de Dios, pero aun veo mucho más penoso si es tu cónyuge el que rechaza o denigra tu cuerpo. Si eso se da, además de ser un maltrato, es que, ¡él o ella no se han mirado bien en el espejo!...

Más tarde o más temprano, nuestros cuerpos sufrirán un declive pero seguirán siendo maravillosos y tenemos que seguir enamorándonos cada día del otro, en su edad, en su peso (por cierto, si es más gordito/a, ¡más para abrazar!), en su estructura, pero sobre todo en su capacidad de dar y recibir amor.

Todas estas recomendaciones, las de todo el capítulo, ¡son para los dos! Y, ¡seguid, por favor, mirándoos, frecuentemente, al espejo!

IMAGINA LA ESCENA... JUNTOS ANTE EL ESPEJO

Jacob y Lea: ama, pero no se siente amada
(Génesis 29 al 30)

¡Pobre Lea! Ella era "la fea y la no amada" esposa de Jacob.

No sabemos si había una rivalidad desde la infancia, pero lo que sí sabemos es que después de "la boda doble" hubo una tensión constante entre las dos hermanas: Lea (la mayor) y Raquel (la menor). ¿Cuál es la historia?

1. "Número dos"

Jacob trabajó para el padre de las dos mujeres jóvenes. Él se llamaba "Labán". Es llamativo el hecho de que su nombre también significa: "engañador" y esto es lo que fue para el joven Jacob. Este se había enamorado de Raquel (29:18) pero en la noche de bodas Labán hizo un cambio de sus dos hijas y Jacob, sin darse cuenta, ¡¡se había casado con Lea!! Ni corto ni perezoso Labán ofreció la solución: "Jacob, hijo mío, ya has trabajado siete años para mí, para conseguir una esposa, pues mira, cumple una semana de boda con Lea y luego te doy la otra (Raquel) por otros siete años de trabajo".

Realmente esa ¡¡no era la manera perfecta de iniciar la vida matrimonial!! No por la cuestión de los siete años que trabajó para ganar a Raquel puesto que: "su amor por ella era tan fuerte que le parecieron unos pocos días" (29:20); sino por el dolor interior inmenso llevado por Lea. Su autoestima, en el suelo.

Así Jacob sin buscarlo, ahora tiene dos esposas: Eran otros tiempos, hace más de 3.500 años, no obstante, el dolor de ser la "número dos" en el matrimonio, era tan agudo como lo sería (o lo es) hoy día.

2. Ganando puntos

¿Puedes imaginar cómo Lea se habrá sentido al darse cuenta del rechazo de su marido? Así, desde el principio intentaba "ganar puntos" para ganar el aprecio, y la atención, de Jacob. Y ¿cómo podría hacerlo?

Dándole hijos, con la esperanza de ganar a su marido. En total le dio seis hijos, pero podemos observar un progreso personal en la vida de Lea y, todavía lo más importante, un nuevo aprecio de Dios en medio de toda la tormenta interior. Esto lo podemos ver al fijarnos en los nombres que ella iba dando a sus hijos:

(i) El primer hijo: Rubén (29:32). Lea afirma: "Dios ha visto mi sufrimiento y ahora mi esposo me amará". Su visión va en dos direcciones a la vez: reconoce que el Señor se ha dado cuenta de su sufrimiento (que es instructivo para nosotros también) y la idea, desafortunadamente equivocada, que por dar a luz a un hijo cambiaría el afecto de su marido hacia ella. Dios está en la escena, en el horizonte, pero es su marido el que ocupa la posición central del escenario.

(ii) El segundo hijo: Simeón (29:33). Lea da su interpretación: "Dios oyó que no era amada". ¿No es llamativo que ella usa el verbo "oír" en lugar de "ver" que no era amada? Con su primer hijo utilizó el verbo "ver", pero "ver" se puede hacer "a distancia", para "oír" es imprescindible mayor cercanía. ¿Está señalando que ha habido un mayor acercamiento a su Dios? Ahora Dios "oye" que no era amada. ¿Tienes un marido que es indiferente a tus emociones? ¿Tu esposa no te presta la atención que deseas? Entonces puedes entender la dolorosa experiencia de Lea, y saber que "Dios oye" tu situación, porque Él está cerca.

(iii) El tercer hijo: Leví (29:34). "Ahora se unirá mi marido a mí". Unir, atar. Esto es lo que Lea, desesperadamente, deseaba. Hubo relaciones sexuales, pero no una relación de amor, de ternura. ¡No hubo verdadera intimidad! (Lee con detenimiento el capítulo 5 de este libro). No fue un acercamiento de verdad. Aquí parece que Lea da marcha atrás en su acercamiento al Señor: ¡El marido vuelve a ocupar todo el escenario!

Más tarde será precisamente la tribu de Leví la que llevará la responsabilidad de un acercamiento del pueblo al Dios viviente, el Dios de Israel, el sumo bien de Su pueblo.

¿Tu cónyuge está "unido" a otras cosas? Hoy en día el internet es un factor que está destruyendo muchos matrimonios. Si tú te das cuenta de que prefieres estar delante de una pantalla en vez de estar al lado de tu esposa/o toma esta situación como una señal de alarma de primera categoría. Vuestro futuro está en juego, literalmente.

Ahora encontramos que entre Leví y el siguiente hijo hay una diferencia:

(iv) El cuarto hijo: Judá (29:35). "Esta vez alabaré al Señor". Lea "la rechazada", que ha sufrido tanto, es la madre del representante de la tribu por medio de la cual vendría el Salvador, ¡¡qué privilegio!! A pesar de todo el dolor "secreto", a pesar de todos los "silencios de Dios", Lea, la-no-amada, la fea, llegó a ser ¡¡la ascendiente del mismo Mesías!!

Es como si ella dijera: "Voy a dejar los dolores que me castigan y voy a alabar al Señor". ¿Puedes tomar la misma decisión… a pesar de todo?

3. Lo ideal hubiera sido...

Puede ser que parte del plan eterno del Creador, en la vida de Lea, fuera precisamente esto: "Encuentro mi plena satisfacción en Dios", como diría un descendiente de su hijo Judá años más tarde: "En Tu presencia hay plenitud de gozo y delicias a tu mano derecha" (Salmo 16:11). Pero, por otra parte, lo ideal hubiera sido un cambio radical en el corazón y la mente de Jacob (y Raquel). El marido tenía que haber aceptado a su esposa tal como era y haber entendido que él tenía el sagrado deber de apoyarla en sus necesidades más profundas. Dios nos ha hecho seres con necesidades, tanto físicas como emocionales, y ha previsto y mandado que las suplamos a través de nuestras relaciones.

¿Puedo haceros una sugerencia? Tomad unos momentos para pensar (¿juntos?) en acciones específicas que muestren cómo uno puede cubrir las necesidades del otro, ¡y también os puede ser útil decir lo que NO se debe hacer para que no perdamos oportunidades de suplir las necesidades del otro!

Idea clave: "Satisfacer las necesidades emocionales de nuestra pareja es una expresión del amor ágape (amor sacrificial, incondicional y centrado en el otro) y eso nos lleva a estar más juntos" (*). Tomad la decisión de poneros, juntos, ante un espejo de casa para miraros de nuevo y luego preguntaros de qué maneras podéis ayudar al otro. (Las necesidades físicas las hablaremos en el cap. 5 y las espirituales en cap. 6. ¡¡Hay que leer todo el libro!!).

(*) Frase tomada del Curso "+Juntos" "Invirtiendo en tu matrimonio". Publicado por "De Familia A Familia", Ágape, Barcelona.

> **Medita como matrimonio en...**
> "Cada corazón conoce su propia amargura, y nadie más puede compartir totalmente su alegría", Proverbios 14:10.
> "La risa puede ocultar un corazón afligido; pero cuando la risa termina, el dolor permanece", Proverbios 14:13.

BIENVENIDOS A CASA... JUNTOS ANTE EL ESPEJO

¿Cuál es vuestro lenguaje amoroso?

Alguien dijo: "Quien tiene un amigo, no necesita un espejo". Uno de los regalos que nos ofrece el matrimonio es el poder compartir tu vida con el que debería ser tu mejor amigo/a. Amigo es aquel que ama en todo tiempo, que es capaz de poner en riesgo su amistad con tal de ayudar al otro a mejorar; que no calla frente a algo que ve u oye y que el otro no ve ni oye.

Todos necesitamos a un amigo que, llevado por su amor y compromiso con nosotros, pueda de manera honesta, decirnos cómo nos ve. Ser este espejo que, a diferencia del de la bruja de Blancanieves, desea ayudar para que el otro mejore. A fin de poder amar, necesitamos a alguien frente a nosotros, no solo que nos mire, sino que nos sea de reflejo.

Todos necesitamos amor. Fuimos creados para el amor, para amar y ser amados. Cada uno de nosotros tenemos un lenguaje amoroso por el que amamos y somos amados, y a la vez, percibimos que se nos ama. Pero todos tenemos necesidad de sentirnos amados en nuestro lenguaje y que se nos exprese amor en nuestro código. Necesitamos "enterarnos" de que se nos ama.

El amor tiene mucho que ver con la aceptación, lo cual no significa que uno esté de acuerdo con algunas actitudes, maneras de ser o pensar del otro, pero sí tiene que ver con el compromiso de ayudarle a mejorar.

La necesidad de ser aceptado es universal. Todos necesitamos sentirnos aceptados. Se hace muy difícil vivir con alguien que constantemente, de manera directa o indirecta expresa su rechazo y falta de aceptación.

R. Wagner dice: "Toda persona necesita sentirse aceptada, valorada sin tener que ganarse ni comprar dicha aceptación".

Ninguno de los dos es perfecto, "ni lo será nunca". No somos un "producto" terminado. Somos personas en proceso. Somos una obra de Dios no terminada. Pararnos "juntos ante el espejo" nos ayuda a vernos iguales, con la misma necesidad de ser aceptados por el otro y de ser amados con nuestras "arrugas y verrugas".

Somos espejo el uno para el otro. Lo que yo refleje de mi cónyuge va directo a su autoestima. Lo que él o ella pueda ver en este espejo, afectará la manera de relacionarnos.

¿En qué espejo nos miramos? ¿En aquel que descaradamente y sin contemplaciones te revela esta arruga, grano u ojeras que tienes? o ¿en aquel que animándote a descansar, te ayuda a que esta arruga o grano u ojeras desaparezcan? No hay sensación más relajante que el poder ser transparente, tal cual, delante de alguien sin temor al rechazo. Dios nos puso juntos para ofrecernos, entre otras cosas, el alivio que conlleva el sentirse seguro y aceptado por el otro.

La aceptación dice: Te veo tal y como eres y te recibo como un regalo de Dios para mi vida. Te veo tal y como eres y creo en ti. Te veo tal y como eres y te comprendo. Te veo tal y como eres y te valoro. Te veo tal y como eres y te perdono.

Situándonos ante el espejo

Martín y Luisa llevan diez años casados. Son padres de una hermosa niña de seis años. Llegan a nuestra casa cansados, especialmente ella, por tantos intentos de entender qué es lo que les estaba pasando. Poco a poco y sin apenas darse cuenta, dejaron de sentirse amados y por consiguiente aceptados. Parecía como si toda aquella complicidad, atracción y deseo de estar juntos se hubiera esfumado.

Luisa está cansada y decepcionada y es consciente de que si no hacen algo, su relación se irá apagando hasta no tener solución. Admite que ha intentado llenar su tiempo con distintas actividades y que, de alguna manera, han llenado su necesidad de sentirse necesaria. Al salir de su trabajo, parte de su tiempo lo dedica a colaborar como voluntaria en una ONG que trabaja con niños de países en situación de pobreza extrema. Su colaboración la hace sentirse valorada y aceptada.

Martín está inmerso en su trabajo ante la nueva promoción que le han ofrecido. Dice estar bien, a pesar de notar un cierto distanciamiento entre ellos dos. Reconoce que ha tenido alguna relación sentimental espontánea fuera del matrimonio, sobre todo en los momentos álgidos de crisis. Cuando está frente a una tensión o crisis fuerte, su tendencia innata es retirarse o marcharse.

Cuando les preguntamos si se aman, reconocen que se aman pero, curiosamente, cuando les preguntamos si se sienten amados por el otro, responden que no y que los reproches han tomado un lugar importante en su relación.

Luisa siente que ella ya no le atrae: "No me mira como antes, nunca dice que me ama y a penas me escucha, por otro lado, parece que sus ojos se han centrado en ver y recordarme todo lo que hago mal".

Martín dice que ella ya no es la misma: "Antes se arreglaba mucho, vestía bien y era atractiva. Creo que ha perdido su interés por mí. A menudo solo se dirige a mí con reproches".

Luisa y Martin se aman, pero no se sienten amados el uno por el otro, ni aceptados.

Enfocando la orientación

Percibimos que se aman. Ninguno de los dos quiere dañar al otro al compartir como se sienten.

A pesar de que Martín intenta gustarle (siempre va bien vestido, bien conjuntado con su ropa, sus zapatos limpios, bien peinado, salen un día a la semana para ir al cine, etc.), Luisa siente que él está frío y distante. El "te quiero" o "qué bonita estás", parecen haber desaparecido de su vocabulario.

Luisa está cansada de acercarse a Martín, verbalizar que le ama y mostrarse cariñosa con él y no recibir respuesta. Se siente atendida técnicamente por él pero nada más. Esto afecta su autoestima.

¿Qué está pasando?

Martín como Luisa desconocen la manera de comunicar al otro su amor. Es decir, ignoran el lenguaje amoroso de su cónyuge. Comunican su amor en su propio idioma, en lugar de comunicarlo con el del otro. Los dos esperan que el cónyuge le ame de acuerdo con su propio código amoroso.

Hablando con ellos

¿Por qué amándose no se sienten amados?

Todos recibimos información a través de nuestros sentidos. Los sentidos más destacados son la vista, el oído y las emociones. Todos

Juntos ante el espejo

tenemos un sentido preferente a la hora de recibir y percibir un mensaje o a la hora de transmitirlo.

De aquí salen tres tipos de personas: Las visuales, las auditivas y las quinestésicas o emocionales.

Observemos la queja de Luisa:

"Nunca dice que me ama, no tiene tiempo para mí, no me siento escuchada"… Ella es AUDITIVA. Se siente amada cuando percibe que se la escucha y cuando oye expresiones de amor. Es importante para ella hablar y escuchar.

La queja de Martín es: "Ella no es la misma…, antes se arreglaba, se cuidaba, era atractiva". Él es VISUAL. Interpreta la vida por lo que ve.

Todos tenemos algo de visuales, auditivos y quinestésicos o emocionales pero uno de estos tres predomina en nuestra percepción.

En Martín predomina la VISTA. Le preguntamos: "¿Cómo te afecta el hecho de que Luisa no se cuide cómo antes?". Él reconoce en voz baja, que el hecho de que ella no atienda a su aspecto físico: No vestir bien, no peinarse con cuidado, no ir bien arreglada, representa para él una falta de interés, por parte de ella, en cuanto a gustarle, y él lo traduce en no sentirse amado. Es más, lo ve como un rechazo.

En Luisa predomina el OÍDO y el HABLA. El hecho de que él no la escuche, que no puedan tener tiempo para hablar, que no escuche a menudo decirle que la ama, etc., hace que Luisa no se sienta amada. Martín exclama: "¿Cómo que no te amo? Hago todo lo que puedo para que estés bien". Les pedimos que se miren y que si de veras se aman, se lo digan allí mismo. Martín enseguida toma la iniciativa, le dice que la ama y que no puede vivir sin ella. Suena sincero. Posiblemente hacía mucho tiempo que no se decían unas palabras así.

Martín y Luisa descubrieron el lenguaje amoroso del otro y empezaron a "estudiar" los códigos con los que hacer llegar su amor mutuo.

Lo que les presentamos a continuación es sencillo, pero de suma importancia. Recordemos, "el amor siempre debe expresarse en el lenguaje del otro". Es decir, todos tenemos necesidad de que se nos exprese amor en nuestro código personal e intransferible.

Veamos tres tipos de personas:

VISUALES: Su sentido predominante es la vista. Recibe y recuerda la información a través de lo que ve mayormente. Las personas visuales son de movimientos rápidos y andan mirando para todas partes, no se les escapa nada. Normalmente los hombres son más visuales que las mujeres. La persona visual cuando imagina algo lo visualiza y cuando recuerda algo le viene una imagen a la mente. Experimenta la vida a través de los ojos. Observa más que habla. Suele decir expresiones como: "ahora lo veo claro… no veo muy claro lo que quieres decirme…".

AUDITIVOS: El auditivo escucha más que palabras, escucha tonalidades. Su sentido predominante es el oído. Cuando lee no ve imágenes (como ve el visual) sino que escucha palabras. Oye tonos y matices. Necesita más que se le "diga" en lugar de que se le "muestre". Necesita que los sentimientos de su cónyuge sean verbalizados: "Te amo…, me gustas...". Suele utilizar expresiones como: "No comprendo mucho lo que me quieres decir. ¿Me entiendes? ¿Me explico?... Sí, te oigo… Cuéntame".

EMOCIONALES: Recibe los mensajes cuando toca o se le toca por medio del contacto físico, abrazo, un beso, caricias, etc. Son personas muy sensoriales y muy intuitivas. Muestran sus sentimientos a pesar de no saber verbalizarlos. Necesitan sentir el contacto de su cónyuge sin buscar, necesariamente, algo sexual. Quizás les costará decir "te amo", pero les será muy fácil abrazar, besar, dar un apretón de manos, una palmadita en la espalda, etc.

Como ya hemos dicho, todos tenemos algo de Visuales, de Auditivos y de Sentimentales pero, sencillamente, hay uno de estos tres que predomina en nuestra percepción y se trata de descubrir, no tan solo tu lenguaje amoroso, sino el de tu pareja para así poderle hacer llegar tu amor y que el otro lo perciba.

Expresar amor a nuestra pareja, en su código, posiblemente nos incomode ya que no es el nuestro, pero es aquí donde se puede ver el compromiso en amar y seguir amando. Amar siempre es una acción que hacemos, como decisión por el otro, y no tan solo buenas intenciones. Como decía la madre Teresa de Calcuta: "¡Ama hasta que te duela!". Nos sentimos amados cuando podemos mirarnos en el corazón del otro y vernos reflejados, en él, como en un espejo limpio. Comentamos lo anterior y a continuación les preguntamos con que lenguaje se identifican.

Al descubrir el lenguaje amoroso respectivo, empezaron a "estudiar" y a trabajar la manera de hablar en el idioma del otro. Al fin y al cabo, se amaban y querían que el otro lo sintiera.

Al finalizar la entrevista, les preguntamos: ¿Qué os lleváis hoy de este encuentro?

Martín: "Una percepción más realista del amor y de sus lenguajes".

Luisa: "Un conocimiento más profundo de mí misma".

Se apunta un tema de perdón y de la falta del mismo. Aspecto que dejamos para el próximo encuentro.

Una de las tareas que les damos es que hablen de cómo se sienten amados y también que lean el muy conocido texto del amor, que el apóstol Pablo escribió en su primera carta a sus amigos de la ciudad de Corinto, en el capítulo 13 y los versículos del 4 al 8. Les animamos a que en lugar de la palabra amor, pongan cada uno su propio nombre ("Martín es bondadoso... Martín no es egoísta… Luisa no guarda rencor… Luisa se alegra con la verdad… etc.").

Leemos juntos el texto bíblico: "Seguid –proseguir –perseverad– amándoos unos a otros…" (Carta a los Hebreos 13:1).

Recordemos que amar no es una sugerencia, ni una opción. ¡Es un mandamiento!

Idea clave:
"Entender y aprender el lenguaje amoroso de tu pareja, y aceptarlo como la mejor provisión de Dios para ti, es vital para mantener viva la unidad en el matrimonio".

PARA REFLEXIONAR Y ACTUAR
[MPS – MATRIMONIO POSITION SYSTEM]

¿Dónde estamos y dónde queremos llegar?

Para ti

¿Dónde estamos?

- Identifica tu lenguaje amoroso y el de tu pareja. ¿Qué debes hacer para hablar en su código?
- ¿En qué áreas o aspectos piensas que el otro no se siente aceptado por ti?
- ¿Hay alguna área de mi vida en la que no me siento aceptado por mi pareja?

¿Dónde queremos llegar?

- ¿Cómo creo que mejorará nuestra relación si ambos conocemos nuestro lenguaje amoroso?
- ¿Cómo puedo demostrar de manera práctica que la/lo amo, y que lo note de verdad? ¿Cómo me gustaría que el otro expresara su amor por mí? Mencionar dos o tres formas.
- ¿Qué tres pasos haré para que mi pareja se sienta aceptada por mí?

Para vosotros

Hablad juntos de lo que habéis reflexionado a nivel individual.

- Decíos qué lenguaje es el vuestro y comentad sobre cómo os sentís amados.
- Abrid vuestro corazón y con palabras amables, decíos lo que realmente sentís el uno por el otro.
- Comentad juntos la sección IMAGINA LA ESCENA (la pareja bíblica de Jacob y Lea), ¿qué estaríais dispuestos a sacrificar por vuestro matrimonio?

- Decidid día y hora para realizar vuestra "salida como pareja" para hablar de este tema.

Oración

Si es apropiado para vosotros dos, terminad JUNTOS hablando con Dios; agradeciéndole su amor por vosotros, pidiéndole sabiduría para entender y hablar el lenguaje del otro y para aceptarlo como un regalo Suyo.

CAPÍTULO 5

JUNTOS EN EL DORMITORIO

1. Conjugando el verbo amar en todos sus tiempos

El dormitorio es el lugar más íntimo de todos, donde deben ser expresados los amores en su totalidad. Sin embargo, al hablar de dormitorio, pensaremos inmediatamente y, con razón, en el amor "Eros" (sexualidad e intimidad) pero, para llegar ahí, hemos de pasar, necesariamente, a explicar otras palabras que también las traducimos en nuestro idioma como "amar".

Hombres y mujeres somos muy diferentes en cuanto a muchísimas cosas pero, a pesar de eso, podemos vivir de forma complementaria y satisfactoria en nuestro matrimonio. Nos ayudará mucho, para llegar a esa meta, entender y cumplir las diferentes acepciones del amor:

"Agapao" y "Fileo" son dos verbos griegos que se traducen habitualmente, en castellano, como "amar". Ágape será el sustantivo, que lo traducimos con la palabra "amor". En cambio "Fileo" tendrá como su sustantivo "Filos", que significa "amigo". Ambos términos tendrán que ver con muchas cosas, pero también con nuestra vida íntima.

Si quisiéramos ser muy puristas con el lenguaje, solo el Agapao debería traducirse por "amar", el "Fileo" sería, más bien, "querer". Para nosotros, los que hablamos castellano, es fácil entender esta distinción porque tenemos las dos acepciones de amar y querer, en nuestra propia lengua, cosa que no ocurre en otros idiomas.

Quizás lo entenderemos mejor si pensamos en la escena en la que el Señor le preguntó a Pedro si le amaba (Jn 21:15-17). Recordemos que este episodio sucedió después de que Pedro le hubiese negado tres veces. La palabra usada por Jesús, las primeras veces, fue ágape (amor, sacrificio voluntario), es decir: "Pedro, ¿me amas?". Pero, curiosamente, Pedro contestó con "fileo" (querer, emoción fraternal, amistad): "¡Sí, Señor, te quiero!". Estas frases se repiten hasta que, al final, Jesús le preguntó a Pedro, de nuevo, pero usando ya el mismo vocablo usado por el discípulo: "Pedro, ¿me quieres?". Suponemos que entonces el apóstol contestó de manera conformada: "¡Señor, tú sabes todas las cosas!".

Curiosamente, no se le pide a la esposa que ame a su marido con amor Agapao. La referencia en cuanto a amar al marido nos viene dada en Tito 2:4. En este texto, el apóstol Pablo le pide a Tito, como pastor joven, que las mujeres mayores enseñen a las más jóvenes a amar a sus maridos, pero la palabra usada aquí, en el griego, no es Agapao sino Fileo que, como hemos visto, es un amor más fraternal, más amistoso.

Sin embargo, al esposo se le ordena que ame a su mujer con amor Agapao porque la esposa lo necesita ese tipo de amor. La clave, más importante, para entender el término Agapao, es saber que ese amor, se dirige a la acción necesariamente. Tiene más que ver con hacer que con sentir. Lo podemos entender fácilmente si pensamos que es el amor que movió a Dios a dar a su Hijo y el que empujó a Cristo a dar su vida por nosotros.

Por lo tanto, el amor Agapao se relaciona directamente con el compromiso, siendo una decisión que se transformará en acción sacrificial. Amar a la esposa, con esta acepción de la palabra, es obedecer a Dios, bendiciendo a la mujer con acciones concretas. Así pues, va más allá de la emoción, aunque, por supuesto, acarrea fuertes sentimientos asociados.

Esta acepción del amor, al que es instado el marido en la carta a los Efesios 5:25, 28, conlleva un coste, porque incluye el sacrificio.

El amor Fileo, en cambio tiene, como hemos mencionado ya, mucho más que ver con el amor amistad. Nos referimos a este tipo de amor cuando algo nos gusta mucho e implica conexión emocional fuerte. Tiene menos que ver con sacrificio y más que ver con la emoción.

Enseguida podríamos preguntarnos los motivos por los que el Señor, en su Palabra, hace esta distinción. Creo que no es casual (nada está escrito por casualidad en la Biblia) y, en este caso, creo que es así porque Dios no es redundante. Creó a la mujer con el amor ágape bastante incorporado a su esencia, ella no deja de amar incondicionalmente y se sacrifica, en el mejor de los casos, de forma natural, en todo momento. Su forma de ser la lleva a acciones concretas, todo el tiempo, casi sin poder parar; cuida del marido, cuidará de sus hijos enfermos hasta la extenuación, se desvivirá por servir a los suyos... El problema es que sus motivos pueden estar llenos de amor Agapao, es decir de amor sacrificial que, a veces, puede perder en ese camino, el amor Fileo y, entonces, la relación conyugal se volverá, menos amigable, pudiendo faltarle algo de emoción e intimidad.

Cuando la esposa deja el amor Fileo y el esposo abandona el amor Agapao, estamos llamando al mal tiempo, pudiendo quedar afectada la tercera acepción del amor de la que hablaremos en este mismo capítulo: El maravilloso Eros.

Esto es así porque hacer cosas por el esposo tendrá mucha importancia, pero ellos necesitan, además, sentirse valorados y deseados. ¡No solo cuidados! Aunque, a decir verdad, en estos últimos tiempos, tampoco se les cuida demasiado. Pero, de todas maneras, a muchos maridos, que quizás gozan de todos los cuidados, (no les falta la ropa planchada o el plato caliente en la mesa) les puede faltar oír frases, de parte de su esposa, como:

—Deseo estar contigo porque te quiero.

—Me gusta estar a tu lado, porque disfruto del tiempo juntos.

—Quiero salir contigo, pasar tiempo de calidad a tu lado, porque tu cariño y amistad son más importantes para mí que cualquier otra relación que pueda tener.

Esto no implica que la mujer, como hemos visto, deje de poner en acción el amor "Agapao" que, siguiendo el ejemplo de Cristo puede, sin dudar, llevarla a dar la vida por el marido, si fuese necesario. Pero,

137

repito, en ese afán de hacer y sacrificarse puede perder la tan necesaria manifestación del deseo.

C. S. Lewis, en su fantástico libro *Los Cuatro Amores*, nos deja frases como:

"A los antiguos, la amistad les parecía el más feliz y el más plenamente humano de todos los amores: Coronación de la vida y escuela de virtudes. El mundo moderno, en cambio, la ignora" ... "La coexistencia de la amistad y el eros también puede ayudar a algunos modernos a darse cuenta de que la amistad es en realidad un amor, y que ese amor es incluso tan grande como el eros" ... "La amistad no tiene valor de supervivencia; más bien es una de las cosas que le dan valor a la supervivencia".

Y tomando la última frase mencionada de Lewis quiero enfatizar que el amor "Filia" expresado por la esposa dará valor, en muchos casos, a la supervivencia del matrimonio.

Apunto, también, otras palabras de Lewis:

"La amistad, como los demás amores naturales, es incapaz de salvarse a sí misma. Debido a que es espiritual, se enfrenta a un enemigo más sutil; debe incluso con más sinceridad que los otros amores, invocar la protección divina si desea seguir siendo auténtica".

Esposos, hombre y mujer, necesitan al Señor y su protección para cumplir las recomendaciones de la Palabra de Dios en el matrimonio.

¡Ama a tu cónyuge! ¡Demuéstraselo con el amor "Agapao" pero también con el amor "Fileo". ¡Ambos amores juntos tendrán la capacidad, entre otras cosas, de ir dando a luz al amor EROS!

Pasemos pues a hablar del "Eros" que es más que sexualidad, pero la incluye.

Este tema no siempre es fácil de tratar, pero como escribe Jonathan Hanley en su libro *Sexo y Deseo*: "El tema de la sexualidad incomoda cuando se menciona en un contexto religioso y, sin embargo, la Biblia se presenta como el medio por el que conocemos a Aquel que ha diseñado la sexualidad: Dios. Esta afirmación es el enfoque cristiano. Cuando la Escritura nos presenta la sexualidad no lo hace como manual de instrucciones ni como un conjunto de reglas y de restricciones, sino como un medio por el cual oímos la voz de Aquel que nos regala la sexualidad, con todo lo que conlleva de entusiasmo, de motivación y de placer".

Tanto en las cartas de San Pablo, como en los libros sapienciales aparecen más textos referente al placer en la sexualidad que los referidos a la procreación.

2. El verbo amar en el tema de la sexualidad

Veamos, en unos cortos párrafos, cómo se ha vivido la sexualidad, por el pueblo de Dios, a lo largo de la historia:

Este tema tiene en la Escritura un tratamiento muy precoz. Ya en Génesis 2:24, como hemos visto, se menciona la idea de que hombre y mujer, que constituyen la pareja creada por Dios, son llamados a ser "dos en una sola carne". Esta frase implica que marido y mujer se unen de forma tan real que llegan a ser "uno".

Debido a la gran importancia de ser "dos en uno", esa unión se ha de sustentar, necesariamente, en un pacto muy serio que implicará, también, la aceptación del contrato legal del matrimonio.

No solo el Antiguo Testamento habla de "una sola carne"; lo harán también los apóstoles. De los escritos de San Pablo extraemos que, para él, la idea de "una sola carne" va mucho más allá de una mera unión de dos cuerpos. El apóstol lo lleva al terreno espiritual, transmitiéndonos que, incluso, podemos llegar a glorificar a Dios con nuestros cuerpos, si la conducta sexual es la correcta entre dos personas, un hombre y una mujer, que se unen en matrimonio (1 Cor 6:16-20).

En la Iglesia primitiva se le daba gran importancia a la procreación (San Agustín, Santo Tomás de Aquino...), pero en tiempos de la Reforma Protestante, Lutero y Calvino, cambiaron un poco el rumbo y la sexualidad en el matrimonio, llegando a ser la forma de manejar el impulso sexual de forma correcta y será ya en los siglos XIX y XX cuando se le concede más relevancia al placer entre los esposos y se acepta, de forma más generalizada, el control de natalidad, como algo a tener presente en la procreación.

Hoy día el tema de la sexualidad está muy mal tratado e incluso mal vivido, no solo en ambientes seculares, sino también, desgraciadamente, en la Iglesia de Cristo y hay dos cuestiones que van unidas, en estos tiempos y que afectan a la forma en la que nos acercamos a este tema:

El gran hedonismo (principio del placer) del ser humano del siglo XXI que busca las relaciones sexuales casi exclusivamente para tener satisfacción inmediata, sin pensar en ninguna de las consecuencias que puede acarrear buscar solo el placer. Esta tendencia puede llevar a hombre y mujer a la promiscuidad y a desviaciones muy graves.

La otra cuestión es la económica que hace que algunos ganen mucho dinero con el sufrimiento de otras muchas personas (esclavitud sexual, turismo sexual, trata de personas adultas y de niños/as...).

Desgraciadamente no hay técnicas psicológicas, para los cristianos, que nos lleven a practicar con éxito una ética sexual si no existe, previamente, una auténtica convicción en cuanto a querer seguir la voluntad de Dios, en todas las áreas de la vida, incluyendo las relaciones más íntimas. Si esta decisión está presente hará posible que, las palabras de este capítulo, tengan algún sentido ya que la ética cristiana, en cuanto a la sexualidad, es una decisión personal basada en el deseo de agradar a nuestro Creador y ser totalmente responsables de lo que hacemos con nuestro cuerpo y con el cuerpo de los demás. Esto es muy diferente a obligaciones y deberes impuestos desde el exterior. En todos los casos la moral ha de ser interiorizada y debe regir de dentro a fuera, no al revés.

Creo, firmemente, que el designio de Dios, en cuanto a las relaciones sexuales es que se den dentro del matrimonio. Es un mandato del Señor y los cristianos sabemos que el cumplimiento de sus leyes tiene que ver con que nos vaya bien en la vida (Dt 6:3).

Es importante resaltar que no debemos considerar el sexo cómo algo sucio, ni perverso, ni despreciable. Pienso que ha sido el ser humano el que lo ha ido ensuciando y rebajado a niveles de simple genitalidad y apetito carnal que se pretende satisfacer de la forma que sea, cuando en realidad, se trata de la unión más sublime para la pareja y que va mucho más allá del encuentro entre dos cuerpos.

Repito, siguiendo las ideas del párrafo anterior, que la sexualidad fue "inventada" por el Creador antes de la caída del ser humano (Gn 2:24 y 3) y que, por lo tanto, la podemos considerar "buena en gran manera" (Gn 1 y 2).

Pero, como todo lo creado por Dios, solo será "bueno", si seguimos las instrucciones de Aquel que la creó y la dio, como regaló en el huerto del Edén, al ser humano. Lo único que no era tan bueno, cuando

Dios creó al hombre, fueron los sentimientos de soledad del varón. Dios mismo diría: "No es bueno que el hombre esté solo..." (Gn 2:18), llegando la relación sexual a ser el más potente "imán" que hace que marido y mujer se acerquen, el uno al otro, abandonando su soledad, de una forma mucho más sublime que de cualquier otra manera. Es un espacio de comunicación total, fundamental para la salud mental y emocional, en el que se experimentará placer y, además, se abrirá la posibilidad de procrear. Por eso la sexualidad tendría que ser siempre un medio de gracia, pero teniendo en cuenta que, muchas veces, se puede convertir en una desgracia terrible (1 de Cor 6:18).

Para que sea una bendición, sexualidad y valores estarán, necesariamente, relacionados porque incluyen elementos biológicos, pero también conductuales, psicológicos y espirituales, que tienen que ver con la identidad del ser humano en su totalidad.

La sexualidad, por lo tanto, no es un apéndice del resto de la vida. Estará conectada con emociones, sentimientos, valores..., debiendo dar mucha importancia a la forma en que nos vinculemos para hacerlo en cuerpo y alma y no solamente de forma impulsiva, sabiendo que quedará involucrada también, de forma profunda, la vida interior. Por eso, se requerirá un compromiso, realmente serio, para que tenga el sentido que Dios quiso darle.

Ese compromiso no es solo una cuestión de tomar una u otra opción en cuanto a tener o no relaciones. Sabemos que la Biblia lo convierte en mandato dentro del matrimonio: "No os neguéis el uno al otro..." (1 Cor 7:3-5).

Debemos resaltar aquí que el "no negarse" tiene una demanda previa que, si cuenta con la base de un amor genuino sacrificial, ya no se hará si el otro/a está enfermo/a o no puede, por cualquier otra razón excepcional, aceptar lo que se le pide en esa circunstancia. El Señor, en su increíble interés en nosotros, nos ha dado a entender que la sexualidad no ha de ser solo una obligación (como lo sería meramente el cumplimiento de un deber) sino que es algo ordenado por Dios, también, para nuestro placer, bienestar y crecimiento personal (Prov 5; Dt 24).

Antes de adentrarnos mucho más el tema debemos conocer, para no angustiarnos, que la sexualidad tiene "enemigos", que pueden complicar el cuadro y hacer difícil el no negarse el uno al otro: La falta de seguridad personal, el poco deseo de entrega real, las carencias afectivas previas, el cansancio profundo, vivir con mucho estrés, no tener tiempos de intimidad previos al acto sexual, falta de comunicación emocional y muchas otras cosas harán que las fases que menciono a continuación puedan verse alteradas:

-Fase de deseo (es necesario que los dos miembros de la pareja lleguen a esta fase aunque, como veremos, puede ser que lleguen con distintas velocidades).

-Fase de excitación (traducción somática del deseo).

-Orgasmo (eyaculación inevitable y contracciones involuntarias en la pared vaginal).

-Resolución final (afectividad necesaria post-orgásmica).

Menciono, además, las disfunciones sexuales más frecuentes pero aconsejando que, en caso de estar sufriendo alguna de ellas, es necesario acudir a un profesional porque seguramente es más común de lo que imaginas y, normalmente, tienen mejor solución de lo que pensamos:

-En el hombre:

-Impotencia (problemas de erección que pueden deberse a causas psicológicas u orgánicas como problemas de próstata, vejiga, uretra, diabetes, edad...).

-Eyaculación precoz.

-Falta total de eyaculación.

-Deseo sexual inhibido por problemas maritales o desórdenes psíquicos internos.

-En la mujer:

-Dispareunia o vaginismo (dolor vaginal en la relación sexual), anorgasmia (ausencia de orgasmo).

-Frigidez (falta deseo e incapacidad de experimentar placer sexual).

-Otros problemas, para los dos, serían:

-El deseo sexual inhibido de forma crónica.

-Traumas subyacentes por abusos en la infancia.

-Miedo al placer.

-Miedo al contacto físico.

-Evasión de la intimidad.

-Aversión sexual.

-Adicciones sexuales.

-"Anorexia sexual".

También cualquier disfunción en la comunicación puede tener impacto en la sexualidad de la pareja: Heridas emocionales antiguas, ideas perturbadoras y problemas psicológicos de distinto orden.

Otra cosa muy distinta serían las parafilias que las definiríamos como estímulos inusuales (*para* = erróneo, desviación, perversión; y *filia* = amor).

Las parafilias tienen que ver con relaciones sexuales con objetos no humanos o con sufrimiento y humillación de personas que no consienten, provocan malestar, deterioro grave personal, adicciones y acciones compulsivas.

Mencionaremos algunas parafilias como el fetichismo, pedofilia, necrofilia, sadismo, telefonía sexual, pornografía...

Estas ideas ratificarían que es imprescindible llegar a las relaciones sexuales sanas y con una decisión de pertenencia exclusiva y permanente entre los dos miembros de la pareja.

Esto corrobora, además, la idea de que la unión física, sin un compromiso verdadero con el otro, puede llevar al hombre y a la mujer a una gran vulnerabilidad en todos los terrenos de la vida.

Pero, quizás, puedes estar pensando que, en la sociedad en que vivimos, es ridículo estar de acuerdo en los términos expuestos en los párrafos anteriores. Sin embargo, para el creyente, no hay otra forma de actuar. No cabe aquí el relativizar. Debemos poner el rótulo que corresponde a cualquier relación fuera del matrimonio: Dios dice que es pecado, y nosotros debemos llamarlo de la misma forma.

Sin embargo, repetimos que la sexualidad es buena en gran manera, es la voluntad de Dios para los cónyuges, nos proporciona placer y refuerza la unión matrimonial. Es por todo eso que la Biblia nos insiste, como ya hemos mencionado reiteradamente, que "no debemos negarnos el uno al otro, a no ser por un tiempo limitado para dedicarnos a la oración y volvernos a unir en uno no sea que venga el enemigo y nos tiente" (1 Cor 7:5).

Por lo tanto, la idea no es que los creyentes deban abstenerse de las prácticas sexuales, sino que la Biblia lo que enfatiza es que esas prácticas deben darse, exclusivamente, dentro del matrimonio.

Para mantener una sexualidad correcta y viva os dejo la "escalera sexual" que propone el psicólogo Josep Araguas en su libro "El matrimonio, un camino para dos" (2009) editado por Andamio y que recomendamos encarecidamente:

1- Incorporar cariño, amistad, fidelidad, romanticismo, sorpresa, acercamiento físico.

2- Potenciar la intimidad, la cercanía, la complicidad, la complementariedad.

3- El corazón de uno debe estar confiado en el otro.

También es importante entender que muchas veces la sexualidad se complica por no haber asimilado del todo las diferencias existentes entre hombres y mujeres que afectarán también en esta área tan importante de la vida y de las que haremos una mención somera en los siguientes apartados.

3. Diferencias entre hombre y mujer en la forma de organizar la vida y los pensamientos

Los hombres organizan su vida desde una estantería con compartimentos estancos. Es decir, si están en el compartimento del trabajo, será difícil que piense en lo que ha dejado en otros estantes... O, por ejemplo, si está en el compartimento "fútbol", ¡ni se te ocurra explicarle algo de los niños o de otras cosas que ahora están en otro compartimento! ¡Ahora no toca! Y si está en el momento de tener relaciones sexuales, ¡es lo que hay! Además, él necesitará un tiempo prudencial para pasar de un estante al otro.

Por su parte, la mujer es una estantería sin ninguna repisa. Lo vive todo a la vez con una intensidad que fácilmente la llevará a la extenuación. Está en el trabajo y ocupándose, a la vez, del hijo que ha dejado enfermo, llamando a su madre para saber si le ha dado la medicación... En el tiempo del desayuno llamará o escribirá WhatsApp's para organizar la cena de matrimonios de la iglesia y, si le queda un minuto, se acercará al banco porque tiene que hacer la compra al salir... La mujer lo vive todo a la vez, ¡el hombre no!

Acabo de pintar un cuadro casi jocoso de la realidad pero, no por eso, deja de ser verdad y por lo tanto es fácil que podáis adivinar cómo afectará a la sexualidad: Cuando uno ya está en el "estante correspondiente" y el otro lleva tantas cosas en la cabeza, costará un poco desconectarse de todo lo demás y concentrarse en la relación.

Una vez establecido este punto me gustaría hacer una mención especial a otra diferencia:

4. La cuestión hormonal y el deseo sexual

Este aspecto genera ciertos problemas que se manifiestan reiteradamente en las consultas de terapia de pareja.

Para llegar a desarrollar brevemente el tema debo hacer una distinción entre dos palabras: Necesidad y deseo. Pienso que la necesidad es igual para el hombre que para la mujer y, aunque no podemos generalizar, el problema viene porque, en muchos casos, el varón percibe su necesidad con más intensidad y, por lo tanto, también, su deseo, en un grado mucho mayor que la mujer. En parte, esta cuestión, tiene una explicación hormonal. Las hormonas sexuales femeninas (estrógenos y progesterona), son hormonas que ayudan a la relación sexual, pero son hormonas muy orientadas a la procreación. La hormona que más aviso da, en cuanto al deseo sexual, es la testosterona que es, como sabemos, básicamente masculina.

Este tema puede generar angustia y frustración. Son muchos los maridos que, al detectar una gran falta de deseo sexual por parte de la esposa, se preguntan si ellas les siguen queriendo quieren y aun están enamoradas de ellos.

También para las mujeres es un asunto de importancia porque muchas veces se preguntan qué pasa en sus cuerpos para tener un deseo tan escaso.

La respuesta, en la mayoría de los casos, no es falta de amor. Es, probablemente, el problema hormonal mencionado, que se ha de compensar con mucha ternura por parte del esposo y otros estímulos que pueden ayudar enormemente a la mujer. Por ejemplo, para la mujer son muy importantes los estímulos olfativos y la ternura. La mujer agradece muchísimo el cuidado corporal del marido, la limpieza, el aspecto que presenta e, incluso, el olor que desprende, pero también las caricias separadas de la demanda sexual inminente.

145

La falta de deseo puede tener también otras muchas causas médicas o psicológicas. Por lo tanto, cuando la diferencia es muy grande y es casi imposible tener relaciones significativas, se hace imprescindible recurrir a ayuda profesional para hacer un correcto diagnóstico de lo que ocurre y poner la solución adecuada que, la mayoría de las veces, no es tan complicada como puede suponerse.

Es necesario afrontar este tema de forma natural y sincera para que cada uno de los miembros de la pareja deje claro lo que le ocurre y lo que esperan del otro o lo que no reciben y les hace falta.

Pero vuelvo a la ternura como un elemento imprescindible para el deseo sexual de la mujer. Hablo de este tema en otros capítulos porque es muy importante a fin de poder tener relaciones sexuales satisfactorias.

Sin ternura será casi imposible gozar de un regalo divino tan fabuloso porque la dureza y la aspereza inhibirán el deseo de la mujer, haciendo casi imposible el placer, en este terreno, tan íntimo e importante a la vez.

5. Huidas no necesarias y peligrosas

Además, hemos de tener muy presente que, el no llevar una vida sexual satisfactoria puede abocar, a alguno de los cónyuges, a "excursiones" al "reino de las tinieblas" (al reino de la oscuridad) que traerán dolor, insatisfacción, angustia, amargura personal y, tantas cosas, que se volverán destructivas, pudiendo dar al traste con el matrimonio si no se buscan soluciones adecuadas lo antes posible.

Desgraciadamente, en los últimos tiempos se ha ampliado el número de visitas, de parejas, a psicólogos y psiquiatras, que vienen destrozadas como consecuencia de un problema terrible: La adicción a la pornografía de uno de los cónyuges y, aunque parece ser mucho más común en los hombres, también se dan casos, cada vez más crecientes, de mujeres que caen en esa conducta adictiva.

En un mensaje recientemente predicado por el pastor Josué García, de la Iglesia en Salou (Tarragona), nos hablaba de la importancia de evitar caer en esta adicción y nos ponía por ejemplo a Job que, aunque fue un hombre pecador como todos nosotros, fue extremadamente recto en este terreno.

Job fue, seguramente, el hombre más rico de oriente en su tiempo, tremendamente poderoso y admirado, anterior a los patriarcas y que, aún sin tener la ley de Dios en su mano que le dijera: "No codiciarás la mujer de tu prójimo" (Éx 20:17), no aceptó la posibilidad de tener muchas mujeres, aunque la poligamia fuese totalmente normal en aquella época histórica.

Por lo tanto, este hombre, gran ejemplo en muchas otras áreas, lo fue también teniendo una sola mujer y, lo más relevante en cuanto al tema que nos ocupa, es que decidió "hacer pacto con sus ojos" (Job 31:1), para no mirar y no desear a otras mujeres.

Job no solo fue contra las costumbres sociales de su época, fue también contra el posible pecado de su corazón.

La pornografía puede ser considerada como un adulterio constante y premeditado que se da mayormente a través de pantallas, que colabora con el maltrato en general ya que, en parte, lo penoso de este problema, es que las mujeres que se exhiben son, en muchos casos, víctimas de tráfico de seres humanos o han llegado a exhibirse pornográficamente después de una vida de abusos en todos los sentidos.

Desgraciadamente esta práctica, que se convierte para el usuario en adicción fácilmente, puede tener un origen muy precoz en la vida. Las estadísticas nos dicen que los mayores consumidores de pornografía son chicos adolescentes entre doce y diecisiete años y que la cifra de chicas va subiendo. Parece que la edad de inicio se da alrededor de los once años. Esto nos asombra y a la vez nos angustia muchísimo, ¿verdad?

Por lo tanto, y aún antes de la pubertad, se empieza a gestar un problema que modificará y podría arruinar, en el peor de los casos y años más tarde, las relaciones íntimas en el matrimonio porque en el fondo es poner una tercera persona en la cama conyugal.

Pero podemos preguntarnos por qué el ver pornografía se convierte en una adicción difícil de solucionar y en cadenas muy amargas difíciles de soltar.

Creo que hay varias explicaciones de las que destacaré dos:

La primera es una causa puramente espiritual: "El mundo entero está bajo el diablo", nos dice el apóstol Juan en su carta (1 Juan 5:19). Las personas que no han conocido a Cristo están totalmente bajo su dominio, las engaña, pinta lo negro de color de rosa y aún las luces de neón de los prostíbulos, hacen que esos lugares, de dolor y de adicción, parezcan centros de alegría y liberación, cuando en realidad son caminos hacia la más angustiosa esclavitud. Pero, ¿qué diremos en cuanto a los creyentes? ¿Por qué hay tantos que también padecen de esta adicción?

La respuesta es compleja, pero hay un proceso hacia la caída:

-Aceptar pensamientos intrusivos, pecaminosos, sin controlarlos.

-Involucrar emociones pensando que eso no es problema y que se puede uno descolgar de esas emociones cuando la persona quiera.

-Involucrar al cuerpo.

-Racionalizar el pecado, no dándole la importancia que tiene.

Pero hay algo más profundo, muy triste, pero real. La persona que ha depositado su fe en Cristo, ha sido rescatada del reino de las tinieblas y ha sido trasladada al reino de la luz (el reino del Hijo Amado) y aunque el mundo entero esté bajo el Enemigo, el creyente sabe que puede estar seguro "bajo las alas de su Redentor" (Sal 91:4). Él libra a los suyos "del lazo del cazador" (Sal 91:3). Pero lo doloroso de la cuestión es que el "gran engañador", el "padre de la mentira" es especialista en tentar de forma sutil a los que han sido salvados por la sangre de Cristo y llevarlos de "excursión", como mencionábamos arriba, al reino de las tinieblas.

Una vez allí la trampa es terrible y salir se hace muy difícil, porque se genera una adicción que mata en vida y la persona ya no vive, solo sobrevive, intentando salir y no teniendo, en muchas ocasiones, el éxito esperado. Se debe buscar un estilo de vida protegido y no jugar con fuego.

La segunda causa tiene que ver con cómo se genera esa adicción. Es una cuestión más fisiológica pero tremendamente asociada a la anterior. Cuando se repite una conducta que genera estimulantes cerebrales se crean nuevas conexiones neurológicas que gestan una necesidad de repetirla, una y otra vez, hasta que la persona deja de controlar su conducta y es controlada por esa demanda que necesita cada vez, peor material pornográfico y con más dureza y frecuencia.

Desgraciadamente la adicción a la pornografía funciona como cualquier otra adicción y, por lo tanto, la abstinencia total y mucha ayuda se hacen imprescindibles para poder salir.

Dios nos creó para desarrollar una relación profunda, significativa, emocional, bioquímica, mental y espiritual con nuestro cónyuge. En esta relación la unión íntima no es solo buena sino altamente recomendable y, lo más importante, es un mandato divino que según Salomón, el gran sabio de Israel, no practicarla y no aprovecharla al máximo, es una locura (Prov 5:18-23) y nos puede conducir a conductas como las recién explicadas.

La pornografía rompe el corazón de Dios, destruye tu matrimonio y solo produce dolor y esclavitud. Por lo tanto, si estás en esta situación, debes de tomar medidas. ¿Qué puedes hacer? Creo que todos estaríamos de acuerdo en que lo mejor es prevenir.

Para poder prevenir se tiene que hacer, como lo hizo Job, un pacto con los ojos o huir, si es necesario, de situaciones de alto riesgo, actuando como lo hizo José (Gn 39:12) o aún más drástico, renunciar a lo que sea un peligro real como nos recomendó Jesús: "Si tus ojos se convirtieren en un peligro para caer en el pecado, arráncatelos" (Mt 5:29). ¿Qué nos diría el Señor en cuanto a los comportamientos no adecuados con las nuevas tecnologías?

Recuerda que en tus fuerzas será casi imposible salir o no caer, pero agárrate a que "todo lo puedes en Cristo que te fortalece" (Flp 4:13). ¡Piénsalo!

Teniendo todo lo mencionado, en los párrafos anteriores en mente, debes saber que el "sí", en este terreno, puede proporcionarte un placer momentáneo pero el "no" te dará paz, salud y bienestar.

Para negarte a caer en las redes de la pornografía y buscar toda la fuerza en el Señor, sigue las recomendaciones que nos da Carlos Brazier (experto cristiano en nuevas tecnologías). Él insiste en que coloques los filtros necesarios para evitar que tú o tus hijos podáis entrar en lugares no adecuados. Te dejo algunos de los que él recomienda: K9-WEB (bloquea las páginas inapropiadas), igual que el programa HOMEGUARD y Spector Pro. El programa Time Sheriff 2.0 controla el tiempo pasado en una red y el K9 antispam 1.28 elimina material basura-spam.

También él nos da consejos prácticos para seguir previniendo:

-Tener el ordenador en lugares comunes de la casa donde todos puedan pasar y se evite así el riesgo de la soledad ante la pantalla.

-Escuchar música cristiana mientras navegas para llevar siempre cautivos tus pensamientos a Cristo.

-De toda la armadura que debes ponerte, para luchar contra el enemigo, coge sobre todo la espada, la Palabra de Dios, para luchar como lo hizo Cristo ante la tentación.

-Si no puedes evitar una primera mirada, cierra tus ojos a la segunda ("cuida tus ojos lo que ven").

-Incorpórate a grupos saludables, recuerda que la iglesia local es una comunidad terapéutica, todos los que se reúnen en ella son pecadores redimidos. Recuerda siempre que tus complejos de culpa no te han de evitar el congregarte. En un sentido todos los creyentes son mendigos diciendo a otros mendigos dónde encontrar pan. Por lo tanto, no es un lugar para el juicio de valor, pero sí para ser amonestado, consolado y ayudado.

Por otro lado, y para terminar este tema, si has estado padeciendo esta terrible adicción y has salido de ella, recuerda que en el mismo momento en que te has arrepentido, has recibido el perdón total y ese pecado ya no está, ha sido echado al fondo del mar y Dios te dice: "nunca más me acordaré de él" (Mi 7:19). En la orilla de ese mar, además, hay un cartel que dice: "Prohibido pescar". Si Dios te ha perdonado, perdónate tú también, ¡no puedes ser más que Dios!

Y recuerda que el Señor requiere de ti una pureza radical, y que su voluntad para tu vida es tu santificación, que te apartes de fornicación (1 Ts 4:3), recordando que Él mismo te ayudará y que cualquier pecado contra el cuerpo es muy serio porque es el templo del Espíritu Santo (1 Ts 4:8), y debemos recordar que hemos sido comprados a un alto precio y, por lo tanto, "debemos glorificar al Señor también en nuestros cuerpos" (1 Cor 6:15-20).

6. La reproducción y el control de natalidad

Pero, por estar muy ligado a la sexualidad, tengo que referirme, por unos párrafos, a la reproducción humana y a la cuestión del control de la natalidad.

Es un tema complejo que ha sido objeto de confrontación entre distintas formas de pensar a lo largo de la historia.

Lo que podemos afirmar es que la frase de "creced y multiplicaos" (Gn 1:28), referida al ser humano, que encontramos en el principio de los tiempos, es mucho más seria y tiene una dignidad muy superior a la reproducción del resto de los otros seres vivos.

La fabulosa experiencia de tener hijos viene, necesariamente acompañada, en el texto bíblico, de la realidad ya mencionada, de que esa procreación se dé a través de la unión de dos personas (un hombre y una mujer) que debe perdurar a lo largo del tiempo, debido a una relación muy especial, programada por el Creador. El "serán los dos una sola carne", previo a la procreación, implica una unión muy fuerte.

Lo que Dios tenía planeado, en su inmensa sabiduría, para el matrimonio, incluía sin duda, la paternidad, pero también el dar y recibir amor y ser fuente de placer para los dos cónyuges, además de proveer de un sentido de complitud y compañía inigualables.

El acto de procrear es una seria responsabilidad que los creyentes deben afrontar con toda la seriedad y que debe acompañar las decisiones de los seres humanos creados por Dios con inteligencia y voluntad propia. Es cosa de dos y debe ser tratada desde el compromiso que da estar unido a otro ser, sabiendo que ambos forman una unidad indisoluble y responsable a la hora de decidir tener hijos, el número de ellos y en qué momento tenerlos.

Esta responsabilidad en cuanto al control de la natalidad no era vista con tanta necesidad y urgencia en las pasadas generaciones, pero hoy es parte del cuidado que debemos tener del planeta en el que vivimos. Hace ya varios años, el Dr. Rock, profesor de Harvard, dijo: "Las miles de generaciones humanas que nos han precedido han considerado siempre que la procreación continuada era la primera garantía de la familia y de la supervivencia del grupo familiar. El problema actual, en cuanto a control de natalidad, solo ha afectado a las últimas generaciones de la especie humana y lo ha ido haciendo de manera gradual".

La Iglesia antigua tampoco se planteaba este problema ya que muchos de sus puntos de vista tenían más que ver con el pensamiento griego que con las ideas bíblicas. Para los primeros padres de la Iglesia el sexo indisolublemente estaba atado a la procreación para que la Iglesia pudiera crecer en número a través de familias más o menos numerosas. A estas ideas se añadía la importancia del celibato, de origen gnóstico y la oposición a todo lo "carnal".

Cuando se establecen los principios de la Reforma el matrimonio toma una gran relevancia, hasta el punto de que empieza a considerarse a la altura del celibato y se libera, un tanto, de la idea de que la santidad solo podía venir a través de la procreación. Se empiezan a considerar de forma mucho más profunda las verdades bíblicas, tomando gran carta de naturaleza los escritos de San Pablo en los que se da gran importancia a la unión sagrada del matrimonio, además de para procrear, también para evitar la impureza y el pecado de adulterio.

El apóstol, pensando en esto, dirá: "Pero a causa de las fornicaciones, cada uno tenga su propia mujer y cada mujer su propio marido. El marido cumpla con la mujer el deber conyugal, y así mismo la mujer con su marido" (1 Cor 7:2-3).

Por lo tanto, a partir del siglo XVI, se acepta que la Biblia habla en cuanto a la procreación (Gn 1:28) pero también en cuanto a la sexualidad como una expresión de amor y nexo de unión entre varón y hembra (Gn 2:18, 22; 5:2). Así pues, la frase mencionada de "serán dos en una sola carne" llegará a ser considerada un don de Dios para santificar la unión espiritual en el matrimonio, recibiendo este aspecto tanta importancia como la procreación.

Y es en este punto en el que nos preguntamos, ¿qué, entonces, en cuanto al control de la natalidad? ¿Cómo debe afectar a la procreación el gran incremento de la población mundial? ¿Cómo debemos interpretar el texto del Génesis de "creced y multiplicaos, llenad la tierra y sojuzgadla" (Gn 1: 28)?

Siempre nos fijamos en las primeras palabras: "Creced y multiplicaos", pero pasamos bastante por alto las últimas: "Someted la tierra y dominarla". Esta frase es también un mandato que le da al ser humano una responsabilidad delegada como imagen de Dios. El hombre y la mujer fueron creados para ser responsables y cuidar la tierra en la que iban a vivir, preservando, a pesar de la caída, lo que Dios creó y dijo que "era bueno en gran manera".

Los que componemos la Iglesia de Cristo de hoy hemos de estar muy comprometidos con lo que ocurre en nuestro mundo. No debemos pasar, por la vida, de forma irresponsable y hacer lo que nos parezca.

Hemos de vigilar lo que hacemos y ser buenos administradores de lo que Dios ha dejado en nuestras manos para que lo cuidemos con inteligencia y responsabilidad.

Desde mi punto de vista y por todo lo mencionado, cuidar la tierra de manera inteligente incluiría, también, el control de la natalidad. No se puede dejar a la casualidad algo tan serio e importante como el nacimiento de los hijos y el número de ellos, ya que la explosión demográfica es un problema terrible que nos afecta a todos y, aunque se percibe mucho más en las grandes aglomeraciones de las ciudades inmensas, sabemos que nuestro pequeño mundo se está consumiendo, en grandes zonas, por falta de recursos básicos para sobrevivir.

Grandes especialistas en problemas de demografía han "profetizado" que si el ritmo de crecimiento demográfico es más o menos similar al actual, dentro de unos cien años, cada persona tendrá solo unos 100 m², incluyendo todo el territorio de la tierra, que abarca también las zonas desérticas. Malthus aun fue más lejos y nos avisaba que, de seguir así, en un futuro cada persona solo podría disfrutar de un metro cuadrado de extensión para su vida.

Los creyentes, al aceptar una paternidad responsable, tendrán que decidir el número de hijos que van a tener y los métodos anticonceptivos que van a utilizar de acuerdo con su médico, debiendo huir de cualquier anticonceptivo que sea peligroso para la salud o abortivo y escoger métodos que permitan el respeto mutuo, las relaciones correctas y saludables, dejando de lado el egoísmo de parte de cualquiera de ambos cónyuges.

En cuanto a la tremenda responsabilidad que lo escrito conlleva, solo los esposos son los que han de dar una respuesta que sea válida para ambos. Nadie puede interferir en esas decisiones. Marido y mujer, delante de su Creador, han de tomar las riendas de la planificación familiar y ser consecuentes con su fe y con sus creencias.

La procreación no debe ser un accidente ni una casualidad, al hombre y a la mujer se les ha dado el libre albedrío, la libertad de elegir el cómo y el cuándo formar su familia.

La responsabilidad tendrá que ver con lo que hemos escrito en cuanto a la explosión demográfica pero también en cuanto a nuestros propios hogares, en cuanto a nuestras posibilidades, en cuanto a si podremos cuidar a la prole como debemos. ¿Tendremos recursos para dar a todos los hijos una formación suficiente para que puedan vivir y trabajar con cierta dignidad? ¿Podremos alimentarles y protegerles con el descanso suficiente hasta que se emancipen? ¿Tendremos fuerzas para llevar adelante los grandes retos y esfuerzos que la vida diaria de una gran familia conlleva?

Por lo tanto, terminamos este punto llamando a disfrutar de la sexualidad para lo que fue creada: Para unir, gozar y procrear, con toda responsabilidad, en el seno del matrimonio.

7. Los hijos adoptados, ¿es tan fácil?

Vamos a terminar este capítulo con el tema de los hijos adoptivos. Estamos viviendo en nuestro país, en los últimos años, un aumento enorme de adopciones. Adoptar hoy en cualquier país, se ha convertido en algo normal y, afortunadamente, deseable. No es inusual ver familias, sin hijos propios o con sus hijos biológicos, incorporar a su hogar niños/as de otras etnias que se mezclan de forma fantástica en la unidad familiar. Podemos decir que, afortunadamente, se han superado muchos prejuicios y salvado muchas barreras. Creo que, entre otras cosas, el crecimiento en cuanto al interés en adoptar ha tenido mucho que ver con la muestra del vídeo del orfanato de niñas chinas por televisión, en el año 95, y que todos recordamos con horror.

Pero, repito la pregunta del encabezamiento, ¿es tan fácil? Y no me refiero a cuestiones burocráticas o de orden legal, que no voy a tratar aquí. Cuando digo si es fácil me refiero a las cuestiones psicológicas y emocionales que pueden sorprender a esos padres adoptivos.

Sugiero que incluir en nuestra familia un nuevo ser requiere una profunda reflexión en cuanto a la motivación de esa decisión tan importante.

Una primera advertencia es que no debemos pasar a la adopción pensando, principalmente, en nuestras necesidades. No podemos pasar a hacer una demanda de ese tipo si el móvil principal es la búsqueda de nuestra complitud, llenar vacíos propios o paliar carencias.

Por supuesto, que cada una de estas cosas se verán afectadas y mejoradas, o no, por la adopción, pero lo que pretendo enfatizar es que nunca deben ser el motivo central. El fin último, el motivo que debe subyacer a cualquier incorporación en nuestra familia de otro ser, ha de ser el de dar, el servir, sin esperar demasiado a cambio.

Lo mencionado en el párrafo anterior nos lleva a pensar en la necesidad de investigar en cuanto a la idoneidad de los padres adoptivos. ¿Todos los padres que quieren adoptar están preparados? ¿Todos los que quieren adoptar tienen en mente, en primer lugar, incluir a ese futuro hijo en el círculo del afecto familiar, buscando, prioritariamente su bienestar?

En mi trabajo profesional he preparado a varias familias para la adopción, tengo que confesar que muchas veces ha salido muy bien.

Los padres sabían lo que querían, pensaban en ese "otro" que se iba a incorporar y habían dejado de lado sus propias necesidades y sus "¿y yo, qué?". Otros, en cambio, pensando en lo que iban a recibir, acogieron al niño y, en breve, se dieron cuenta que ese niño no podía dar lo que ellos esperaban porque, básicamente, no había recibido suficiente afecto previamente, o había sido muy dañado y la agresividad contenida y la rabia acumulada, en los primeros años de su vida, la había ido guardando y ahora castigaba a aquellos que no tuvieron la culpa, pero que el niño los veía como parte de esa humanidad adulta que le había dañado tanto. Muchos, tristemente, fueron devueltos a sus centros de acogida, con dolor tremendo para ese ser y para los posibles padres adoptivos, que fracasaron en el intento.

Los riesgos psicológicos existen. La mayoría de los niños que van a parar a centros de tutela van a padecer grandes sentimientos de culpa, mucho más si ha habido malos tratos o se le ha arrancado de su madre a la fuerza. Esta culpa, curiosamente, la tienen porque, a veces, sienten que son él o ella quienes han abandonado a la madre.

Por lo tanto, aunque haya casos muy idílicos, como los que hemos leído en algún libro fantástico, como *La filla del Ganges* de Asha Miró, quiero que los padres que se acerquen a la posibilidad de adopción lo hagan desde la realidad de un difícil acoplamiento y de la aparición de dificultades, en la mayoría de las ocasiones. Para los que están en ello ya sumergidos, quisiera que optaran por la voluntad de seguir adelante. Esas dificultades van a dar la vuelta, no van a seguir para siempre. Más tarde o más temprano se empezarán a ver resultados de felicidad y acoplamiento de ese ser a la familia.

Martine Audusseau-Pouchard en su libro *Adoptar hijos* dice, textualmente: "La adopción es una apuesta por la vida y nadie puede desestimar los riesgos psicológicos ni el enorme esfuerzo de tolerancia y comprensión, que son los pilares para seguir lo que se pretende: Ayudar a un niño a desarrollarse como un ser humano feliz y equilibrado".

Por su parte Javier Angulo y José A. Reguilón en su libro *Hijos del corazón* (Ed. Temas de Hoy, 2000), nos dan las pautas siguientes a tener en cuenta antes de decidirnos a adoptar:

1. Recordar que se adopta un niño y su historia. Esa historia incluye vencedores y vencidos y, en la mayoría de los casos, el niño ha sido el superviviente de una historia dura en la que los padres biológicos, por alguna razón terrible han perdido a sus hijos.

2. Que esa historia le pertenece y no le puede ser negada. Es decir, cuando sea posible se le debe decir la verdad en cuanto a esa historia. Es posible que él repita parte de ella hasta el cansancio. Es un modo de elaborar una y otra vez el hecho que, por no poder ser comprendido, necesita ser dicho y escuchado en muchas ocasiones.

3. Que la adopción de un niño de otros países puede significar un esfuerzo cultural para convertirle en hijo porque se tendrán que superar, además de su historia, posibles factores de rechazo, reticencias, racismo, que les hará sufrir a ellos y a sus padres y para lo que hay que estar preparado de antemano.

4. Que la presencia de un niño modificará nuestras vidas y que no es solo él quien tiene que adaptarse, ajustarse o integrarse.

5. Que la flexibilidad de criterios de los padres se cuestionará teniendo en cuenta que los padres han pasado muchos años solos con sus peculiaridades de vida cotidiana.

6. Que los niños en adopción provienen de una situación marginal y que debemos atender y cuestionar la novela que nosotros nos hagamos de su origen, que suele ser más noble de lo que luego comprobamos que ha sido en realidad. A veces podemos forzar al niño a que cumpla un determinado papel que nosotros le otorgamos en la novela y no le aceptamos como es. La información sobre el origen y las circunstancias del abandono

no debe ser ocultada pero tampoco recordada continuamente de una forma perjudicial para el pequeño.

7. Que la aceptación de estas cuestiones no puede ser una aceptación puramente intelectual, ha de implicar cambios profundos en la relación con el niño y en la consideración de su individualización como sujeto y no como un mero objeto adoptado y adaptado.

8. Que la historia del niño tendrá que añadir las condiciones en que ha vivido antes de la adopción.

9. Que la edad del niño y de los padres es importante. Cuanto menor es el niño, menor es el tiempo de abandono y mayor la posibilidad de integración y adaptación.

En cuanto al punto 9, es importante decir que, aunque lo ideal es que el niño/a sea lo más pequeño posible, no por eso debemos dejar a los más mayores, sin tenerlos en consideración, sabiendo que tendrán muchas más necesidades y complicaciones.

Lo que todos los padres se preguntan es cómo comunicar al niño la verdad y cuándo. Hemos dicho que el niño tiene derecho a conocer sus orígenes y que los padres adoptivos tienen la responsabilidad de comunicárselo. Esta comunicación se tiene que hacer sin dramatismos, sin cargas emocionales graves, con naturalidad y espontaneidad y pronto; en cuanto el niño esté preparado para ello o haga alguna pregunta que nos permita decírselo. El niño tiene que percibir la normalidad en todo el proceso. Si no se conocen sus orígenes hay que decir que se ignora lo que pasó pero que debía ser muy grave para que sus padres le abandonaran. Para un niño es mucho más difícil elaborar el rechazo que el abandono por causas justificadas y siempre contraponiendo el adoptado-abandonado con adoptado-elegido.

IMAGINA LA ESCENA... JUNTOS EN EL DORMITORIO
Salomón y la sulamita. El regalo de Dios

Cantar de los cantares

"Oye, señor ¿tienes un libro erótico?". Lo miré. Era un chaval de unos doce años y estaba a su lado su amiguito, ¿de diez? Nuestra iglesia había puesto una mesa de Biblias en una plaza del mercado al aire libre. Lo miré de nuevo. Pensaba: "¿Estás intentando impresionar a tu amigo o es que apenas sabes el significado de la palabra que intentas pronunciar? O, ¡quizás un poco de las dos cosas!".

Ha habido mucho "progreso" desde aquellos años, pero, desde mi punto de vista, por desgracia, el "progreso" no ha tenido lugar en muchos aspectos de los sentimientos y compromiso entre los matrimonios.

Pero contestamos a la pregunta: "¿Hay un libro erótico entre los libros de tu biblioteca?". Pues no hay pocos que afirmarían que el "Cantar de los cantares" es un poema de limpio y casto erotismo, libre y cristalino. Y me gustaría estudiarlo por unos minutos. Pero...

Reconozco que hay una gran variedad de interpretaciones de este libro bíblico. Muchos desde una interpretación "espiritual" alegórica: Dios en relación con Su pueblo hebreo, (visto por parte de muchos judíos); y Cristo y Su Iglesia (visto por parte de muchos cristianos). A la vez, ambas interpretaciones tienen una variedad de matices. También hay los que lo ven desde una interpretación "literal" como un poema del amor (sensual) entre un hombre y una mujer.

Para nuestro estudio, vamos a leerlo como una balada o canción del amor fiel entre un hombre y una mujer: Salomón y la sulamita. Relatan sus experiencias como novios, su matrimonio, la aparición de algunas dificultades y una reconciliación total. Durante el relato participan diferentes personas: la amada (la novia que llega a ser la esposa); el amado (novio/esposo); y un conjunto de amigos. Van interviniendo en distintos momentos para formar en total un elogio a la fidelidad en el matrimonio, y esto, especialmente visto, en el compromiso entre estos dos enamorados.

Pero una pregunta inicial: ¿Cómo se incluye un escrito de esta naturaleza en la Biblia y de la mano de un hombre, que precisamente era el rey Salomón que no podríamos decir que es un ejemplo de cómo debemos seguir las instrucciones divinas para el matrimonio? Creo que es una pregunta válida, y propongo una posible solución: Salomón compuso este himno siendo un (adulto) joven cuando todavía no tenía actitudes distorsionadas acerca del amor y del matrimonio, y apuntaba como él veía su futuro deseado. En este caso el libro de Cantares es una descripción de la pureza y el disfrute de las relaciones sexuales y la intimidad vividas dentro de los lazos del matrimonio.

Salomón está diciendo a los jóvenes (y adultos): Aquí os presento la ambición, la felicidad y la cálida seguridad de la relación íntima entre un hombre y una mujer, ambos protegidos por el compromiso del matrimonio. (Aunque años más tarde seguramente el mismo Salomón se preguntara: "¿Dónde he perdido mis papeles, y cómo podría haber sido tan inconsciente para no haberme escuchado a mí mismo?").

1. El día de la boda (1:1-2:7)

El libro nos lanza, sin aviso, a la parte profunda de la piscina, o sea: el mismo día de la boda. Empieza hablando la novia y luego hay una respuesta de sus amigas: "Nos gozaremos contigo" (v. 4). Pero ella opina que no es tan atractiva después de todo: "Morena soy", "Como las tiendas (de los beduinos) de Cedar" (v. 5) pero la respuesta es clara: Desde el punto de vista del novio "eres codiciable y como las cortinas de Salomón en sus palacios". Y sigue él mismo elogiándola en 2:2.

Lección: maridos, dad cumplidos "verbalizados" a vuestra esposa. Y esto, no solamente en el día de la boda, sino hacedlo como una norma durante toda vuestra vida. Y si el Señor te concede vida; entonces, hasta la vejez.

Lección: esposas, haced lo mismo con vuestro marido (por ejemplo 2:3). "No hay nada más vital que alentar y apreciar a la persona amada", tanto con palabras, como con actitudes y acciones.

2. Recuerdos del noviazgo (2:8-3:5)

Vamos hacia atrás en el tiempo, y se acuerdan del primer día de su encuentro con Salomón, y relata los sueños de estar juntos, ¡cómo cualquier novia! Pero resalta el miedo de "las zorras pequeñas" (2:15) que representan los pequeños problemas que pueden entrar en el matrimonio y, si no se enfrentan pueden, poco a poco, destruir la relación.

Lección: maridos y esposas, aceptad vuestra responsabilidad mutua de enfrentar y resolver las cosas que potencialmente pueden arruinar vuestro matrimonio. Notad que el amado (el marido) en el v. 2:15 que ve (¿de lejos?) "las zorras pequeñas", fue él quien aceptaba, en primer lugar, la responsabilidad de vigilar la seguridad y bienestar de su matrimonio.

Retened en vuestras memorias las ilusiones que tuvisteis durante el noviazgo y mantened la pureza del lecho matrimonial en vuestros pensamientos.

3. Recuerdos del compromiso (3:6-5:1)

Ahora estamos en la escena del desfile nupcial y, encontramos en 4:16-5:1 una preciosa descripción de la consumación del matrimonio; terminando con el coro final de los amigos en la última frase del 5:1.

Lección: se desprende de los vv. 4:1-15 que el novio expresa la intensidad de su apreciación y amor hacia su novia. Al describirla como "Huerto cerrado" (4:12) reconoce su virginidad y ella retoma esta ilustración al decir: "Venga mi amado a su huerto, y coma de su dulce fruta" (4:16). Volvemos a recordar: Mantened la pureza del lecho matrimonial en vuestros pensamientos.

4. Un sueño agitado (5:2-6:3)

Ya han pasado años en el matrimonio y, de repente, la novia tiene una horrible pesadilla. Ve como, debido a su frialdad o indiferencia, su marido se marcha y la abandona. Al progresar la pesadilla, recibe el rechazo por parte de otros, aunque ella intenta buscarlo por todas partes. Pero al final se despierta y celebra el amor y así confirma la seguridad de su compromiso matrimonial.

Lección: Maridos y esposas, la fidelidad en todos los sentidos (y muestras constantes de ella), da seguridad a tu esposa/o. Y si se rompe, buscad ayuda de personas capaces y preparadas. Y si es simplemente "un mal sueño" haced todo lo posible para eliminar la tristeza y el dolor que el recuerdo produce, aunque sea simplemente una pesadilla al dormir.

Lección: Mantened viva y dinámica vuestra relación, lejos de la frialdad y/o indiferencia. Qué seáis los mejores amigos, el uno del otro; disfrutad de las cosas pequeñas como lo hicisteis durante vuestro noviazgo. ¿Te acuerdas de que inventabais cualquiera cosa para poder ver a tu novia/o? ¡Pues, vuelve a vivirlo... hoy!

5. Alabanza de la belleza de la esposa (6:4-7-9)

Aquí solamente conversan el novio y los amigos. Antes él complementaba a su esposa más bien en privado, como parte del juego de su amor. Ahora explica su belleza delante de los demás, delante de los amigos. Su lenguaje es apropiado para su tiempo y país, no obstante, el principio es válido para nosotros hoy y en nuestra cultura

Lección: Maridos, hablad bien a vuestras esposas y habla bien de vuestra esposa a todos/todas.

Lección: Esposas, ídem.

6. La tierna súplica de la esposa (7:9c-8:4)

Pasa el tiempo, los años, y cada vez la esposa tiene más confianza en ella misma y en la seguridad del amor de su marido y en su cuidado al celebrar su amor (7:9c). Antes su énfasis estaba en que su amado le pertenecía, ahora, con sencilla serenidad disfruta del hecho "Yo soy de mi amado".

Lección: Maridos, según Col 3:19, no seáis ásperos con vuestra esposa, ni en la entrada, ni en la sala, ni en la cocina, ni en el dormitorio ni en... Nunca.

Lección: Esposas, según Ef 5:33, respetad a vuestros maridos, en la entrada, en la sala, en la cocina, en el dormitorio, en... Siempre.

7. El poder del amor (8:5-14)

"La esposa medita (8:8-9) en los días cuando era más joven y estaba bajo el cuidado de sus hermanos, que se preguntaban cómo podían ayudarla a prepararse para el matrimonio. Decidieron que, si era como un muro, firme ante cualquier tentación sexual, la alabarían. Pero si era como una puerta, abierta a la inmoralidad, tomarían las medidas necesarias para guardarla de realizar algo tonto/inapropiado. En 8:10 ella testifica que ha persistido en su moralidad y, por lo tanto, ha encontrado gracia ante los ojos de Salomón".

Termina el relato con una conversación tierna e íntima entre los esposos.

¿Qué más podemos añadir a este poema del amor conyugal? Ciertamente hay mucho, pero basta decir que también podemos ver similitudes de la dedicación y disfrute mutuo de Cristo y el creyente, y, por extensión, para la Iglesia de todos los tiempos y lugares. Disfrutemos del amor tierno e inagotable de nuestro Señor y Rey y hagamos todo lo posible para que nuestro amor vaya creciendo día tras día hacia Él. Y, también, con Su ayuda, hacia la persona que está en tu dormitorio… porque él/ella es el regalo de Dios para ti.

Medita como matrimonio en…

"Bebe el agua de tu propio pozo, comparte tu amor solo con tu esposa". Proverbios 5:15.

"Que tu esposa sea una fuente de bendición para tí, alégrate con la esposa de tu juventud. Es una cierva amorosa, una gacela llena de gracia. Que sus pechos te satisfagan siempre, que siempre seas cautivado por su amor". Proverbios 5:18-19.

"Que tu esposo sea una fuente de bendición para ti, alégrate con el esposo de tu juventud. Es un ciervo amoroso, una gacela llena de gracia. Que su cuerpo te satisfaga siempre, que siempre seas cautivada por su amor" (¡una aplicación de Proverbios 5:18-19!)

BIENVENIDOS A CASA... JUNTOS EN EL DORMITORIO
¿Cómo es vuestra intimidad?

El matrimonio es una oportunidad única para expresar nuestro amor a una persona. No es una opción. Un buen matrimonio feliz no es un sueño. Es una elección. El propósito fundamental es satisfacer las necesidades de amor de tu pareja.

La relación sexual es el termómetro con el que medir, en la mayoría de los casos, el estado de salud de un matrimonio. No es un termostato. La sexualidad matrimonial es una oportunidad de aprendizaje y de crecimiento tanto a nivel personal como conyugal. Cada matrimonio tiene una sexualidad propia. La sexualidad proporciona la máxima expresión de intimidad entre un hombre y una mujer. Las caricias son una de las mejores expresiones de ternura entre ambos. "Que sus caricias te satisfagan en todo tiempo" (Prov 5:18-19 – RV2020).

Las relaciones sexuales en un matrimonio deben ser practicadas, con todas sus expresiones por ambos cónyuges, respetándose el uno al otro, y teniendo siempre en cuenta las necesidades, gustos personales y la sensibilidad mutua.

"La sexualidad sana es la que mezcla ternura, complicidad, misterio, delicadez y pasión" (E. Rojas, *El amor inteligente).*

Las personas necesitamos amor y expresarlo de una forma concreta en una relación íntima y profunda. Por diseño creacional, los cuerpos del hombre y de la mujer encajan perfectamente. La palabra de Dios enseña que las relaciones sexuales en el matrimonio son para la satisfacción mutua y por lo tanto, cada uno debería entregarse a satisfacer las necesidades del otro. Todos deseamos tener una relación física satisfactoria y saludable, pero no todos la consiguen.

Nos acercamos a este tema, recordando, como nos ha dicho Ester, que somos diferentes, y que tenemos dos perspectivas distintas.

Un hombre: "no quiere solo un cuerpo para tener una relación física. Desea una persona que le corresponda en los términos que son importantes para él. Sin ello, el marido pierde el sentido de su autoestima masculina..." (Lewis/Hendricks).

163

Una mujer: "quiere sentirse amada y respetada como persona y no como objeto de placer sexual". Una mujer puede entregar el cuerpo, pero algo totalmente distinto es entregar el alma. Difícilmente una esposa deseará un tiempo de intimidad si tiene un esposo brusco y que apenas se haya acordado de ella durante el día.

Situándonos en el dormitorio

Carlos y Susana llevan 20 años de casados.

Carlos tiene mucho trabajo y muchas tensiones. Ha de viajar a menudo. Esto implica pasar noches fuera de casa. Es el director general de su empresa. Al terminar su larga jornada, suele llegar exhausto a la habitación del hotel. Se conecta a la TV e internet, buscando noticias y algo de distracción para relajarse. De vez en cuando para en algún "canal especial." En su mente empieza a echar de menos la relación sexual con su esposa. Últimamente ambos están teniendo problemas en esta área. Él piensa que distrayéndose podrá controlar sus pensamientos, pero en su mente, da vueltas sobre el tema. En uno de sus viajes, recuerda que tuvo una primera novia, Mónica, que vive justamente en aquella ciudad cuando estudiaba en la universidad. Se acuerda de ella y empieza a buscarla por las redes sociales y finalmente la encuentra. Piensa: "¡Qué guapa que está! ¿Qué estará haciendo?". Investiga más y se propone verla. Le escribe una nota por messenger y ella le contesta. Se encuentran. Toman un café y hablan. Se cuentan sus historias. Carlos descubre que Mónica está en un proceso de separación. Se ven otro día para tomar algo y ella le cuenta todo su proceso. Mónica es ocho años más joven que Carlos. Tiene dos hijos de diez y cinco años. Él empieza a fantasear con ella. Quedan para volverse a encontrar en una próxima visita. Carlos no deja de pensar en ella. Al cabo de un mes, vuelve a la ciudad. Se llaman. Mónica tiene aquella noche canguro para los niños. Carlos la invita a cenar cerca de su hotel. Hablan. Se abren el corazón. Carlos le explica sus frustraciones con su esposa Susana. Y luego la invita a su habitación. Allí "pasa" lo que no tenía que pasar. Cruzan "las líneas rojas".

Al día siguiente Carlos regresa a su hogar. En el camino tiene un doble pensamiento, por un lado lo bien que lo ha pasado con Mónica, y por otro lado piensa en Susana. ¿Qué le va a decir? ¿Se enterará? Empieza una lucha interior. No deja de pensar en Mónica. Ella tampoco deja de pensar en él. Cada día le envía mensajes por whatsapp. Carlos teme que Susana descubra su nuevo amor secreto.

Ahora hablemos de Susana. Ella se siente emocionalmente abandonada. Ve que Carlos últimamente la trata más como a una amiga, hermana e incluso compañera de trabajo, pero no se siente tratada como esposa. Observa que Carlos en la intimidad está como retraído y distraído. Tampoco expresa sus deseos sexuales como antes. De hecho, cuando tienen relaciones sexuales, él va muy deprisa y es muy mecánico. Ella lo achaca a que Carlos tiene mucho trabajo y que esto le afecta. Muchas veces se siente usada más que amada. Últimamente, piensa que no es lo suficientemente atractiva para él. Cree que Carlos está en un desamor, pero no piensa que pueda haber otra mujer. Siempre le ha sido fiel.

Estos pensamientos la alejan de Carlos. Hay frialdad entre ellos dos. Carlos, cada vez está más cerrado y centrado en sus fantasías. Todo el tiempo que Carlos está en casa o juntos, está conectado al móvil. Siempre dice que es por el mucho trabajo que tiene. No ve ocasión para no llamar a Mónica y explayarse con ella, a espaldas de Susana. Se desarrolla un secretismo. Entre Carlos y Susana no hay pasión, ni ilusión, ni conexión.

Ahora Susana empieza a intuir algo. Se vuelca con sus hijos. Al punto que muchas veces duerme con ellos. Esto empuja a Carlos a conectarse más con Mónica. La situación se hace insostenible. Susana trabaja como funcionaria en el ayuntamiento de su ciudad. Le comenta a una de sus amigas la situación y ella le abre los ojos, y la anima a buscar orientación matrimonial.

Susana le propone a Carlos de ir a un consejero. Este de entrada no quiere. Le dice que todo va bien: "¿Qué va mal entre nosotros?". Susana se pone a llorar y le dice: "Si no vamos a buscar ayuda, me separo de ti. Esto no lo aguanto más. ¿Qué me estás escondiendo, Carlos? Tú no eres el mismo de siempre. Te veo muy cambiado y distante. Necesitamos ayuda y ayuda urgente".

Enfocando la orientación

Estamos ante una situación clásica de infidelidad sexual, pero, ¿sólo por parte de Carlos? ¿Qué parte ha tenido también Susana en esta situación?

Una de las áreas que exploraremos es la aparente apatía de Susana y el distanciamiento de Carlos.

Ambos están afrontando una crisis de vida personal y de relación. Carlos ve que pasan los años y descubre que aún puede "gustar" y Susana, a su vez, está desanimada, decepcionada y con ganas de "tirar lo toalla".

Se evidencia un desgaste en la relación y posiblemente un desconocimiento del plan de Dios para la sexualidad humana y del matrimonio.

Carlos y Susana no han sabido cultivar su relación, relajándose y dejando que un muro invisible de separación creciera entre ellos dos.

Hablando con ellos

"El sexo es tuyo pero no es solo para ti".

Carlos y Susana tienen que entender primero, que hombres y mujeres se acercan al tema del sexo de manera diferente. Les recordamos que: para una mujer, el sexo está íntimamente ligado a la calidad de la relación y que una mujer ignorada durante el día, difícilmente estará dispuesta a un tiempo de intimidad. En cambio, para muchos hombres, la relación sexual es como una forma de liberar miedos, alegrías y tensiones, pudiendo aislar el sexo de otros aspectos y estando "casi siempre listos", como un servicio de 24/7. El hombre piensa que, de entrada, la esposa estará tan interesada sexualmente como él. Les seguimos hablando de la importancia de comunicar sus necesidades, gustos, expectativas y desacuerdos en el tema de la relación sexual. En esta cuestión, deben ser transparentes, abrir el corazón y no avergonzarse de hablar de ello (como hemos leído en la primera parte de este capítulo).

"Carlos y Susana, ¿estáis dispuestos a poner de vuestra parte para resolver la situación?". Deberán tomar decisiones concretas para afrontar y superar aquellas áreas o situaciones que interfieran en su relación, por ejemplo: cuidar de las "posibles tentaciones" culturales, evitar la soledad, aventuras extramatrimoniales, expectativas irrealistas y pornografía. Les hacemos saber que el problema de uno también es del otro, y juntos, los dos, tendrán que resolverlo.

Les mencionamos que una relación extramatrimonial es más que la relación con una tercera persona. Es todo aquello que ocupa el lugar que le corresponde al otro. Tanto Carlos como Susana, deben reconocer que han substituido el amor al otro por el amor al trabajo, a los hijos, al hogar y a la realización y satisfacción personal. Tienen que entender que deben centrarse en el otro; que la felicidad y la satisfacción propia, pasan ineludiblemente por amar y complacer al otro, y que también pasa por hablar de su situación personal y de "las tentaciones y oportunidades" fuera de casa.

Advertimos que el "secretismo" en el matrimonio es como un cáncer que corroe la relación. En este punto preguntamos a Susana: "¿Hay una tercera persona en tu vida? Responde enseguida: "No. Carlos es mi único amor". Cuando devolvemos la pregunta a Carlos, este reacciona de una forma violenta, alterada, se pone rojo y niega cualquier relación extra. Callamos. Susana, que conoce a su esposo, le pregunta: "Carlos, mírame a los ojos y dime si hay otra persona en tu vida". Carlos se azora. Se levanta. Hace amago de marcharse. Se siente descubierto. En este momento, recibe una llamada en su móvil. Su esposa lo ve. Sale la foto de Mónica. Susana le anima a responder a la llamada. Él no quiere. Silencia el móvil. Lo apaga. No sabe qué hacer. Susana lo confronta delante de nosotros y él se derrumba. Hay un silencio atroz. Sin preguntar nada, él empieza a justificarse: Nos dice: "¿Qué haría Ud. si su esposa le niega el sexo, una vez tras otra? Siempre está ocupada con los hijos y cansada. Yo soy joven, tengo mucha vida por delante y no me quiero conformar a una vida sexual pobre. Viajo mucho. Estoy expuesto a muchas situaciones. Sí, he encontrado a una antigua amiga de universidad. Hemos hablado. Reconectado y me ha devuelto la pasión que hacía tiempo no tenía. Me he vuelto a reencontrar. Me siento muy a gusto con ella". Como la mayoría de estas situaciones, las aventuras amorosas (que la palabra de Dios llama sin tapujos adulterio), empiezan como una relación emocional.

Muchas infidelidades empiezan progresivamente, como amistades bien intencionadas. Por ejemplo, ayudar a una tercera persona a superar un trauma o situación difícil. El alma de uno (Carlos) es atraída y captada por vínculos emocionales de un tercero (Mónica), buscando en primer lugar el apoyo emocional básico. Después va evolucionando, en la mayoría de los casos, hacia una relación más íntima y más apasionada.

Observamos que, en el fondo de la cuestión, Carlos está buscando sentirse mejor consigo mismo, en vez de buscar solo un romance con una tercera persona. Se siente con derecho a disfrutar de la vida. Lo justifica por una comunicación pobre y distante con Susana. Dice: "Siento admitir que, más que una esposa, la veo como una amiga, una hermana y como la madre de mis hijos".

Le preguntamos: "Carlos, por favor, mira a Susana y piensa… ¿cómo crees que le está afectando lo que acabas de decir?". Por primera vez Carlos se da cuenta del daño que está haciendo a Susana.

Ella contesta, entre sollozos: "Nunca pensé que me sería infiel y no sé si seré capaz de continuar así".

Preguntamos a Susana: "¿Hay algo que quisieras saber sobre la aventura de Carlos? Tienes todo el derecho de saber más. ¿Qué piensas hacer, cómo quieres continuar la relación? Susana, ¿estás dispuesta a perdonar a Carlos y ver también tu parte en esta situación?".

Después de la respuesta de Susana, nos enfocamos en él: "Carlos, ¿estás dispuesto a asumir las responsabilidades de tus actuaciones e indagar las razones y necesidades más profundas que te llevaron a esta aventura? ¿Y a llamar las cosas por su nombre?".

Le preguntamos a Carlos si está dispuesto a cortar de una manera total con esta relación. Su respuesta y la forma en que lo haga, será muy reveladora y definitiva.

Se le pide que delante de Susana llame a Mónica y corte toda relación con ella, prometiendo no volverla a ver ni entrar en contacto, que borre su número de móvil y aún, si es necesario, que cambie su número de móvil. Primero se niega. Dice que Mónica no tiene nada que ver con esto, pero le indicamos que un arrepentimiento verdadero se evidencia, empieza y es creíble cuando se corta definitivamente con esta relación.

Deben ambos comprender la causa de la infidelidad y la contribución de cada uno a esta situación.

Cuando nos relajamos en la relación empezamos a mirar a fuera y nos lleva como Carlos a relacionarnos con una tercera persona de una manera incorrecta o como Susana, refugiándose en su mundo particular.

"La infidelidad no es cosa de tres, sino de dos que no saben ser uno" (Rosa Fuertes).

¿Es posible perdonar, recuperar la confianza y restaurar la relación? ¿Querrán hacerlo?

Insistimos que perdonar no es olvidar, porque nadie puede olvidar. Solo Dios puede olvidar, quien diga que no puede perdonar porque no puede olvidar, ni quiere olvidar ni quiere perdonar. Perdonar es renunciar al derecho de castigar al otro por algo que ha hecho o dicho y que me ha herido. Perdonar no cambia el pasado, pero sí marca una gran diferencia en el futuro de la relación. Perdonar es una actitud de dejar ir todo resentimiento y deseo de venganza. Es una acción, expresada en palabras y obras y es una decisión de liberar al otro de la deuda contraída contigo.

Carlos llora, pide perdón por lo que ha hecho. Susana también pide perdón a Carlos, y le asegura que de su parte va a luchar sin resentimiento. Se abrazan. Ambos son cristianos, y al finalizar, pedimos la intervención de Dios.

El objetivo de la consejería es buscar el perdón entre ambos, la reconciliación y la restauración. Va a tomar tiempo que Susana vuelva a confiar en Carlos y a entregarse a él, y a él le va a tomar tiempo desconectarse emocionalmente de Mónica.

Tienen una labor inmensa por delante para realizar, pero no están solos.

"Una pareja no puede separar el sexo del resto del matrimonio… Todo lo que sucede en un matrimonio afecta la experiencia de las relaciones sexuales" (Dr. Ed Wheat, *El placer sexual ordenado por Dios*).

"No debemos de avergonzarnos de hablar de aquello que Dios no se avergonzó en crear" (Dr. Howard Hendricks).

"El placer es un invento de Dios y no del diablo" (C. S. Lewis).

Les asignamos una tarea: Leer y comentar la sección de los diferentes amores de este capítulo y empezar a leer juntos alguno de los libros sugeridos (apartado *Para vosotros*, más abajo) sobre este tema.

Para terminar, leemos juntos el texto bíblico: "Tened todos en alta estima el matrimonio (todos deben respetar, honrar, el matrimonio) y la fidelidad conyugal (los casados manteneos fieles el uno al otro), porque Dios juzgará a los adúlteros y a todos los que cometen inmoralidades sexuales" (Hebreos 13:4).

Idea clave:
"La relación sexual en el matrimonio es la celebración del compromiso de vuestro amor y la llave/secreto es encontrar lo que os activa a los dos y practicarlo a menudo".

PARA REFLEXIONAR Y ACTUAR
[MPS – MATRIMONIO POSITION SYSTEM]
¿Dónde estamos y dónde queremos llegar?

Para ti

¿Dónde estamos?

- ¿En qué aspectos estás luchando a nivel personal en tu área sexual? ¿Con quién lo hablarás: cónyuge, amigo, consejero, pastor, profesional, etc.)?
- ¿Cuáles eran vuestras expectativas sexuales sobre el sexo antes del matrimonio?
- ¿Cómo describirías vuestra realidad sexual actual?

¿Dónde queremos llegar?

- Si pudieras cambiar algo, ¿qué propones para mejorar vuestras relaciones sexuales?
- ¿Qué puedes hacer de tu parte para mejorar vuestra vida sexual y complace más a tu pareja?

Para vosotros

Hablad juntos de lo que habéis reflexionado a nivel individual.

- ¿Qué es lo que más disfrutamos/nos gusta, y de lo que menos, de nuestra relación (sexual), y de la frecuencia? Cuando habléis, miraros a los ojos.
- ¿Qué debemos hacer para mejorar en nuestra relación sexual?
- ¿Hay algo que debáis confesar y/o pedir perdón el uno al otro?
- ¿Qué dice/tiene que decir Dios sobre vuestra relación sexual? Leer entre los textos básicos propuestos para este tema. Empezar a leer algún libro propuesto para este tema. Sugerimos:

Sexo y la supremacía de Cristo; Las 5 necesidades sexuales del hombre y de la mujer; Música entre las sábanas; Intimidad sexual en el matrimonio.

- Decidid día y hora que vais a realizar vuestra "salida como pareja" para hablar de vuestra intimidad.
- Comentad juntos la sección IMAGINA LA ESCENA (Salomón y la sulamita) presentada para este tema.

Oración

Si es apropiado para vosotros dos, terminad JUNTOS dando gracias Dios el uno por el otro y por el regalo tan hermoso del sexo, comprometiéndoos a mantener la fidelidad/intimidad sexual y a honrar vuestro matrimonio.

CAPÍTULO 6

JUNTOS EN EL DESPACHO

1. Planificando bien

Muchas veces, en el "despacho", es donde tratamos temas de economía, de intendencia, de agenda..., pero es también donde pueden surgir roces importantes. Por lo tanto, ese lugar, debería ser un espacio especial, donde tratar algunos aspectos de la vida con cuidado, teniendo en cuenta los tiempos en los que vivimos, nuestras circunstancias personales, pero también, siendo muy conscientes de las decisiones que tomamos y que afectarán de forma directa a la pareja afectarán también a los hijos y, a menudo, a terceros.

Por eso, pensad mucho y orad más, antes de tratar cuestiones que pueden ser serias y trascendentes para vuestra vida y para toda la familia.

Quizás no tenéis un lugar con el nombre "despacho" pero, sea cual sea, el lugar de la casa que utilicéis para "despachar" (la cocina, el salón, el dormitorio…), lo más importante es que, cuando toméis las decisiones, lo hagáis con amabilidad, no exigiendo al otro cualidades o dones que quizás no tiene y, además, en situaciones en las que se tenga que pactar o llegar a acuerdos de cosas importantes o, incluso, a desacuerdos, hacedlo todo con benignidad, sin haceros daño el uno al otro.

Por esa razón añado aquí el proverbio chino siguiente: "Nadie es perfecto. Por eso, los lápices tienen gomas de borrar".

2. Nuestros caracteres en el despacho

Seguramente sois conscientes de que cuando os encerráis para tratar cosas de cierta trascendencia, es el momento en que podrán surgir roces muy serios, porque se dejarán ver aspectos de vuestra forma de ser que, quizás otras veces, pueden quedar más velados.

Empezaremos por una manera de gestionar que afectará mucho a las cuestiones de despacho: Me refiero a la rigidez, la intransigencia y la poca aceptación del otro, y de su manera de pensar o de querer hacer las cosas de forma diferente.

Una de las cuestiones que deberemos "despachar", de manera sencilla pero contundente, serán las cuestiones económicas de la familia y, ¿sabéis?, la economía es una de las cosas que produce también muchas separaciones y divorcios en el día de hoy.

Para empezar, os diré que el primer paso para no angustiarnos y que la economía no nos destruya es, como veremos después con más detalle, llevar un control muy exhaustivo de los ingresos y los gastos que tenéis para entonces tomar las decisiones adecuadas, teniendo en cuenta que esos ingresos y sobre todo esos gastos, tendrán que someterse, de vez en cuando, a imprevistos que no los podréis evitar y que pueden desequilibrar todo vuestro presupuesto.

Por lo tanto, volved a analizar un poco y observad si, en esos temas, hay rasgos de rigidez y de formas de pensar que hace que siempre uno de los dos quiera tener la razón y analizad también si vivís por encima de vuestras posibilidades.

Es importante tener en cuenta si:

-Establecéis metas mucho más altas, económicas o de agenda, de las que podéis alcanzar, y pretendéis que el otro/a os siga sin rechistar

-A la vez, quizás, uno de los dos, o ambos, estáis dominados por un miedo irracional al fracaso en esas cuestiones económicas o de organización

-Si vivís en términos de productividad, éxito y eficacia, ¿os permitís cometer errores o bajar vuestro estatus?

-¿Os produce gran malestar emocional y relacional las cuestiones de dinero y lo que queréis o necesitáis aparentar?

Una experta en motivación, Ana Muñoz, nos dice: "Aunque no hay nada malo en tratar de hacer las cosas lo mejor posible, una forma de ser rígida, puede convertir la vida en un verdadero infierno de metas imposibles y autodesprecio".

3. Vuestra economía, en concreto

¿Os digo la verdad? Me siento regular hablando de ese tema, porque me parece que me estoy metiendo en vuestros despachos como una intrusa. Os pido disculpas de antemano, pero he creído imprescindible no dejar esta cuestión fuera de las páginas de este libro. Esto es así porque he visto caer "torres" por problemas económicos o desastres financieros, por hacer las cosas sin pensar demasiado o por no haber orado antes de tomar decisiones importantes o por no aceptar situaciones y pretender cambiarlas llegando a comportamientos financieros de alto riesgo.

Hago un inciso antes de continuar. Seguimos escribiendo, estando aun confinados por el Coronavirus. No sé cómo estaremos cuando esta crisis sanitaria pase, pero todos los expertos nos avisan de que económicamente no va a ser nada fácil. ¿Cómo estáis vosotros ahora? ¿Tenéis metas económicas demasiado altas que podrían irse al traste si las cosas no pintan bien?

Pensad también si habéis tenido padres muy ansiosos o preocupados por las cuestiones de dinero porque, en cuanto al manejo de la economía familiar, hay mucho de modelaje (imitamos a nuestros progenitores, pero también es posible que, como reacción, hagamos todo lo contrario). Quizás vuestros padres eran ahorradores y vosotros tenéis la tendencia a gastar demasiado o, también es posible, que lo hagáis totalmente al revés.

Espero que, a pesar de lo pasado en el 2020, no hayamos llegado al punto que llegó el profeta Habacuc al quedarse sin tener nada (Hab

3:17-19). Estos versículos hablan de la vida de un agricultor, en los años en los que todo dependía del clima y también del hecho, recurrente, de las invasiones de ejércitos enemigos que devastaban el país.

La mayoría de nosotros no somos agricultores y nuestra existencia, en muchas zonas del globo terráqueo, no depende del clima ni de las invasiones de ejércitos enemigos (pero sí que, cuando escribo estas líneas, estamos, de momento, invadidos por un ejército microscópico de patógenos).

En el texto mencionado, vemos un gran desastre y pérdidas totales para el pobre agricultor:

-No hay vida en las higueras (al no florecer, no pueden dar fruto).

-No hay uvas en las vides (el vino, para el contexto hebreo, significaba alegría).

-No hay cosecha del olivo (sin aceite, se resiente la salud).

Además, los campos se habían quedado vacíos, los rebaños morían y los establos estaban silenciosos... ¡Qué imagen más dura y terrible!

Confío que esa no sea vuestra/nuestra situación al leer estas páginas, pero creo que podemos aprender mucho de la decisión que tomó el profeta.

En los capítulos anteriores de su libro podemos ver que él mismo había pasado por momentos de gran confusión, pero dentro de su crisis, pudo decir: "Tomo una decisión: A pesar de mis circunstancias, ¡decido alegrarme en el Señor!". Y nos preguntamos, ¿cómo se puede hacer eso? ¿Es que el profeta era masoquista? ¡No! Es que su alegría no estaba basada en las circunstancias, ¡estaba centrada en Dios! Por lo tanto, podía ver su economía desde otra perspectiva. Levantaba su mirada, con cuidado, para fijar su atención en Aquel que lo amaba y que había prometido cuidarle. ¿Hacéis lo mismo cuando pasáis por apuros de dinero? ¿Os desesperáis al ver que las cosas no van bien en vuestra economía?

Si miráis a vuestro alrededor puede ser que os desaniméis mucho. Si miráis dentro de vosotros mismos, es posible que os desesperéis y si miráis en vuestros bolsillos puede ser terrible... Pero si miráis para arriba veréis a "Aquel que está en Su trono, alto y sublime" (Is 6:1), del que hablamos anteriormente y podréis, entonces, descansar y encontrar la paz porque, al levantar los ojos al cielo, podréis ver que vuestra vida y vuestra economía está en Sus manos y llegaremos a una conclusión sorprendente, afirmando con alivio, dos cuestiones que verbalizó Habacuc:

1. "El Señor soberano, es mi fuerza" (3:19a). Si después de mirar hacia arriba y no a las circunstancias, llegáis a decir lo mismo que el profeta, los que os rodean no podrán entender que el temor y la falta de confianza se hayan convertido en paz y serenidad y vosotros podréis estar seguros de que será un testimonio del poder de Dios en vuestras vidas.

2. En segundo lugar, podemos decir que lo anterior es así porque Dios "hace nuestros pies como de cierva y en las alturas nos hace andar" (v. 19b). Las ciervas, de montaña, a las que se refiere el profeta, son animales que están preparados para caminar entre peñas, en sitios peligrosos, altos y abruptos.

Dios hace que, también nosotros, podamos andar entre grandes dificultades con una confianza total en la victoria final.

Quizás estéis pasando por valles oscuros, a nivel económico, pero poneros de acuerdo. Vivid dentro de vuestras posibilidades. No envidiéis nada, ni a nadie y podréis decir con Habacuc: "Me alegraré en el Señor y aunque no entendamos, a veces lo que hace, nos gozaremos en el Dios de nuestra salvación, porque nuestra fuerza está en Él" (v. 18-19).

4. El miedo y la salud

Si no seguimos las recomendaciones espirituales que nos da el profeta mencionado arriba y mantenemos la rigidez y el miedo a la economía, tenemos peligro de llegar a "síntomas físicos y emocionales" que paso a describiros de forma muy somera:

Las personas que se preocupan en exceso suelen tener, por regla general, altos niveles de ansiedad que, sumado al factor de inseguridad, les lleva a un sufrimiento muy elevado, con crisis de pánico, cansancio excesivo y falta de motivación en su vida.

Así lo confirma también un estudio elaborado por la Universidad de Brock, en Ontario. Después de examinar la relación entre rigidez, enfados, preocupación y salud física de 492 personas, de entre 24 y 35 años de edad, los resultados concluyeron lo siguiente: Los individuos rígidos y exigentes son más propensos a sentirse mal y a quejarse de falta de sueño, dolor y fatiga que aquellos que no lo son. Además, son personas, que temen mucho cualquier fracaso en la vida, sobre todo los fracasos económicos.

Recapacitad también, si sois excesivamente exigentes con vuestra esposa/o, queriendo que os acepten decisiones por imposición, incluso en la economía doméstica, siendo muy rígidos de pensamiento y sin comprensión ni aceptación ninguna hacia las ideas o pensamientos del otro.

Por otro lado, si estáis en situación precaria, ¿sois capaces de llevar todo sin amargura y aceptar otras ideas o recomendaciones?

Lo importante, pues, como todo en la vida, sería buscar el equilibrio, sin exigir que el otro sea como tú; sabiendo que hay algo también de positivo en la persona con ideas muy claras que siempre parece saber hacia dónde tiene que ir, con cierta rigidez en sus decisiones, porque puede proveer de una energía que lleve a la familia a grandes logros que requerirán de esa excesiva persistencia. Pero mucho cuidado en no caer en la trampa de que por mucho que se logre, nunca haya satisfacción total y siempre le sigue la frase: "Sí, pero...", en vez de sentir alegría de haber conseguido lo que se buscaba alcanzar.

En un sentido sería bueno, para los dos ver las cosas bien hechas, de forma correcta y, sobre todo, con consenso entre ambos, sabiendo que fracasaremos y cometeremos errores, a menudo y especialmente, en decisiones económicas. "Mientras se tenga vida, hemos de seguir aprendiendo cómo vivir" (Séneca), haciendo las cosas lo mejor posible, con excelencia, pero no con excesiva rigidez y sensación de superioridad con respecto al cónyuge; ni que ninguno de los dos se hunda en la miseria si las cosas no salen bien o se pasan momentos de apuro, pensando que esa situación es algo imperdonable y un fracaso terrible. Permanecer en rigidez, preocupación excesiva y angustia es vivir en una rueda de hámster, en una jaula que nunca termina, no hay escapatoria, llegando a vivir muy mal y empujando a los que nos rodean a la desesperación.

Por todo eso, antes de tomar cualquier decisión económica, una buena recomendación sería, antes de hacer las cosas, sentarnos por horas en el despacho y considerar si podemos hacer lo que pretendemos con nuestras posibilidades. Pero también tener claro qué nivel pretendemos alcanzar, sabiendo que quizás tengamos metas inalcanzables para nuestras posibilidades económicas, físicas y emocionales.

Recordad que, aunque tengáis más o menos dinero, Dios quiere que tengáis una vida abundante. Jesús mismo dirá: "…Yo he venido para que tengan vida, y para que la tengan en abundancia" (Juan 10:10).

Pero esa abundancia no se refiere al dinero, sino a cómo vives la vida, qué grado de satisfacción tienes en el día a día, con lo poco o con lo mucho, que Dios te da.

Quizás a uno de los dos le va a costar más aceptar que tiene que bajar del pedestal de la intransigencia y de los: "¡Porque lo digo yo!". ¡Tened paciencia el uno con el otro! El propio apóstol Pablo dirá: "No que lo haya alcanzado ya, ni que ya sea perfecto; sino que prosigo, por ver si logro asir aquello para lo cual fui también asido por Cristo Jesús" (Flp 3:12). El Señor puede cambiar tu forma de ser, pero tienes que dejarle obrar, aceptar que Él lo haga aunque sea "de gloria en gloria" (2 Cor 3:18).

Es curioso notar que, frecuentemente, cuando Jesús hacía un milagro le preguntaba a la persona que lo solicitaba: "¿Qué quieres que te haga?". Interesante, ¿verdad? Seguro que el Señor sabía lo que tenía que hacer, pero pedía que la persona le dijera lo que necesitaba. ¿Necesitas cambiar de carácter, también, en el despacho? ¡Piénsalo! Cristo es capaz de liberarte de cualquier esclavitud, también el de tu propia forma de ser (Gá 5:1). Aunque debes saber que, para eso, ¡Él espera tu colaboración y demanda!

5. Algunas recomendaciones para gestionar mejor desde el despacho

Te dejo unas ideas a modo de consejos:

-Acepta y reconoce que hay ciertos comportamientos, de despacho, que afectan al otro negativamente, quizás por tu rigidez, por tu forma de decirle las cosas o por imposiciones sin pararte a escuchar lo que tu esposo/a te quiere decir.

179

-Identifica las conductas y situaciones que te atan a tus propios deseos y decisiones, de forma un tanto egoísta.

-Piensa, si puedes cambiar, y en los pros y los contras de un cambio real (debes decirte a ti mismo/a: Disfrutaré más, seré menos rígido, generaré menos rabia dentro de mí..., no daré miedo a nadie, estaré más tranquilo/a).

-Considera la alternativa de ser más flexible, dejando que el otro también elija o decida y, sobre todo, que pueda expresarse y ser escuchado y que su opinión también cuente para tomar la decisión que está en juego.

-Arrepiéntete delante de Dios si has tenido, hasta ahora, una conducta soberbia y sé humilde. Abandona "el pedestal" y pasa al sentido común que va a ser, para los dos, un buen asesor financiero.

-Desde esa postura más humilde, pensad juntos si hay mucha discrepancia en cómo manejáis, los dos, el dinero. Como hemos visto, es un asunto muy importante y con consecuencias serias para la paz familiar. Tomad la decisión de optar siempre por las conductas más prudentes y más cercanas a la voluntad de Dios.

-Desarrollad un estilo de vida más sencillo, no importa si tenéis mucho o poco dinero. Mi recomendación sería que tomaseis iniciativas determinantes para escapar del materialismo y el consumismo que nos invade y del que hablaremos, un poco más, en el capítulo de "viviendo juntos en la comunidad".

-Es importante que toméis conciencia, desde vuestro presupuesto, de lo necesario, en los tiempos que corren, abandonar una forma de vivir absurda, en la que solo pensamos en gastar y acumulamos montones de cosas que no necesitamos y que, si somos honestos con nosotros mismos, nos produce culpa y nos va autodestruyendo por la sensación de que no estamos haciendo las cosas bien en el terreno económico.

6. Cuidado con el presupuesto mencionado

Grandes hombres y mujeres de negocios han entendido claramente lo que acabo de escribir y viven modestamente a pesar de ganar millones, compartiendo con otros, gran parte de lo que ganan...

Debéis tener un presupuesto, para contar con un documento que os permita saber lo que ingresáis y cuánto necesitáis para vivir con las necesidades cubiertas. Pero en ese papel "no estiréis más el brazo que la manga". ¿Entendéis lo que os quiero decir? No compréis algo, si no tenéis el dinero. ¡Ahorrad primero!

La motivación de obtener lo que deseéis comprar también os ayudará a vosotros y a toda la familia a guardar algo de dinero para ese logro. El saber esperar cualquier recompensa es muy saludable, sobre todo para los niños.

Vivimos en una sociedad en la que todo se ha de vivir de forma instantánea. Esta realidad se ve de forma terrible en los propios hijos. ¡No es bueno en absoluto! La tolerancia a la frustración y el saber esperar es muy importante para todos y es un aprendizaje que se ha de hacer a lo largo de la vida, desde muy pequeños.

Sigo con mis consejos:

-¡Cuidado con los préstamos rápidos o las tarjetas de crédito, pueden llegar a ahogaros si os pasáis gastando o pidiendo. Recuerda que nadie tiene ninguna seguridad de cómo va a ir la economía en los próximos meses o años. Vivimos en un mundo muy inseguro en cuanto a los trabajos y las fluctuaciones económicas mundiales también nos pueden afectar a todos.

-Pensad en los gastos que vais a hacer desde un modelo de contención. Esto implica no comprar cualquier cosa, aunque podáis hacerlo, sobre todo, porque debéis ser modelos para vuestros hijos y también para los que os rodean. Sería maravilloso si, nuestros amigos, vecinos, familiares, pudieran ver una forma cristiana de llevar la economía. Desgraciadamente, no sé muy bien dónde se nos ha ido el sentido común de las manos, para tener en nuestras casas, pequeños tiranos que exigen tener mucho más de lo que necesitan, quizás porque hemos dado la impresión de que, para vivir felices, hemos de tener de todo en exceso, aunque luego ese "todo" quede tirado en un rincón y pidamos o exijamos más cosas.

-Distinguid entre los gastos de las celebraciones y las fiestas y los gastos ordinarios de cada día. También será importante, para los hijos, saber que hay un presupuesto excepcional para ocasiones (cumpleaños, Navidad, vacaciones...), pero que no podemos gastar dinero extra todos los días de la semana.

-Es muy bueno hacer una distinción entre lo que nos gusta y lo que necesitamos. ¡Tened cuidado con las rebajas o los Black Fridays! ¡No os apresuréis a comprar! Muchas veces comprando lo que no necesitamos nos encontramos con ropa u objetos que llenan nuestros armarios y estanterías sin demasiado sentido. Acumulamos y acumulamos para, al final, tener que tirar cosas que están en perfecto estado.

7. Una nueva visión de la economía

Dejad un lugar para la generosidad porque un estilo de vida, dando más a otros, y con más contención y más sencillo, nos hará más agradecidos y felices; la felicidad verdadera vendrá cuando hagamos un serio ejercicio de compartir. Los cristianos, tanto los ricos como los pobres, han de ser generosos.

Todos los miembros de la Iglesia de Cristo deben tener preocupaciones mucho más importantes que las de ser consumidores compulsivos adquiriendo, sin parar, bienes materiales. Podemos orar: "Señor, dame suficiente para que no te maldiga, pero no tanto como para que te olvide" (Prov 30:8).

Creo que deberíamos tener muy clara la situación en la que vivimos, a nivel personal, pero también a nivel nacional e, incluso, internacional. Como cristianos, en este mundo, deberíamos ser muy conscientes de nuestra responsabilidad frente a lo que nos rodea, pensando muy a menudo, qué haría Cristo en nuestro lugar. No podemos mirar hacia otro lado cuando hay tanta necesidad en muchos hogares cercanos al nuestro. Por lo tanto, definid vuestros objetivos económicos a corto y a largo plazo, pero incluid el dar un poco de lo que tenéis y, si tenéis mucho dinero, no pretendáis ser los que, en unos años, seáis los más ricos del cementerio.

Recordad, por lo tanto, que vuestro presupuesto tiene que estar basado también en los derechos de los demás. Me parece muy duro ver personas ricas cuestionando lo que ganan los obreros con el salario mínimo, sin pensar que, sus ingresos personales multiplican por mucho ese salario de pobres, que hace muy difícil llegar a fin de mes.

Os dejo una pauta muy sencilla en orden a establecer un correcto presupuesto:

En el capítulo de ingresos debéis dejar reflejado todo lo que os entra de forma regular y también excepcional: Sueldos, rendimientos bancarios, subvenciones o ayudas.

En el capítulo de gastos tendréis que establecer tres tipos de salida del dinero en función de su importancia:

-Gastos fijos vitales que no os es posible eliminar ni postergar como hipoteca, comida, gasolina, ofrendas...

-Gastos variables: Serán también salidas necesarias pero que no podremos saber, con exactitud, las cantidades que necesitaremos ni cuando llegarán los pagos. Aquí tendríamos facturas en general de gas, teléfono, médicos, medicinas. Es importante ir revisando ofertas y no quedarnos con los primeros que nos ofrezcan el servicio.

-Gastos prescindibles: Son los que podríamos eliminar, en un momento dado, si fuera necesario. Serían los relacionados con ropa, ocio, restaurantes...

Después de tener claro el presupuesto, analizadlo muy bien, pensando qué gastos podéis eliminar y revisad periódicamente cómo vais y qué reajustes tenéis que ir haciendo.

8. Unas recomendaciones especiales para tiempos de gran crisis y angustia financiera:

-No entréis en pánico por noticias catastrofistas, para eso será necesario no estar pendientes de cualquier canal informativo y dejar un poco de lado (no digo del todo), lo que dicen las noticias las 24 horas del día, así no entraréis en temor continuado por lo que nos explican en cuanto a la economía mundial y nacional. Además, recordad que el miedo no es parte del fruto del Espíritu Santo. Dios todavía está en su trono. Él reina y, detrás de todos los gobiernos de la tierra, está nuestro Dios que controla los tiempos y la historia universal y particular.

-Vivid por debajo de lo que recibís. No debéis gastar más de lo que entra en vuestra casa. Lucas 14 nos dice que no hagamos nada sin un presupuesto previo.

-Haced un orden de los gastos prioritarios: Ofrendas para la obra de Dios, comida, casa, ropa, transporte... que nunca pasen por delante gastos que no son necesarios. Debemos tener claro dónde podemos llegar, cubriendo las necesidades básicas primero.

-¡No acaparemos! Todos tenemos muchas cosas que son lujos y que, seguro, podríamos prescindir de ellas.

-Vivimos en una sociedad basada en el consumo. Creo que lo que está ocurriendo en nuestro mundo, en los momentos en que se está escribiendo este libro, no nos da permiso para que vivamos como lo estamos haciendo; acumulando por un lado y tirando toneladas de los excesos consumistas por otro, para los que, en muchos casos, se están pidiendo créditos o generando deudas para poder comprar.

En un sentido esas conductas se pueden convertir en irresponsables porque, si llega el momento de no poder pagar, será toda la familia la que quedará afectada.

-Es importante también poder ahorrar un poco, sai te lo puedes permitir. Mira Prov 21:20, Salomón nos describe, en ese texto, cómo guardar algo: "Tesoro y aceite hay en la casa del sabio". Piensa en las cosas que pueden pasar, sin preocuparte, pero ocupándote: Enfermedad, una pérdida de trabajo, una crisis económica general en tu país o en el mundo. Guardad un poco cada mes. Intentad, por lo menos, tener un remanente mínimo guardado, como si no estuviese, para casos de emergencia.

-Vended o regalad lo que no es útil o no has utilizado en años y se está deteriorando en tu trastero o en tus armarios.

Dejo ya la economía, aunque habría mucho más que decir que aprenderemos en la sección de "Bienvenidos a Casa".

9. Las agendas, ¡revisadlas bien!

Además de los presupuestos, también nuestras agendas debemos gestionarlas desde el despacho. No es un asunto banal. Una agenda desbordada de trabajo es un serio peligro para vuestra relación matrimonial, para vuestra salud y vuestra vida social y espiritual, también tendrá un impacto en la de vuestros hijos y en la de todos los que os rodean.

Entonces, la pregunta del millón: ¿Cómo lleváis vuestra distribución horaria y cómo gestionáis las actividades a lo largo de la semana? En el libro *Y, tú cuida de ti mismo* de editorial Andamio, Eduardo y yo, escribimos un capítulo sobre este tema en concreto y lo titulamos "¡Cuida de tu agenda!".

Recordemos algunas cosas:

Cada lunes sería bueno que os sentasteis en la mesa de despacho para programar la semana, con bastante detalle, dejando un cierto lugar para los imprevistos, que pueden descolocarlo todo.

Pero hay dos o tres cosas que nunca debéis olvidar en cuanto a la distribución del tiempo:

Si en la agenda no tenéis tiempo para dedicarlo al Señor, (fijaos que no digo a la obra del Señor, sino para estar a solas con Él), leyendo su Palabra y orando, o no tenéis un tiempo especial el uno para el otro, o no tenéis horas para dedicarlas a vuestros hijos o no queda tiempo para la familia extendida o las relaciones con amigos..., ¡¡¡algo falla en vuestra agenda!!!

¿Recordáis que solo tenemos 24 horas al día? Se han de distribuir muy bien y lo indicado en el párrafo anterior debe pasar por encima de lo urgente, porque será muy importante para una vida correcta y serena.

Platón dijo: "La vida que no se examina, no merece la pena ser vivida". Y debe ser examinada también en relación a cómo distribuimos el tiempo. El Dr. Pablo Martínez Vila nos alerta: "El éxito en términos bíblicos, es una correcta mayordomía...", y añadimos nosotros: "También del tiempo".

Vuestra agenda puede estar excesivamente llena. Lo urgente puede llevaros, fácilmente a perder calidad de vida y que la adrenalina que se genera por exceso de estrés haga que estemos permanentemente hiperactivados, haciéndose muy difícil poder descansar de forma adecuada.

Vemos, en los evangelios, que Jesús evitaba la multitarea (Mt 5:1; Mc 1:35-38 y 6:30-31). Cuando tenía que ocuparse en algo concreto, le daba el tiempo necesario con la calidad que requería el asunto que podía tener entre manos; pero Él no solo daba cantidad de tiempo, aunque también lo hacía según la necesidad a la que estaba atendiendo.

Por lo tanto, volved a planificar los horarios y los calendarios, llenando las páginas de vuestras agendas, no de exceso de compromisos y recordatorios de citas y reuniones. No podemos quemar la vela de nuestra vida por los dos extremos. ¡Brillará más, pero durará menos! Porque el estrés crónico es un factor de riesgo de enfermedades y envejecimiento.

El Dr. Colbert señala: "Una importante cantidad de dolencias físicas y enfermedades graves se han vinculado a la ansiedad y al estrés, incluyendo enfermedades cardiovasculares, úlceras, síndrome del intestino irritable y enfermedades relacionadas con la función inmunológica disminuida. Una de las dolencias principales es el dolor de cabeza y la migraña, como resultado, muchas veces, de la tensión nerviosa. También la ansiedad ataca particularmente a los músculos del cuello y a la parte superior de la espalda".

Vuestra agenda no os puede llevar a:

-Un aumento de la actividad con el consiguiente estancamiento de la productividad.

-Irritabilidad por no poder cumplir con todo lo que se ha programado.

-Insomnio.

-Fatiga, pero con dificultad para dormir y descansar.

-Bajos niveles de autoestima por estar desbordados y no llegar a los objetivos previstos.

-Desgaste general: Físico, psíquico y espiritual.

-Pérdida del sentido y de propósito en la vida.

-Síntomas corporales de agotamiento.

-Ansiedad y/o depresión.

Por lo tanto, ¡cuidad vuestra agenda! Abandonad la necesidad de llegar a todo y de creeros incombustibles. Para no caer en ese peligro será muy necesario un mejor manejo del tiempo.

Recordad que el término "eficiencia" no es lo mismo que "efectividad". Podemos ser muy eficientes y dejar, fácilmente, de ser eficaces; este término tendrá más que ver con comportamientos adecuados, útiles y de impacto en la vida de los que nos rodean.

Otra cuestión a tener en cuenta, muy relacionada con lo anteriormente expuesto, es la posibilidad de enfrentarnos a los retos de la vida de forma mucho más relajada, evitando "enfrascarnos" en asuntos que, a veces, son innecesarios y que nos pueden generar excesivo estrés. Esto implicará hacer las cosas más despacio y no hacer más de lo que, el sentido común, os permita. Sería bueno aprender a decir "no" cuando sea necesario y ser suficientemente asertivos para poner los límites imprescindibles a fin de poder vivir sosegadamente y con el tiempo suficiente para lo importante.

Recordad también que la serenidad no consiste en alejaros del mundo; es poder estar en él, sin perder la calma. Ese estado de calma os dará la victoria en vuestra lucha contrarreloj y contra las diferentes presiones de la vida. Y, ¿dónde vais a encontrarla? Necesitaréis horas de meditación en la Biblia, silencio y contacto con Dios, a través de la oración.

Pero un inciso, la serenidad no es pasividad, ni desgana, ni apatía. Es un bienestar anímico que no depende de los que os esté pasando a vuestro alrededor.

F. Torralba, en su libro *La Serenidad* lo expresará así: "El espíritu sereno acepta las pérdidas que se acumulan en la vida con tranquilidad del alma".

Por lo tanto, y para terminar, revisad vuestras agendas y, si es necesario, ¡rehacedlas de nuevo!

IMAGINA LA ESCENA... JUNTOS EN EL DESPACHO
Moisés y Séfora, "No pasaban tiempo juntos"

Por el trabajo que llevaba Moisés como pastor, implicaba que se ausentaba de su casa por muchas horas y estas podrían convertirse, también, en días y semanas enteras. ¡¡El pobre, siempre tenía que ir buscando pastos para sus ovejas!! Vamos a repasar unos momentos de su historia, imaginando unas escenas con cierto detalle:

1. Problema: La ausencia del hogar

¿Se habrían acostumbrado, los dos, a estos largos períodos de ausencia debido a su trabajo? En este sentido los pescadores de alta mar podrán entender muy bien la situación básica de Moisés y Séfora. Pero, debo apuntar que no es necesario que la relación se enfríe por ausencias periódicas con tal de que los dos disfruten del tiempo juntos y, el tiempo de separación sea, por un tiempo acordado, y aceptado por parte de ambos.

Pero el propósito de Dios para nuestras vidas es vivir con toda la fantástica alegría de cumplir las prioridades que Dios tiene para nuestras vidas. Y, obviamente, uno de Sus mejores planes es poder estar juntos como matrimonio, como ocurrió con Adán y Eva en el huerto de Edén en los capítulos 1 y 2 de Génesis.

2. Problema: No compartían planes

Podéis recordar que Moisés tuvo, a solas, un encuentro con Dios que cambió radicalmente su vida. Oyó la voz de Dios hablándole desde la zarza ardiendo, dándole una comisión clara. Pero, cuando Moisés regresó a su suegro, con sus ovejas, no explicó la motivación verdadera de su regreso a Egipto, sino que, simplemente dijo que quería ver a su familia (Éx 4:18).

Quisiera hacer unas preguntas: ¿Por qué no dijo todo? ¿Por qué no explicó la tremenda experiencia que había tenido, habiendo hablado personalmente con el Todopoderoso? ¿Se habían acostumbrado a no compartir sus experiencias espirituales? ¿Les daba vergüenza? O, mejor dicho: ¿Les daba vergüenza hablar de cosas espirituales?

Debemos recordar que la esposa de Moisés venía de un trasfondo pagano y, como veremos, seguramente Moisés le había explicado algo de los rudimentos de la fe de su familia hebrea. Pero después, quizás, habían dejado de hablar de las cosas espirituales como si ese tema fuese "tabú".

El no pasar tiempo juntos (de calidad y en cantidad) los llevó lamentablemente a una situación de un "autismo espiritual", no compartían los sentimientos religiosos más profundos, y sabemos esto por el siguiente punto. Pero, ¿podría estar pasando lo mismo en vuestro matrimonio? ¿Sabéis que puede tener consecuencias inesperadas y, a la vez, desagradables como veremos que ocurrió en la vida de Moisés y Séfora?

3. Problema: Viajar sin la debida preparación

¿Para qué regresaba Moisés a Egipto, después de vivir 40 años en el desierto como refugiado? Lo hizo para rescatar al pueblo de Dios de la cruel esclavitud a la que estaba sometido en Egipto. El pueblo había rogado a Dios, durante años, por esa liberación, pero por la experiencia anterior (Ex.2:12ss) él había aprendido que liberar al pueblo apoyándose en sus propias capacidades le había llevado al fracaso absoluto. La única solución sería hacerlo como representante del Dios vivo y no con sus propias capacidades. Así Moisés, comisionado por Dios y con su esposa Séfora y sus dos hijos, inician el regreso.

Todo parece ir bien pero ahora nos encontramos con un incidente sorprendente (Éx 4:24-26). La Biblia nos dice que en la posada, donde pararon, camino hacia Egipto "el Señor se enfrentó a Moisés y estuvo a punto de matarlo" (Éx 4:24). ¿Por qué? ¿Cómo es que Dios, por un lado, le da la orden de rescatar a Su pueblo de las manos de Faraón y, por otro, está a punto de matarlo? Parece toda una contradicción, ¿verdad?

Vamos a ver con cuidado lo que estaba pasando:

¿Cómo iba a poder ser Moisés el representante de Dios, sin cumplir, él mismo, con Sus mandatos? ¿Cómo iba a exigir a Faraón que obedeciese a Dios si él mismo no era obediente? Aquí vale la pena leer el texto bíblico con cuidado:

189

Éx 2:22 nos informa del nacimiento de su hijo Gersón, pero ahora yendo hacia Egipto, en 4:20, nos habla de sus "hijos" en plural. Por lo tanto, al leer todo el relato, nos da a entender que, con uno de ellos, había cumplido la señal de ser descendiente del pueblo de Abraham: la circuncisión, pero con el otro no.

Por lo tanto, Dios "llama la atención" de Moisés (y de Séfora), y, pudiera ser, que a regañadientes, Séfora, para salvar la vida de su marido, cumpliese con el mandato divino de circuncidar a su hijo. A continuación, Moisés ya está en una posición de exigir que otras personas obedezcan de forma total a Dios. Ya debidamente preparados, pueden volver, como familia a Egipto, como representantes del Soberano Dios.

Pero, tragedia…

4. Problema: La soledad (a)

Vemos que, desde aquí en adelante, Moisés estará solo, solo con su hermano Aaron. ¡Pero solo! La próxima vez que leamos de Séfora será en Éxodo 18:2, será muchos capítulos después del incidente de la posada.

En ese texto encontramos una frase curiosa y sin ninguna explicación: "Y tomó Jetro, suegro de Moisés, a Séfora, la mujer de Moisés, después que él la envió" (traducción Reina Valera). Otra traducción ampliada nos dice: "…Moisés había enviado a su esposa Séfora y a sus dos hijos de regreso a casa de Jetro, y él los había hospedado". Este hecho despierta varias preguntas:

(i) ¿Cuándo hizo Moisés esto? El Espíritu Santo ha decidido no revelarnos este dato en las Sagradas Escrituras, pero propongo, que pasó después del incidente en el camino hacia Egipto (Éx 4:24-25).

Sabemos por lo que dice Éxodo 2:22 el nombre de su primer hijo: Gersón pero tenemos que esperar hasta el capítulo 18:4 para saber el nombre del segundo hijo: Eliezer.

Entonces al llegar al motel parece que solo había, como hemos explicado, circuncidado al primero y no al segundo.

Desde el capítulo 4 y hasta el capítulo 18 hemos sabido solamente del primer hijo: Gersón, pero en el 4:20 habla de "sus hijos" pero es en 18:2 habla de sus "dos" hijos, hasta dándonos los nombres de los dos

(v. 3-4). Entonces, ¿había circuncidado al primero y no al segundo? ¿Fue una cuestión de "obediencia parcial"? Y, como consecuencia lógica podemos concluir que difícilmente Dios puede usar instrumentos de esta cualidad para ser líderes nacionales de Su pueblo (como lo iba a ser Moisés) si él mismo no exigía en su propia vida, el fiel cumplimiento de TODOS los mandatos de Dios.

Después Moisés iba a exigir el fiel cumplimiento de TODOS los mandatos de Dios, pero él mismo tiene que ser el primero en obedecer.

Y esto, en sí mismo, despierta otras preguntas:

(ii) ¿Por qué se tomó esta decisión?

Pero, primero, ¿me permites preguntar si realmente fue Moisés quien tomó esta decisión? ¿Pudiera ser que fuese Séfora quién decidiese (o exigiese), no seguir con su marido hacia Egipto y Moisés accediese en favor de la paz/armonía en el hogar?

Es posible que decidir seguir la voluntad de Dios, para sus vidas, e ir a un país extranjero, (Egipto), para rescatar al pueblo esclavo, ¿fuera demasiado grande para Séfora, y ella prefiriese la seguridad y la comodidad de su propio hogar? Ir a Egipto, para ayudar a "unos pobres desgraciados" ¡iba a costar mucho! ¿Te puedes identificar con ella, prefiriendo tu comodidad que seguir la voluntad de Dios ayudando a otros?

O es, quizás, que cumplir cada uno, los mandatos de Dios, ¿le era oneroso? Por ejemplo, en este caso, ¿cumplir con el rito de la circuncisión de su hijo, como señal de pertenecer al pueblo escogido de Dios? ¿Quería vivir su vida a su antojo? ¿Te puedes identificar con ella?

Hay otro posible escenario. Elegantemente la Escritura nos dice que ("Moisés) la envió" a casa de Jetro (su suegro) (18:2). ¿Por qué motivo pudo hacer Moisés esto, si no fuera por la exigencia de Séfora? No nos lo dice, pero, ¿sería que el futuro "contestatario" del Faraón se dio cuenta de que la tensión iba a ser demasiado para su esposa, y quiso protegerla? Si es así, entonces Moisés merece "un 10" como marido y es un buen ejemplo para todos los hombres del cuidado y protección que debemos garantizar a nuestras esposas, a pesar de la soledad que iba a implicar para él.

5. Problema: La soledad (b)

Después del rescate del pueblo de Israel de Egipto y de camino hacia la Tierra Prometida, Jetro avisa a Moisés que iba a visitarle en el desierto y que llevaba a su esposa y a sus dos hijos con él.

Imagina la escena de este nuevo encuentro del matrimonio...

¿Se besaron? ¿Se abrazaron? ¿Se...? ¡¡¡El relato bíblico no nos dice nada!!! La Biblia sí explica como los dos hombres se saludan. Moisés se inclinó ante su suegro y lo besó. Después comparte con él todas las cosas que Dios había hecho en su vida, los milagros y también las dificultades y cómo el Señor les había rescatado, etc. (18:7-9), hasta el punto de que Jetro, después de escuchar todo, alaba al Señor y afirma: "Ahora sé que el Señor es más grande que todos los demás dioses … y luego presentó ofrenda al Señor" (vv. 11-12).

¿Qué implica todo esto? Propongo tres cosas:

(i). La afirmación de Jetro, ¿implicaba la conversión del sacerdote pagano por el testimonio de su hijo-político? No cabe duda de que el testimonio personal puede hacer gran impacto también entre nuestras familias. pero aquí observamos un testimonio personal y ¡verbalizado!

(ii) ¡¡Detente y considera todas las experiencias maravillosas que perdió Séfora por no haber acompañado a su marido!! Pero, todavía más: piensa en la gran soledad que habrá pasado Moisés sin poder compartir las tensiones con la persona que más amaba.

Pero, como contraste vemos que, siguiendo la experiencia traumática de la posada, el texto 4:28 nos informa que Moisés explicó a Aarón, su hermano mayor, lo ocurrido después de "la zarza ardiendo" (Éx 3–4), "todo lo que el Señor le había ordenado que dijera, y también le contó acerca de las señales milagrosas que Dios le mandó realizar" (todo sobre la experiencia de la zarza ardiendo). Menos mal que, por lo menos, Moisés encontró a alguien con quien poder compartir sus experiencias espirituales: Aarón (su hermano) y María (su hermana) que pudieron establecer un triángulo de ayuda y fueron fieles compañeros de viaje.

(iii) ¿Ves frialdad entre Moisés y Séfora? ¿No es un poco triste? La Biblia no nos explica si más tarde pudieron superar sus problemas porque a partir de aquí no sabemos nada más de ella.

Podemos añadir, como una postdata, algo que yo sospecho: Hemos visto que Moisés después de la experiencia de la zarza ardiendo (Éx 3 y 4), no explica, a su suegro, el motivo verdadero de volver a Egipto, solo dice: "Para ver a mi familia". ¿Por qué? ¿Pensaba que la familia iba a reírse de él o que Jetro no dejaría marchar a su hija y nietos y no fue hasta estar en "el camino" cuando Moisés lo reveló todo a Séfora? Es que, ¿quizás, "al no pasar tiempo juntos" no habían establecido los puentes de comunicación (espiritual) que son fundamentales en todo el concepto del matrimonio?

¿Lección…?

Por lo tanto…. "Pastor" (o líder) ten cuidado con tu horario, debe incluir a tu esposa y familia como parte de tu sagrado deber para poder pasar tiempo juntos.

Medita como matrimonio en…

Una nota adicional

El nombre de Moisés: su verdadero significado

Después de salvar a un niño hebreo de la muerte, la hija del faraón "le puso por nombre Moisés, diciendo: Porque de las aguas lo saqué" (Éx 2:10). Tenemos que recurrir al texto hebreo para entender plenamente la frase "ella le puso por nombre Moshe (משמ), diciendo: 'Porque de las aguas lo saqué'" (Meshitehu, והיתישמ). Solo en hebreo se puede escuchar esta similitud de sonido entre Moshe ("Moisés") y meshi ("sacado"), y entender el verdadero significado de este nombre.

De todos modos, hay otra cosa que vale la pena tener presente. La hija del Faraón le dio su nombre a Moisés debido a que "ella" lo saca del agua, pero en hebreo "Moshe" en realidad significa "Él saca". Este es el nombre perfecto para el líder elegido por Dios, para sacar a los israelitas de Egipto, a través del Mar Rojo. ¡¡Dios lo sabía de antemano y hasta guio a la pagana princesa a dar un nombre que resultaba ser profético!! (Cita de *Aprender Hebreo*).

BIENVENIDOS A CASA... JUNTOS EN EL DESPACHO
¿Quién lleva la economía en casa y cómo se lleva?

Al pensar en casarnos, debemos hacerlo con el deseo y el empeño de construir JUNTOS un proyecto NUEVO, llamado matrimonio. Se trata de construir un NOSOTROS. Un proyecto que, sin uno de los dos, es imposible realizar. Hoy se nos vende una relación de independencia de uno hacia el otro. En el pasado el matrimonio constituía una relación de dependencia (en la mayoría de los casos, de las mujeres). Pero, de lo que se trata realmente, es de una relación de interdependencia.

Es muy común que las parejas empiecen su relación con diferentes criterios en cuánto al dinero y al tiempo, y su manejo en la vida cotidiana. La mayoría de estos criterios vienen de lo vivido en sus familias de procedencia, por acción o reacción, por sus experiencias de gastar, de ahorrar y por el valor que le dan a las cosas.

Observamos que muchas de las parejas que se casan, contemplan el tema del dinero como si fueran solteros, es decir, cada cual maneja su dinero como quiere. Comparten piso, gastos, pero cada uno se administra lo suyo. Quizás por miedo, ignorancia o desconfianza, reservan el tema del dinero al nivel individual y esto conlleva unos conflictos en la relación que impiden construir un NOSOTROS. Parece que hoy, en una sociedad tan individualista como la que vivimos, hablar de "construir un nosotros" no sea ni actual ni políticamente correcto, pero nada más lejos de la realidad.

A menudo, en el matrimonio, uno es más proclive a ahorrar y el otro a gastar. Unos parecen una hucha constante y otros parecen que tengan agujeros sin fondo en los bolsillos.

Hoy en día el dinero es un símbolo importante de status. Se suele decir: "Tanto tienes, tanto vales".

Por otro lado, hay una presión social en cuanto al consumo. Como alguien dijo: "Compramos lo que no necesitamos, con el dinero que no tenemos, para impresionar a la gente que nos tiene sin cuidado".

Las finanzas y su gestión en la relación de pareja, como ya se ha indicado, es uno de los factores con más incidencia en el matrimonio y uno de los focos principales de conflicto.

Lo mismo ocurre con el manejo de nuestro TIEMPO: Diferentes agendas y diferentes criterios de cómo debemos invertir. El tiempo nos ofrece la oportunidad de identificar las herramientas necesarias para construir un "nosotros". Son las horas que pasamos juntos, lo que nos permite descubrirnos: Conocer el alma del otro, sus deseos, ilusiones, dudas, fantasías, temores, hobbies, pensamientos; todo aquello que configura quienes somos. Es, también, el tiempo el que nos permite comunicarnos de manera relajada y es lo que echaremos en falta cuando uno de los dos ya no esté.

Este es el caso de Ricardo y Paula. Deben reorientar su matrimonio y empezar a hacer cambios en la administración del dinero y en la gestión del tiempo.

"¡¡El tiempo es oro!!".

Situándonos en la escena

Ricardo le dice a Paula: "No llegamos a fin de mes. Tenemos más gastos que ingresos. Tú no haces lo suficiente y administras mal el dinero. Gastas más de lo que debemos gastar".

La realidad es que las deudas contraídas con las tarjetas de crédito se les han disparado. No llegan a final de mes.

¿Quién lleva la economía en casa y cómo se lleva?

Paula aprovecha la ocasión para recriminarle: "Quizás yo no sé gestionar bien el dinero pero tú no sabes gestionar el tiempo. Siempre llegas tarde. Parece que tu reloj tenga 25 horas. No sabes distribuirlo bien. Nunca llegamos a la hora. Siempre dices ahora voy, ahora voy… Al momento… Voy enseguida… pueden pasar muchos minutos y, hasta incluso horas para que cumplas tu palabra. No me puedo fiar de ti. Si no estás a tiempo, yo marcho y tú ya vendrás".

A lo que Ricardo responde: "Nunca llevas dinero encima. Echas mano de las tarjetas de crédito y luego no podemos pagarlas".

¿Os suena lo anterior?

Ricardo viene de una familia en la que sus padres trabajaban juntos. Tenían una tienda de muebles. Con mucho esfuerzo, habían levantado aquel pequeño negocio. La economía era muy casera y la llevaban entre los dos, estando Ricardo presente en muchas de sus conversaciones

195

financieras. Recuerda, cuando su padre ponía aparte dinero para los estudios de Ricardo y sus hermanos y mamá tenía su propia caja para las vacaciones de verano. También tenían una hucha familiar, para ayudar a los más necesitados.

Paula viene de una familia en la que su padre era el único que traía dinero a casa y lo controlaba todo. Recuerda a su madre haciendo verdaderos esfuerzos por llegar a fin de mes con la mensualidad que le daba su padre. Del resto de su salario, el padre, no daba cuenta a nadie y disponía de él como quería. Frecuentemente lo empleaba en ropa, pues le gustaba vestir bien.

Paula comenta que su padre nunca le daba dinero ni siquiera para comprar su propia ropa o salir con sus amistades. Se juró a sí misma: "Ningún hombre me va a manipular con el dinero. Me lo ganaré yo, y lo administraré yo sola, aunque esté casada".

Hay una máxima en este tema: "El que no quiere o no aprende a administrarse, está aprendiendo a fracasar".

Enfocando la orientación

Estamos delante de una pareja con dos maneras de acercarse al dinero:

Uno queriendo administrarlo bien, Ricardo: "El dinero es de todos y para todos, pero deber ser cuidadosamente gestionado".

El otro es el de Paula: Para gastarlo según sus criterios, pero sin dar cuenta a nadie: "Mi dinero es mío y lo emplearé como me parezca bien".

Para Ricardo es fácil hablar de dinero de manera natural, de presupuestos y de balances. Es muy meticuloso. Su trabajo actual como administrador de fincas, le ayuda a llevar y controlar las cuentas del hogar.

Paula es una gran "relaciones públicas". Trabaja para una empresa farmacéutica. Es espontánea y resolutiva.

Es evidente que cada uno ve el dinero y la forma de gestionarlo de manera diferente. Esto les lleva a tensiones casi diarias, y a una mutua desconfianza. Los dos tienen fuertes patrones de actuación financiera, heredados de sus familias.

Aunque al principio Paula confiaba plenamente en la capacidad de gestión financiera de Ricardo, últimamente se sentía agobiada por tanto control. A menudo le echaba en cara: "¡Eres igual que mi padre con el control del dinero!". A lo que Ricardo respondía con calma tensa: "Pero al menos, con una gran diferencia, el dinero es de los dos y las cuentas están claras y a la vista de ambos. Tu opinión me parece totalmente injusta".

Hablando con ellos

Después de escucharlos, nos planteamos un objetivo de consejería: Tienen que administrar bien el dinero para que no los domine, y cada uno debe entender la posición del otro y llegar a un acuerdo en cuanto a la gestión de sus recursos.

Hablamos con ellos de las tarjetas, del mal llamado "dinero plástico" y dinero fácil. Les aconsejamos un control exhaustivo del uso de las mismas. Cuando mencionamos la palabra presupuesto, se produce una reacción en ambos. Para Ricardo: "Tener un presupuesto es imprescindible e inamovible y ha de seguirse al pie de la letra". En el fondo de la cuestión, siempre tiene el temor de que no haya suficiente dinero en el banco.

Para Paula: "¿Hablar de qué... de presupuesto? Esto es muy complicado y tampoco me gusta que nadie me diga lo que tengo que hacer y, menos aún, cuánto y en qué tengo que gastar".

Decidir qué es necesario y qué es esencial para cada uno puede ser difícil, por eso debe haber un presupuesto familiar acordado. Se les propone hacer una lista de todos los gastos que tienen y agruparlos por conceptos (ej.: gastos fijos de hipoteca o alquiler, impuestos, luz, agua, gas, seguros, etc. Gastos regulares mensuales de comida, de vestir, de salud, mantenimiento de la casa y también gastos diversos, de misceláneas (tiempo libre, etc.).

A continuación, les hablamos de la importancia de anotar todos los ingresos que tengan, proponiéndoles que los unifiquen. Hasta ahora, cada uno tenía sus entradas, sus cuentas bancarias, independientemente del otro y tenían una cuenta común para los temas generales. Como consejeros, señalamos que es mejor que todo dinero que entra sea "dinero familiar" y que debe ser administrado por los dos. Esto es una muestra de unidad, confianza y compromiso en la relación matrimonial.

Aquí se produce una reacción negativa de Paula y un "ya te lo dije" de Ricardo. Hay una confrontación evidente entre ellos y es cuando sale, por primera vez, el tema de su padre.

Han de entender las razones ocultas por las que cada uno actúa como actúa, el porqué Ricardo es "tan ahorrador". En boca de Paula, "tan tacaño como su padre", que nunca gasta un céntimo y Paula es "más desprendida". En boca de Ricardo, "una manirrota".

Tema deudas: Se les plantea si tienen alguna deuda anterior al matrimonio y que aun estén pagando. Aquí Ricardo baja la mirada. Del negocio de su padre, sigue habiendo una deuda de la que él es avalista.

De hecho, lo que ambos buscan, desde extremos diferentes, es seguridad. La seguridad de tener un buen "colchón" de dinero "por si acaso" o la seguridad de afirmación personal al poder comprar "lo que quiera, sin dar explicaciones a nadie".

Están luchando por imponer al otro su criterio personal. Esto los ha llevado a discusiones muy fuertes y a cuestionarse la relación. Están a la defensiva. El tema del dinero es un arma con la que se atacan casi cada día y cada vez más, haciendo la convivencia muy difícil. Los dos se han dado cuenta de que esta seguridad no es real, y por lo tanto, han pedido orientación.

Les decimos: "Sois un equipo. Estáis en el mismo barco y no debéis luchar entre vosotros. No sois el enemigo a vencer. Debéis unificar criterios, respetándoos el uno al otro". Insistimos en que todo dinero que entra en casa, es dinero de los dos (nosotros le llamamos dinero familiar) y que se ha de gestionar según un presupuesto realizado, acordado, pactado y respetado por los dos.

Deben de llegar a un acuerdo en cuanto a lo que esperan los dos en relación al dinero: Mayor seguridad de que no se gastará sin sentido, ni sin hablar entre ellos primero, y que tendrán una cierta libertad y confianza en el gasto personal. Cada uno podrá tener una cantidad de la que no tendrá que dar cuentas.

Aconsejamos que: Gestione las finanzas quien sea más habil de los dos.

Les comentamos que hay tres clases de situaciones y acercamiento ante una compra:

• "Me gusta. Lo quiero, lo voy a comprar". Compra compulsiva.

- "Lo necesito, lo voy a adquirir. ¿Lo puedo comprar?". Compra inteligente.
- "¿Realmente lo necesito? Es muy probable que no lo tenga que comprar". Compra reflexiva.

Paula y Ricardo tienen que aprender a manejar las tarjetas de crédito y aprender una lección que, siendo obvia y muy simplista, no deja de ser fundamental: Tienen que gastar menos de lo que ganan. Es decir, contar con lo que tienen, no con lo que no tienen, como hacen muchos de sus amigos más cercanos, que viven a crédito en todo.

Alguien dijo: "Si no puedes pagar los plazos tu coche, o te falta dinero o te sobra coche".

Las costumbres y los gustos afectan el presupuesto, pero lo que figura en él, determina el uso del dinero y así, se evitarían las compras compulsivas. Les recordamos que un "presupuesto acordado" y bien gestionado, "es un reductor clave de la tensión matrimonial" y una gran ayuda para poder llevar adelante sus planes y no entrar en el caos financiero, ni en el pánico de lo urgente, ni en una posible bancarrota. Un presupuesto les ayudará a gastar menos de lo que ingresan, a calcular los gastos mensuales por anticipado y a gestionar mejor sus recursos.

Quedamos que, para el próximo encuentro, cada uno hará por su cuenta una lista de lo que cree imprescindible y asignará una cantidad a cada concepto. Cada uno tiene que averiguar en qué gasta el dinero. También se les anima a que dediquen un 5-10 % de sus entradas al ahorro. Un presupuesto bien hecho estimula el ahorro. Luego compararán las listas y harán una conjunta, agrupando los conceptos. Empezarán por poner todas las entradas juntas (salarios, intereses, etc.). También, como cristianos, les hablamos del tema ofrendas y diezmos. Les proponemos que actúen sobre la base: Propuesta 10+80+10. Vivir con el 80 % de sus ingresos; ahorrar el 5-10 % y dar 10 % (ofrendas/diezmos/donativos, etc.).

Un presupuesto acordado es pues, a la vez, tanto un plan de gastos como uno de ahorros.

En conclusión, les resumimos la idea de que un presupuesto es un "plan financiero" y solo funcionará si los dos se ajustan respetuosamente al mismo, si mantienen una comunicación abierta y si están dispuestos a ceder "sus derechos particulares", adquiridos anteriormente.

En la próxima sesión hablaremos de "ahorrar para gastar".

De refilón, sale el tema del tiempo. Administrar correctamente los recursos también implica saber gestionar bien el tiempo. Todos tenemos el mismo tiempo, 24 horas al día, pero no a todos nos rinde igual. Sobre todo el tiempo familiar.

Los buenos matrimonios requieren tiempo; los disfuncionales requieren mucho más.

Ahora Paula protesta porque Ricardo siempre llega tarde a los compromisos y a la vez, nunca ve la hora de cerrar el negocio. Siempre hay cosas que hacer, y debe atender al último cliente. Llega a casa tarde y muy cansado.

Ricardo le contesta que ella siempre improvisa, que no toma el tiempo para reflexionar, que es muy impulsiva. Paula dice que él piensa las cosas demasiadas veces, que da más vuelta que las que da un rumiante a su comida. ¡¡Surge una carcajada en todos!! Deciden que van a trabajar también ello.

El tiempo es un valor ético. Decir al otro: "No tengo tiempo", en el fondo es como decirle: "No tengo suficiente vida para ti; o no me importas tanto, a no vales tanto como para 'gastar' mi tiempo contigo". Seguramente, visto de esta manera nos impacta, ¿verdad? Nuestro estilo de vida manifiesta el valor que le damos al otro. Damos tiempo a lo que verdaderamente queremos.

Se les propone hacer una "agenda común" y establecer un tiempo semanal único para los dos, así como organizar bien el fin de semana.

Este tema del tiempo queda para ampliarlo y trabajarlo en la próxima sesión.

Finalmente, Paula y Ricardo se dieron cuenta de que cada uno iba a lo suyo y que, de la manera como gestionaban sus recursos financieros, era una expresión de cómo se relacionaban como pareja. Comprendieron que debían pedirse perdón por todas las tensiones y heridas ocasionadas por este tema financiero y también, decidieron que trabajarían un horario semanal conjunto.

Les preguntamos: "¿Os comprometéis delante de Dios a no utilizar nunca el dinero como un medio de presión y de manipulación?".

Cerramos la entrevista con un principio: "Quién no se administra decide que otros lo hagan por él".

Leemos los siguientes textos del apóstol Pablo y del sabio Salomón: "Así que mi Dios os proveerá de todo lo que necesitéis, conforme a las gloriosas riquezas que tiene en Cristo Jesús" (Flp 4 :19 NVI)

"Todo tiene su tiempo, y todo lo que se quiere debajo del cielo tiene su hora" (Ecl 3:1 RV2020).

Idea clave:
"El tiempo que se pasa haciendo y gestionando un presupuesto es tiempo (vida) bien invertido".

PARA REFLEXIONAR Y ACTUAR [MPS – MATRIMONIO POSITION SYSTEM]

¿Dónde estamos y dónde queremos llegar?

Para ti

¿Dónde estamos?
- ¿Cuál era la actitud de tus padres en relación con el dinero?
- ¿Quién lleva las cuentas en casa?
- ¿Cuál es vuestra situación económica actual y qué la ha provocado? ¿Estáis de acuerdo en la raíz del problema?

¿Dónde queremos llegar?
- ¿De quién es el dinero que entra en casa? ¿Quién lo administrará?
- ¿Qué deudas tenemos, como individuo y como pareja, y cómo las vamos a afrontar o salir de ellas?
- ¿Qué cambios deben introducirse en vuestro estilo de vida para evitar otra situación parecida?

Para vosotros

Hablad juntos de lo que habéis reflexionado a nivel individual.
- Si los dos tenéis salarios remunerados: ¿cuentas separadas o cuentas conjuntas?
- ¿Cómo y cuándo vais a hacer un presupuesto acordado?
- ¿Qué plan vais a desarrollar para salir de las deudas? (quizás asesorase con un consultor financiero; renegociar con el banco, etc.).
- ¿Cómo creéis que Dios puede ayudaros en esta situación?
- ¿Habéis hablado y decidido sobre la generosidad de dar, ofrendas, diezmos, etc.?
- Decidid día y hora en la que vais a realizar vuestra "salida como pareja" para hablar de vuestras finanzas y de vuestro horario familiar.

- Comentad juntos la sección IMAGINA LA ESCENA (Moisés y Séfora) presentado para este tema.

Oración

Si es apropiado para vosotros dos, terminad JUNTOS hablando con Dios:

"Señor ayudamos a ser buenos administradores de los recursos y del tiempo que Tú has puesto en nuestras manos. Oramos para comenzar juntos una nueva manera de administrarnos, confiando siempre en tu generosa provisión".

CAPÍTULO 7

JUNTOS EN LA TERRAZA

1. El tiempo de terraza, un lugar para las emociones

Nuestras terrazas son los lugares más adecuados para salir a respirar el aire, más o menos puro, de nuestras ciudades y pueblos. También salimos a ver la luna y las estrellas y a regar las plantas y tomar un poco el sol... Por lo tanto, es un lugar muy privilegiado de la casa que nos genera, normalmente, muchas emociones positivas...

Cuando Eduardo y yo éramos novios, él vivía en Sevilla y yo en Barcelona. Me gustaba salir a la terraza para ver la luna, porque pensaba que él también la podía ver, a la vez, a cientos de kilómetros de distancia. Era un lugar para las emociones, para dejar el individualismo de lado, para desear estar con el otro y que, con el romanticismo de la separación puesto, hacer más fácil entrar en un idílico altruismo de amor sin medida, que deberíamos practicarlo, mucho más, cuando estamos juntos, sin distancias de por medio.

Sin embargo, muchas veces, cuando estamos juntos, aunque sea en una magnífica terraza nos falla ese altruismo, la alegría y la abnegación...

Por eso, hemos de ser muy realistas y pensar que las terrazas también pueden traernos a la mente situaciones complejas, en las que podemos llegar a ciertas crisis y momentos de angustia en los que es posible que digamos frases tan horribles como: "Me tiraría por el balcón" pero, si llegamos ahí de verdad, es porque algo anda muy mal y estamos más o menos cerca de tener un colapso emocional.

Afortunadamente, lo de pensar en "tirarnos por el balcón" solo ocurre en casos muy graves de desesperación y ni siquiera deberíamos considerarlo. Pero ciertamente entramos, muchas veces, de la terraza hacia dentro, dolidos, sin ganas de nada y enfadados, después de haber estado quizás un rato hablando de asuntos difíciles o de hacerlo sin tacto, para que, al final, después de horas fuera, la ofensa y la desconfianza hayan hecho mella en nuestros corazones y nos sintamos aún más solos que antes de salir a tomar el fresco, porque en las interacciones creadas pueden haber quedado tocadas las emociones.

Creo que todos somos conscientes de que el tema de las emociones está sobredimensionado hoy, porque vivimos en un mundo en el que la emoción prima sobre la razón. La pregunta que más escuchamos actualmente es: ¿Cómo te sientes? La respuesta puede llevarnos a hablar demasiado sobre lo que sentimos y relativizar lo que sabemos. Pero, aun así, pienso que es suficientemente importante como para dedicarle un espacio, en este capítulo.

¿Qué son las emociones? ¿Son positivas? ¿Son negativas? ¿Cómo las canalizamos para hacerlo bien y no hacer daño a quienes más queremos?

Para contestar de alguna manera, dejadme que empiece explicando un poco lo que se ha venido a llamar "Inteligencia Emocional":

Desde que Daniel Goleman escribió su best-seller sobre *Inteligencia Emocional* (Kairos, Barcelona, 1996), un creciente número de profesionales y personas en general, están dando mucha importancia a gestionar mejor las emociones, sobre todo, en las relaciones interpersonales que incluyen, necesariamente, la relación matrimonial.

Este prestigioso psicólogo escribe: "La meta de nuestro viaje consiste en llegar a comprender el significado —y el modo— de dotar de inteligencia a la emoción, una compresión que en sí misma puede servirnos de gran ayuda… Llegar a comprender la interacción de las diferentes estructuras cerebrales que gobiernan nuestras mentes y nuestros temores, —o nuestras pasiones y nuestras alegrías— puede enseñarnos mucho sobre la forma en que aprendemos los hábitos emocionales que socavan nuestras mejores intenciones, así como también puede mostrarnos el mejor camino para llegar a dominar los impulsos emocionales más destructivos y frustrantes".

En palabras del psiquiatra Enrique Rojas, lo que pretende el mencionado autor es: "Estudiar la importancia de aunar inteligencia y afectividad en la personalidad".

Por años habíamos pensado que teníamos bastante con hablar del Coeficiente Intelectual para calificar a una persona y colocarla en un casillero determinado de: Superdotado, muy inteligente, inteligente, menos inteligente... Pero esas casillas, aunque nos daban una cifra-intervalo determinado para cada una de ellas, no nos dejaban predecir cómo sería la vida emocional de esa persona y el posible éxito o fracaso de sus relaciones con otros y, muy especialmente, con su cónyuge.

Son muchas las personas inteligentes, muy dotadas para estudios o trabajos, que fracasan estrepitosamente en su matrimonio y, aunque haya otros factores que colaboren en ese desastre, en la mayoría de los casos, la incapacidad de expresar los sentimientos de la manera adecuada, lleva a las parejas al fracaso matrimonial y/o a relaciones frías y desangeladas.

La mayoría de los autores están de acuerdo en que la causa principal de llegar al matrimonio sin inteligencia emocional está en la educación que se nos ha dado, en nuestras casas, a lo largo de muchos años y que ha quedado marcada, de manera imborrable, en nuestros cerebros. Para muchos de los adultos actuales, ya mayores, mostrar nuestros sentimientos, de forma muy abierta, fue considerado, a lo largo de nuestra infancia y juventud, de muy poca educación y, sobre todo a los niños se les inculcaba que ellos, como varones, no debían llorar ni manifestar en exceso lo que sentían porque eso era visto como muy femenino.

Afortunadamente eso está cambiando mucho y muy deprisa. Hoy desde las escuelas y las casas se promueve, cada vez más, el desarrollo de las emociones y su expresión sentimental. Los hombres jóvenes están siendo mucho más capaces de expresar lo que sienten, tanto hacia sus hijos como hacia sus esposas, y no les da pudor hacer ese sano ejercicio de inteligencia emocional, en privado y en público, porque han entendido que el amor en la familia hay que "atarlo con cuerdas" de ternura expresadas y compartidas.

Ciertamente, las emociones tienen que aflorar, hemos de poner el "rótulo" a lo que sentimos. El problema actual es que, como hemos mencionado, muchas parejas no han tenido esa educación o, aunque hayan pasado cursos y cursillos de preparación para el matrimonio, ahora se sienten desbordados por una relación en la que hay poca expresión de las emociones positivas y demasiadas palabras negativas, hirientes y dañinas.

Los psicólogos y psiquiatras, que llevamos a cabo terapia de pareja, nos horrorizamos al oír los diálogos de muchos de los matrimonios que vienen a la consulta. Se hieren sin piedad, se destrozan verbalmente o se ignoran hasta el abandono más cruel. Los sentimientos que se expresan en esas conversaciones son muy dolorosos, destructivos y pueden predecir, con muy poco margen de error y bastante acierto, una ruptura en breve. También los vecinos, de las terrazas cercanas, se hacen eco de esta realidad al oírlos.

Aunque marido o mujer se sientan muy mal por hechos o actuaciones de uno de los dos; la crítica destructiva dirigida a la persona, más que a las acciones que pueda hacer, es ya un signo terrible de alarma y de no aunar inteligencia y emociones de manera adecuada. Por ejemplo, una persona puede decir: "Lo que has hecho no me ha gustado" y dar sus razones, pero nunca se debe atacar al otro diciéndole "todo lo haces mal" o "eres …" (cualquier término hiriente nos serviría) para personalizar y afrentar al cónyuge, destruyendo parte de lo construido previamente.

A lo que decimos, en el párrafo anterior, tendríamos que adjuntar el daño que hace la comunicación no verbal negativa. La expresión de la cara, el tono de voz, los movimientos del cuerpo, obviamente, están siendo expresiones de la emoción que sentimos, pero se está canalizando muy mal, porque esa falta de inteligencia emocional, en las relaciones, termina provocando efectos graves en la salud de ambos cónyuges (como veremos unas líneas más abajo).

Ambos, el que se expresa con ira y rabia y el que sufre la "lluvia ácida" que le empapa totalmente sin poder protegerse, se verán afectados por sentimientos muy estresantes que irán acompañados de su química correspondiente y que, como ya hemos mencionado en otros capítulos, corroerá la salud física y emocional, de los dos, como el óxido corroe el metal.

El hombre y la mujer son muy diferentes en casi todo y lo vamos viendo en este libro, desde el principio. En el tema de las emociones, y su gestión, también son distintos. Cuando al marido se le "atraganta" un tema, que le genera una emoción negativa, necesita "encerrarse" o "huir", de momento y por un tiempo más o menos largo, para pensar y digerir lo que ha pasado, para después salir, al cabo de unas horas o unos minutos, y volver a enfrentarse a esa emoción, pero solo lo hará una vez que haya rumiado suficientemente la cuestión que le ha llevado a encerrarse. En cambio la mujer, cuando hay un altercado, necesita hablar y hablar y hablar, y quiere solucionar, por medio de palabras, lo sucedido y no entiende la reacción del marido que se aleja sin que ella se explique el porqué de su forma de actuar.

Los maridos, con inteligencia emocional, deben entender que es muy importante para la esposa que se mantengan cerca de ellas (aunque tengan ganas de huir) y sean amables y empáticos con los sentimientos que sus mujeres les están manifestando, sin calificarlos de absurdos o de poca monta.

Las mujeres inteligentes, por su parte, han de entender el deseo del marido de no hablar en aquel momento y, si él se queda cerca, reconocer su esfuerzo y ser asertivas diciendo lo que quieren explicarles, sin atacar y sin entrar en acusaciones personales, repetitivas y punzantes.

Por parte de los dos, el mostrar empatía y ternura, en momentos de batalla, constituirá una loable salida y una muestra de querer cultivar juntos la inteligencia emocional. Para eso se tiene que ser consciente de que podemos perder una batalla dialéctica, pero ganaremos la guerra, en la lucha por una convivencia saludable.

Goleman da unas recomendaciones para los matrimonios en su libro mencionado arriba. Él se pregunta: "¿Qué es lo que pueden hacer las parejas para salvaguardar el amor y el afecto que se profesan mutuamente?".

Esas recomendaciones específicas, de este autor, os las quiero dejar ya que constituyen "remedios emocionales" significativos:

"Los hombres no deben tratar de eludir los conflictos, sino que deben intentar comprender que las llamadas de atención de una esposa, o sus muestras de disgusto, pueden estar motivadas por el amor y por el intento de mantener la fluidez y la salud de la relación (aunque también puede responder a otros motivos). La acumulación de quejas va creciendo en intensidad hasta el momento en que se produce la explosión, mientras que una expresión abierta pudiera liberar el exceso de presión".

"Los maridos deben comprender que el enfado y el descontento no son sinónimos de un ataque personal sino meros indicadores de la intensidad emocional con que sus esposas viven la relación".

"Los hombres también deben permanecer atentos para no tratar de zanjar una discusión antes de tiempo, proponiendo una solución pragmática precipitada porque, para una esposa, es sumamente importante, sentir que su marido escucha sus quejas y empatiza con sus sentimientos (lo cual no necesariamente supone que deba coincidir con ella)... Permanecer con ellas en medio del fragor de una discusión las hace sentir escuchadas y respetadas".

"Por su parte, la esposa desea que sus sentimientos sean tenidos en cuenta, respetados y valorados, aunque el marido se halle en desacuerdo. Pero, para ellas el consejo es muy parecido. Dado que uno de los principales problemas para el hombre es que su esposa suele ser demasiado vehemente al formular sus quejas, ésta debería de hacer el esfuerzo de no atacarle personalmente. Una cosa es una queja y otra muy distinta una crítica o una expresión de desprecio personal. Las agresiones personales suelen provocar la reacción y el atrincheramiento del marido, lo cual solo contribuye a aumentar la sensación de frustración y a provocar la escalada de violencia. También puede ser de gran ayuda el que la esposa trate de formular sus quejas en un contexto más amplio, sin dejar de expresar el amor que pueda sentir hacia su marido..."

"...Las válvulas de seguridad que impiden que una discusión desemboque en una explosión de consecuencias irreversibles dependen de acciones tan sencillas como atajar la discusión a tiempo antes de que se desproporcione, la empatía y el control de la tensión. Estas acciones constituyen una especie de termostato emocional que impide que la expresión de los sentimientos rebase el punto de ebullición y nuble la capacidad de los miembros de la pareja en el tema que estén discutiendo"...

"...Una estrategia global que puede contribuir al buen funcionamiento del matrimonio consiste en cultivar la inteligencia emocional y así aumentar las posibilidades de que las cosas discurran por cauces más sosegados. Existe un abanico de competencias emocionales: La capacidad de tranquilizarse a uno mismo (y de tranquilizar a la pareja), la empatía y el saber escuchar... El desarrollo de este tipo de habilidades hace posible la existencia de discusiones sanas, de «buenas peleas» que contribuyen a la maduración del matrimonio y cortan de raíz las formas negativas de relación que suelen conducir a su disgregación".

Y añado yo que, para llegar a entender un poco mejor este tema, sería necesario también aceptar que, para cultivar la inteligencia emocional en la pareja, debemos cuidar, con mucho esmero y de forma personal, la mente, el cuerpo y el espíritu, porque las tres cosas tendrán un importante impacto en la vida emocional de cada uno:

-La mente, porque de los pensamientos surgirán, querámoslo o no, las emociones.

-El cuerpo, porque las emociones, debido a la química que generan, controlarán, de forma importante, la salud física y emocional.

-Y el espíritu, porque será el ancla donde apoyarnos, para que, llevando nuestros pensamientos cautivos a Cristo, (2 Cor 10:5), nuestro cuerpo quede beneficiado, al rendir nuestros caracteres para que sean controlados por el Espíritu Santo.

2. Las emociones generadas por la culpa y la preocupación

En primer lugar, he de mencionar dos emociones negativas, porque son las más comunes en el ser humano y nos agobian, molestándonos mucho. Se trata de los sentimientos que generan culpa y preocupación excesiva.

La culpa tiene que ver con actos realizados u opiniones expresadas u omitidas, de las que nos sentimos mal y responsables.

La preocupación, por su parte, se referirá a cuestiones que podrían ocurrir (o no) en el futuro y que nos angustian y nos producen cierto miedo.

El sentimiento de culpa es importante y útil a fin de poner en marcha actitudes de arrepentimiento por lo que hemos hecho y que puede no haber sido adecuado en el pasado reciente o remoto.

Para ese sentimiento, Dios mismo ha puesto la solución; porque cualquier acto pecaminoso que se lleve a la cruz, es lavado por la sangre de Cristo y ya no requiere generar síntomas que sigan hundiendo en la culpa a las personas arrepentidas.

Por eso, si habéis tenido algo, en vuestras vidas, que os ha llevado al sentimiento de tener que ir a Cristo, para arrepentiros, ¡no lo demoréis! Dejad toda la carga sobre Él y no la llevéis más en vuestra "mochila". Lo que ha sido perdonado por tu Salvador ha sido "echado al fondo del mar" (Mi 7:19) y Él mismo dice que: "Nunca más se acordará de esos pecados". La persona que va al mar a "pescar tus pecados", es el Enemigo; por lo tanto: Sé sabio y utiliza la Palabra del Señor, para reprenderle a fin de que huya de ti. Recuerda el versículo: "Resistid al diablo y huirá de vosotros" (St 4:7).

El otro tema: La preocupación tampoco debemos cargarla a nuestras espaldas sin necesidad, porque nuestro futuro y nuestros tiempos están en las manos del Señor. Y Él nos dice que debemos dejar toda nuestra ansiedad sobre Él, porque nuestro Padre Celestial tiene cuidado de nosotros (1P 5:7).

Sin embargo, y aunque sabemos lo explicado, y lo creamos de verdad, esas emociones y muchas otras, irán apareciendo en nuestras vidas y tendremos que conocerlas para poder gestionarlas bien y que no ataquen, sin piedad, nuestras mentes, nuestros cuerpos y como consecuencia, también, nuestros matrimonios.

3. Las emociones y el cuerpo

En el siglo XX, Antonio Damasio, neurólogo portugués, explicó que, en un sentido, tenemos dos cerebros: El "cognitivo", que es consciente, racional, volcado en las cosas más externas y el "emocional", que es más inconsciente pero que está muy relacionado con el resto del cuerpo. Eso lo vemos en que las emociones siempre pasan, de alguna manera, a nuestros órganos vitales, a nuestra musculatura... Cualquier disgusto, cualquier alegría, se convertirá en bioquímica, positiva o negativa, que terminará impactando en nuestro cuerpo.

Brocá, en el s. XIX ya calificó el "cerebro emocional" de "límbico"; este es como un "cerebro" dentro del cerebro, que tiene una organización más sencilla que el neocórtex y en el que las neuronas están más amalgamadas y no organizadas en capas.

Por su parte, Freud empezó a buscar, también, más allá del inconsciente, intentando demostrar que hay una simbiosis entre Biología y Psicología.

El cerebro límbico responderá a los pensamientos que tienen lugar en el córtex, convirtiéndolos, a través de toda la cadena endocrina, en química que afectará a la respiración, al ritmo cardíaco, a la tensión arterial, al apetito, al sueño, a la libido, al sistema hormonal, al sistema inmunitario, etc., a fin de mantener el equilibrio en el cuerpo.

¡Imaginad lo que acabo de decir! Si os mantenéis vosotros (el uno y/o el otro) con desórdenes emocionales, de forma continuada, habrá no solo malestar psicológico sino también y, además, físico. A veces esos desórdenes no serán debidos a cosas que estén pasando en el presente, pueden ser también sucesos vividos en el pasado que han dejado huella en el alma y salen en momentos inesperados.

Por eso es muy importante lo que dijimos en el primer capítulo que, como matrimonio, os conozcáis muy bien el uno al otro a nivel emocional, pero también cada uno a sí mismo, haciendo los cambios necesarios a fin de no sentiros con facilidad, desbordados emocionalmente por lo que pasa a vuestro alrededor, o por pensamientos invasivos estresantes.

Todo lo mencionado arriba significa que debemos vivir las emociones de forma controlada; tomando distancia y ver la vida de forma ponderada y tranquila. Recordad que: "En quietud y en confianza en el Señor está vuestra fuerza" (Is 30:15). Todos los matrimonios tendrían que potenciar la serenidad en la expresión de las emociones. Dios nos ha dado cuerpos maravillosos y ha puesto unos mecanismos bioquímicos para que, en momentos de gran peligro o circunstancias muy excepcionales de angustia, se disparen unas alarmas bioquímicas que nos ayuden a luchar o huir. Este sistema, en parte, consiste (simplificándolo muchísimo) en que las glándulas suprarrenales cuando están muy activadas por emociones estresantes (miedo, angustia...), producen adrenalina (mencionada en otros capítulos) que activará nuestro cuerpo.

Esa respuesta de alarma está muy bien puesta por Dios para nuestra defensa personal, pero debemos saber que ese mecanismo no puede estar en alerta perpetua. Si es así enfermaremos porque, entre otras cosas, nuestro sistema inmunitario quedará afectado y también los órganos vitales (corazón, intestinos, pulmones...) que se hiper-activarán de forma crónica y, si dura más tiempo del que el cuerpo puede aguantar, aparecerán las patologías que, por más psicosomáticas que sean, tendrán que ser atendidas desde la clínica y ese proceso, mantenido por mucho tiempo, irá minando la salud de la relación matrimonial.

Además de vivir las emociones de forma lo más controladas y bien encauzadas posible, es importante distinguir y poner rótulo a los distintos estados emocionales. Ante un episodio en el que os desbordéis emocionalmente, preguntaros: "¿Qué he sentido?". Es necesario poner palabras a la emoción: "Rabia", "tristeza"... "¿Por qué he reaccionado así?". "¿Qué ha pasado antes?". "¿Cómo he podido salir esta vez?".

Después, es importante que os pongáis en el lugar del otro y que detectéis, también, cómo ha vivido tu esposo/a ese estado emocional concreto: ¿Qué ha pensado? ¿Cuál ha sido la emoción que le ha invadido a él o a ella? ¿Cómo ha reaccionado?

Hoy día, además, nos llegan a la consulta matrimonios que se aman pero que no pueden vivir juntos, o se hace muy difícil la convivencia, porque uno de los dos tiene, sin imaginárselo, un trastorno relacionado con la falta de control de impulsos y la expresión explosiva de las emociones. Puede ser importante diagnosticarlo y tratarlo por los daños que ocasiona a la propia persona y a los que la rodean.

Te hablo un poco de él:

4. El Trastorno Explosivo Intermitente (TEI)

Es posible que nunca hayáis oído hablar de lo que voy a explicaros ahora. Os dejo unos datos por si acaso estáis padeciendo alguno de sus síntomas y consecuencias:

El TEI supone episodios impulsivos, repentinos y repetidos, de arrebatos emocionales, normalmente, muy agresivos y de enfado fuerte.

Se acompaña de ira, temblores, taquicardia, presión en el pecho, irritabilidad..., que llevan a una discusión acalorada en la que la persona que lo padece no puede parar, aunque el otro intente frenarlo con todas sus estrategias.

A veces las palabras y los gritos pueden ir asociados a violencia física contra la persona o contra las cosas; tirando o rompiendo objetos, dando portazos...

Después de un episodio así, los dos miembros de la pareja quedan exhaustos, y la persona que ha ejercido la violencia, normalmente, tiene sentimientos de arrepentimiento que se acompañan de vergüenza, por lo que acaba de pasar.

Las causas de esta disfunción son bastante desconocidas, pero podemos apuntar algunas:

-La predisposición genética (es posible que se pueda transmitir de padres a hijos).

-Que la persona tenga, o haya padecido, otras psicopatologías como trastornos de personalidad, trastornos de conducta disruptiva... y/o, sobre todo, que haya estado sometido, en la infancia, a sufrimientos graves, por malos tratos o abusos.

Desgraciadamente, no es una cuestión banal y debo decir que hay muchas personas que sufren esta forma de ser y actúan pensando que son así y que, aunque lo padecen y les genera sufrimiento, no pueden hacer nada para evitarlo.

Afortunadamente, eso no es así. Hay unas recomendaciones a seguir para poder paliar los síntomas y vivir mejor:

-Ir al médico y explicar el caso con detalle. El profesional podrá recetar medicamentos, que ayudarán a mejorar y prevenir los síntomas.

-Además, y probablemente a la vez, un psicólogo podrá realizar tratamientos de reestructuración cognitiva en los que se intentará conseguir cambiar la forma de pensar y de reaccionar ante situaciones frustrantes y eventos que generen sentimientos de violencia. También se enseñará al paciente a usar técnicas de resolución de conflictos y a mejorar sus esquemas de comunicación interpersonal.

Por lo tanto, y habiendo posibles soluciones, es muy importante que las parejas, que padezcan las consecuencias del trastorno mencionado, sean muy conscientes de que es importante acudir, lo antes posible a profesionales, que pueden ayudar, para que no quede todo estropeado cuando estos episodios se presentan de forma reiterada. Lo más importante será conseguir la mejoría del paciente, pero también que no se rompa la pareja, que no hayan problemas graves delante de los hijos, y que no se afecte la salud de ninguno de los dos cónyuges, ni se caiga en hábitos muy destructivos como la automedicación, drogas y/o alcohol, o lesiones físicas o psicológicas graves.

Además, se ha de distinguir entre este trastorno y el maltrato de género, que se comete por maldad y ganas de hacer daño y, aunque lo mencionado constituya claramente episodios violentos, tenemos que verlos como síntomas de una patología y tratarla de forma adecuada, antes de tirarlo todo por la borda y que sobrevenga una separación cuando, en realidad, puede haber posibilidades médico-psicológicas de salida, aunque eso requiera de mucha paciencia y decisión determinada de seguir un tratamiento.

5. Somos seres emocionales, ¡Dios también!

Por todo lo dicho hasta aquí, tendremos que aceptar que somos seres emocionales y que nos vemos, continuamente, afectados por nuestros sentimientos que, a la vez, afectarán a nuestras relaciones y que no podemos escapar de ellas, pero, repetimos: ¡Debemos canalizarlas bien!

Nos ayudará mucho, en ese cometido, saber y aceptar que Dios también manifiesta emociones en las tres personas de la Trinidad. Dejadme que os hable, un poco, de este tema:

Vemos ya, desde el principio del mundo, aflorar las emociones del Dios Creador. Se deleitó en su creación: "Vio que lo creado era bueno en gran manera" (Gn 1:31). También vemos, muy al comienzo de la historia de la humanidad, que Dios vio la maldad de los hombres y "se le partió el corazón" (Gn 6:6).

La pregunta que podríamos hacernos es: ¿Cómo Dios, siendo eterno, puede tener emociones conexionadas a los acontecimientos temporales nuestros?

La Biblia contiene muchos pasajes en los que eso ocurre porque Él se conecta, de tal manera, con los seres humanos, que llega a sufrir con nosotros, cuando estamos pasando por situaciones difíciles (Is 63:9). Eso no cambia, para nada, sus atributos eternos. En un sentido, muy profundo, podríamos decir que, las emociones momentáneas de Dios son expresiones, precisamente, de sus atributos eternos. Él permite que seamos seres emocionales como parte de Su impronta en nosotros, en la creación: "Y creó Dios al hombre a Su imagen y semejanza; varón y hembra los creó" (Gn 1:27).

Por supuesto que, en las emociones de Dios, no tienen cabida pasiones como las nuestras. Él no tiene amargura, celos, sentimientos de soledad, angustia, miedo, frustración... pero sí que sufre y, a la vez, es el Dios de toda consolación para todos en general y para cualquier pareja que esté pasando por dificultades.

Por lo tanto, recordad esta realidad cuando os encontréis sufriendo por alguna causa: "El Señor se compadece de los que le aman y le temen" (Sal 103:13-17).

Pero Dios también se enfada, y puede mostrar santa ira, cuando ve lo malo o ve que sus hijos se apartan de Él. Por eso debemos "temerle", en el sentido de reverenciarle y obedecerle. Proverbios nos dice: "El principio de la sabiduría es el temor del Señor" (Prov 1:7).

Y si Dios Padre tiene emociones, ¿qué diremos del Dios Hijo? Jesús pasó por todo lo que podamos imaginar y mucho más, pero sin pecado. Y por los sufrimientos que Él padeció, en su carne, hoy puede entenderos perfectamente y ponerse a vuestro lado cuando paséis por períodos de crisis y angustia. Jesús vino a sufrir y a empatizar, "hecho semejante a los hombres" (Hb 2:17). Pero esa semejanza con los seres humanos, no fue nunca un síntoma de debilidad.

En un sentido, quiso venir a esta tierra para empatizar con la raza humana, también, a nivel de emociones. Se despojó a sí mismo para vestirse de carne "sufriente" (Flp 2:7). Se identificó, empatizó, con nosotros y hoy puede entender cada sufrimiento que, como causa del pecado, tenemos las personas que vivimos en esta tierra. Lloró ante la muerte de un amigo, lloró por lo que los seres humanos iban a pasar, lloró en Getsemaní. Pero también se gozó con los que estaban alegres y "siente" con vosotros cada día, tanto en las tristezas, como en las alegrías.

Jesús fue, para todos nosotros, un ejemplo de equilibrio. Era resiliente y sensible a la vez. ¡Ojalá que pudiéramos imitarle en nuestra vida diaria y especialmente como pareja!

Pero, también el Espíritu Santo, el Consolador, vive en nosotros y nos consuela. Él también "siente" y no podemos entristecerlo ni apagarlo (1 Ts 5:19).

Por lo tanto, Padre, Hijo y Espíritu Santo, están con nosotros y en nosotros, para ayudarnos y consolarnos, dándonos poder para canalizar bien nuestras emociones y cultivar las que son adecuadas para que el matrimonio sea lo que la Trinidad ideó y planeó para el ser humano en el principio de los tiempos.

No estamos solos frente a lo que nos pasa, ni en cuanto a lo que sentimos. El Dios Trino nos puede ayudar a vivir bien las emociones que nos produce la vida diaria: A cultivar el amor, la compasión, y la alegría; pero también a soportar, con Su consuelo, el dolor, la frustración y la ira.

6. Gestionando bien las emociones, siendo abnegados

No olvidéis nunca la realidad de que "Dios (ese ser infinito emocional), está con vosotros y en vosotros" (Flp 2:13); pero eso, no quita la importancia de hacer vuestra parte, gestionando bien lo que sentís, a fin de que la relación matrimonial se mantenga en el tiempo, de forma sana, desde un equilibrio que quedará afectado para bien, por el continuo saber dar y recibir de cada día.

Es decir, estando centrados en el otro, no en uno mismo, a fin de que tu esposo/a "crezca" debido a las emociones que tú le transmites. En un reciente blog de la autora Sarah Bessey, con motivo de su aniversario, escribe: "Tú primero. El altruismo es mejor practicarlo en concierto. Cada uno escoge al otro. Tú sacrificas tu vida por mí y por nuestros hijos. Yo sacrifico mi vida por ti y por nuestros hijos. Los dos ponemos al otro en primer lugar, de forma práctica y espiritual, en nuestros sueños y deseos, en nuestras mentes y corazones, cada uno hacia su cónyuge".

La abnegación en el matrimonio es todo lo contrario al egoísmo.

Es una actitud que se convierte en acciones, al renunciar a intereses propios, en beneficio del cónyuge.

Abnegarse en latín significa negarse a sí mismo y eso, tan maravilloso, solo se explica por un amor verdadero, no por "amores" que tienen muy poco contenido del verbo amar en su sentido real y profundo.

Todos sabemos que negarse a uno mismo, hoy día, no está de moda. Lo que prima actualmente es el egoísmo en superlativo, la autorrealización y, sobre todo el "¿y yo, qué?... Esa actitud mata toda posibilidad de entablar una relación emocional sana y adecuada.

Por eso, la abnegación, el altruismo, puede verse como un sacrificio inmenso, que nos cuesta mucho hacer, en favor de otra persona.

Pero también podríamos verlo como un acto de amor sublime que está dispuesto a renunciar desinteresadamente a los derechos propios, en favor de alguien a quien se tiene en altísima estima y poder salvar así la vida matrimonial.

Creo que hoy, más que nunca, debemos ver la abnegación como un valor, un sacrificio que se hace desde la libertad, con alegría, sin esperar nada a cambio, pero sabiendo que, sin duda, es un motor para la felicidad más genuina. Implica tener mucho autocontrol ante los propios sentimientos. Debe ser vista como una disciplina que requerirá constancia diaria, esfuerzo físico e intelectual. Determinación antes de salir a la terraza, y al volver a entrar, porque será dentro de la casa donde crearéis un clima adecuado de amor y sacrificio mutuo, para poder salir de nuevo juntos a respirar.

Lo contrario sería el egoísmo que constituye un antivalor y que destruirá y arrasará todo lo que encuentre en el camino de la relación matrimonial. El egoísmo no comprende que alguien pueda negar sus derechos o deseos y que opte por controlar adecuadamente sus emociones.

De forma muy práctica, diríamos que somos abnegados si estamos siendo capaces de renunciar a cosas que queremos si sabemos que no son del agrado del otro, o de sacrificar nuestro tiempo o nuestras emociones si vamos a complacer, de esta manera, a nuestro esposo/a, o prestar atención a algo, cuando en realidad a nosotros no nos interesa.

Jesús fue un modelo de abnegación total, durante su vida en esta tierra. Se sacrificó tanto por los que amaba, que dejó el cielo para hacerse hombre y no se quejó nunca de ese inmenso, inmenso, inmenso, esfuerzo por los demás que implicó emociones terribles de dolor y angustia.

Siguiendo Su ejemplo, ¡cómo deberíamos buscar cumplir las palabras de San Pablo: "¡Ya no vivo yo, vive Cristo en mí!" (Gá 2:20). Esta frase tan usada y repetida tendríamos que enfocarla también desde el altruismo en el matrimonio. Ser uno con Jesús implica renunciar, casi siempre, a la propia voluntad para hacer la Suya. Y, ¿cuál es la Suya?

La respuesta aquí sería que amemos y cuidemos a los demás como lo hacemos con nosotros mismos. Cristo dijo: "Si alguno quiere venir en pos de mí, niéguese a sí mismo" (Lc 9:23) y el apóstol Pablo dirá: "Habéis muerto y vuestra vida está escondida con Cristo en Dios" (Col 3:3). Estos textos no son nada lejanos a la vida matrimonial. ¡Cuántas separaciones evitaríamos cumpliéndolos! Están absolutamente relacionados con la estabilidad, duración y felicidad de la relación, ya que todas esas cosas tan deseadas dependerán de que ambos cónyuges practiquen, a la vez, el altruismo y la abnegación, como forma de vida.

Pensad cuántas veces impera en vosotros la amargura y la queja en cuanto a casi todo. Un ejemplo claro es cuando hacemos algo por el otro y se lo sacamos a relucir continuamente. ¿Pones tu foco de atención sobre ti, tus necesidades, tus deseos, tus penas, tus sentimientos? ¡Qué difícil se nos hace mirar a los demás, empatizar con ellos, escucharlos, pasar tiempo para conocerlos de verdad y tener misericordia y empatía!

Recuerda que olvidarte un poco de ti mismo/a no es sufrimiento y derrota y no tiene porqué conllevar emociones negativas. Es, en realidad, liberación de la esclavitud de tu "ego", para dejar que Cristo reine en tus relaciones y en todo lo que sientes y cómo lo expresas.

Pero fijaos que vengo diciendo que la abnegación debe vivirse "en concierto"; es decir, ambos cónyuges tienen que morir a su egoísmo, a la vez, para vivir por el otro. No es suficiente que uno sea abnegado y el otro un egoísta de cuidado. Los dos tienen que hacer el esfuerzo necesario para cuidarse y amarse mutuamente demostrándose el amor que ambos sienten al unísono.

Qué bonito es ver una pareja, en el día a día, esforzándose por cuidar con esmero a su cónyuge, sirviéndole en cosas grandes y pequeñas generando emociones muy positivas. Frases como: "Ya me levanto yo a buscar el agua" o "descansa un poco más" o "yo juego ahora con los niños, desconecta tú un poco" o "ya te plancho yo el vestido" o "¿qué puedo hacer para ayudar?". O "te busco para que no tengas que venir andando" o "no importa si todo no está como yo espero, te quiero igual" o "mi hogar está donde estás tú, aunque no esté absolutamente ordenado y limpio" o "¿Qué te gustaría hacer a ti?"...

Una frase del blog "Periodista Digital" define abnegación como: "La entrega que alguien hace de su voluntad, de sus afectos o de sus intereses".

Abnegado es, pues, el que otorga el primer puesto, en su escala de valores, a la dedicación a los demás, el que pone en práctica su voluntad de altruismo y su interés por los otros con frecuencia, porque se siente unido a ellos y desea que los que ama sientan placer y bienestar.

Vivimos en un mundo muy complicado en el que se hace difícil "perder". Todos queremos ganar, pero desgraciadamente no es nada nuevo y tiene que ver con el mal que está dentro del ser humano, desde la caída, en el huerto del Edén (Gn 3). Ese mal se manifiesta en múltiples formas produciendo luchas, dolor y gran estrés, con falta de tiempo para todo, incluso para buscar las causas que nos están produciendo el malestar y tratar de buscar soluciones dentro de nosotros mimos.

Es muy triste escuchar a parejas cristianas cuando manifiestan muy mal sus sentimientos y expresan compungidos que "lo suyo no tiene solución". Pero, ¡no nos podemos conformar fácilmente con esta aseveración!

7. ¿Hay solución de verdad?

Hay solución cuando los dos quieren trabajar en serio su relación, sabiendo que, si el matrimonio está en estado muy avanzado de desintegración, la solución será mucho más difícil; pero me reitero: No es imposible salir y volver a "regar las plantas del jardín". Recordando, sobre todo, que en Cristo tenemos la solución por terrible que sea la situación. Esto es así porque Él puede cambiar el ser interior de una persona para que pueda tratar al otro como debe, aceptar las diferencias, ser empáticos, dejar atrás el egoísmo, el narcisismo, amar y perdonar…

Querer cumplir con el compromiso matrimonial, tendrá mucho que ver con la obediencia al compromiso que tenemos con Dios. Pero no podemos negar que, en los últimos años, hay un abismo entre lo que decimos creer y lo que hacemos. Con la boca decimos que somos del Señor y con nuestros actos proclamamos, a los cuatro vientos, que nos importa poco lo que Él ha ordenado para que nos vaya bien en nuestra vida.

Siempre me impacta profundamente el texto ya mencionado: "Cumple toda mi ley para que te vaya bien". ¡Cuántas veces apartamos sus mandamientos de nuestras vidas, porque nos parece que no nos convienen y, por lo tanto, no estamos dispuestos a obedecerlos!

Por otro lado, y viendo algo positivo en los tiempos de crisis, cuando nos sentimos vulnerables y débiles es posible que busquemos más a Dios, al darnos cuenta de que en nuestras fuerzas no podemos hacer casi nada… San Pablo dirá: "Cuando soy débil entonces soy fuerte porque se manifiesta en mi el poder de Cristo" (2 Cor 12:10).

¡Disfruta de tu terraza, cerca de él o de ella esta noche, podéis mirar la luna juntos! ¡¡¡Qué oportunidad más fantástica para generar y transmitir emociones positivas antes de ir al dormitorio!!!

8. Cuidar la forma en que vivimos los acontecimientos

Muchas veces, como ya sabéis, nos vemos desbordados y estresados, no tanto por lo que nos pasa sino por cómo vivimos lo qué nos pasa. Epicteto dirá: "El ser humano no se ve distorsionado por los acontecimientos que ocurren en su vida, sino por la visión que tiene de ellos".

Afortunadamente, esa visión de las cosas puede cambiar para los cristianos cuando "somos transformados al mirar la gloria del Señor a cara descubierta" (2 Cor 3:18).

En esa transformación, conseguimos ver las cosas de forma diferente y vivir de otra manera, no dejando que las cosas que nos pasan nos estresen hasta la extenuación.

Me gustaría, como siempre dejar, además de lo dicho, unos consejos prácticos para evitar o paliar, al máximo, la posibilidad de crisis matrimonial por vivir mal las emociones estresantes:

-Evitar el agotamiento y el estrés. No debes hacer más cosas de las que puedas y esperar que no vaya a surgir nada malo. Cuando falta tiempo para la relación puede empezar el declive que abocará necesariamente en crisis. ¡Necesitas tiempos de descanso en tu terraza, solo/a y con él/ella!

-Tratar de salir del egocentrismo que nuestra sociedad promueve. Deja a un lado el ego. Ponte en el lugar del otro. Abandona el "y yo, ¿qué?".

-No intentes cambiar a tu cónyuge como para que sea tan diferente que deje de ser él/ella. La aceptación de que es otra persona diferente a ti, te ayudará intensamente. Piensa que tiene su historia personal, sus gustos, su forma de hacer las cosas, sus fobias, su forma exclusiva de vivir la vida, aunque lo haga contigo.

-No permitas nunca la invasión de otros en tu matrimonio. Tus propios familiares o los de tu cónyuge, amigos…, o incluso pantallas tienen que tener su lugar de amor y respeto, pero tu casa debe ser "tu castillo" y tú debes proteger lo que realmente es prioritario: Tu cónyuge y a tus hijos.

-No permitas que otros ocupen tu lugar y suplan las necesidades más profundas e íntimas de tu cónyuge. Se debe prestar mucha atención a las demandas explícitas o implícitas que tu esposo/a te haga a fin de no dejar vacíos que, fácilmente, se llenarán con otras relaciones que casi nunca son sanas ni adecuadas.

-Cuida mucho los aspectos más prácticos del matrimonio: educación de los hijos, economía familiar, orden y limpieza del hogar, distribución de tareas, administración sabia del tiempo. Poneos de acuerdo en todo esto para que el enemigo no tome ventaja y entréis en crisis.

-Evita, por todos los medios, la posible erosión de la relación, Debes defender el matrimonio como lo más importante que tenemos en este mundo.

-Y, por último, como hemos ido insistiendo en este capítulo, un aspecto muy importante será cuidar muchísimo de las emociones tuyas y de las de él/ella.

IMAGINA LA ESCENA... JUNTOS EN LA TERRAZA

Un matrimonio anónimo: retos por todas partes de su historia como matrimonio (2 Reyes 4:8-37 y 8:1-6)

Digo: "Un matrimonio anónimo" puesto que el Espíritu Santo ha decidido mantener en secreto total los nombres, tanto del marido como de la esposa. Esto entonces me provoca la pregunta "¿por qué?". Y puesto que la Biblia no nos da ni la más mínima respuesta (o, por lo menos, no la he encontrado), lo único que puedo hacer es proponer alguna una idea: Reservar la pregunta para el cielo y mantenerme satisfecho con esta "solución". Quizás lo más fácil es concluir que el escritor era muy probablemente del período del Exilio en Babilonia y simplemente ignoraba sus nombres y en vez de inventarlos ("José y Pepita" o algo parecido en hebreo) apuntó netamente "la mujer sunamita y su marido" (*). Sea como sea, podemos aprender varias cosas de ellos, puesto que son un reto para nosotros hoy.

1. Un matrimonio generoso

Como pareja eran sensibles a la necesidad del "varón de Dios", Eliseo, que pasaba con cierta frecuencia por su pueblo. Se entiende que, tal como hacía Samuel y otros profetas, Eliseo hacía "giras de predicación/enseñanza" y pasaba por Sunem. Apreciando su ministerio, la mujer animó a su marido a construir un "loft" sobre su casa y prepararlo para las visitas, colocando: "una cama, mesa, silla y candelero" (4:10).

No sabemos el estado económico de la familia, salvo que tenía, por lo menos dos asnos y algunos criados (¿cómo jornaleros?) (4:19 y 22), pero vemos una actitud generosa para cubrir las necesidades de un "obrero del Señor". La provisión era sencilla pero más que adecuada para un visitante. Feliz es el pastor/anciano/líder en una iglesia que tiene en su congregación algún(os) matrimonio(s) generosos que velan por su bien. También en lo material. Algún matrimonio sensible...

Pero también feliz es el matrimonio en que cada uno, con actitud generosa, siempre busca el bienestar del otro y el uno al otro. Hicieron una contribución muy positiva dentro de su "mini-mundo". Reto para nosotros, ¿no?

(*) NOTA: realmente esta "falta de invención" es un testimonio más de la fiabilidad de las Escrituras.

2. Un matrimonio recompensado

Es evidente que ni el marido ni su esposa eran generosos pensando en alguna recompensa. La generosidad que "busca" una recompensa, ¿es una generosidad genuina?, pero, por otra parte, Eliseo deseó expresar su gratitud y, en vez de hablar directamente con su anfitriona le pasó la pregunta por medio de Giezi, el ayudante del profeta (4:13). Ella contesta: "Mi familia me cuida bien", que significa: "Gracias, pero no necesito nada".

Ante esta contestación, Eliseo pregunta a Giezi: "¿Qué podemos hacer por ella?". La respuesta del ayudante fue: "Ella no tiene hijos, y su esposo ya es anciano". Esto me hace pensar en: "Eliseo, ¡¡despiértate!!, ¿no te has dado cuenta de su situación de dolor personal?". El profeta actúa enseguida y profetiza que dentro de un año tendrán un hijo. La respuesta de la mujer: "Y ella dijo: No, señor mío, varón de Dios, no hagas burla de tu sierva", refleja las esperanzas tan anheladas que siempre habían terminado en añicos.

La próxima vez que estés hablando con alguien, ten en cuenta que: "La risa puede ocultar un corazón afligido" (Prov 14:13) y "Cantar canciones alegres a quien tiene el corazón afligido es como quitarle a alguien el abrigo cuando hace frío o echarle vinagre a una herida" (Prov 25:20). Pide al Señor que te dé un corazón sensible, ojos para ver las señales (muchas veces ocultas) de dolor, oídos para la escucha atenta y una boca llena de bálsamo apropiado. Hicieron una contribución muy positiva dentro de su "mini-mundo". Reto para nosotros, ¿no?

3. Un matrimonio piadoso

Pasan los años, el niño ya ha crecido, pero el matrimonio seguía siendo piadoso y podemos entender esto por la manera en que el esposo contesta la petición "rara" de su mujer de querer ir a visitar al profeta. Parece que lo había hecho en otras ocasiones, pero, ¿hoy? Se ve que la mujer no quiso preocupar a su marido explicando que su hijo acababa de fallecer. Y la sunamita entiende que su única esperanza está en el Dios del "varón de Dios". Así comienza enseguida la marcha de unos 20 kilómetros para llegar al Monte Carmelo.

Antes de seguir: ¿Qué hacía Eliseo en el Monte Carmelo? (¡Al llegar al cielo preguntaré…!). Ofrezco una posible respuesta: Iba allí, al lugar dónde el pueblo de Israel se comprometió a seguir lealmente al Señor, al ver como Dios contestó la oración y sacrificio de Elías (1 Reyes 18:38 y 42-46). ¿Iba Eliseo allí para meditar cómo Dios contesta la oración, y para renovar su propio compromiso con el Señor, y para orar por su pueblo Israel tan propenso a desviarse de las leyes divinas? Lo que sí sabemos es que de allí Eliseo pudo bajar al pueblo con renovada entrega y poder profético. Reto para nosotros, ¿no?

4. Un matrimonio objeto del cuidado de Dios

Ahora saltamos unos cuantos años.

El hijo de la sunamita volvió a la vida después de la oración ferviente de Eliseo, pero al pasar los años la mujer se quedó viuda. Sabemos esto, puesto que Eliseo tiene la libertad para aconsejar a la sunamita a salir de su pueblo debido a la llegada de un "hambre la cual vendrá sobre la tierra por siete años" (2 Reyes 8:1). Así ella y su familia (¿parientes, otros hijos, los criados?) se marcharon y después del tiempo señalado volvieron, pero encontraron que otros se habían apoderado de sus tierras y su casa. ¿Solución? Apelar al rey, así se fue al palacio, pero…

…en aquel mismo instante el rey estaba hablando con el criado de Eliseo preguntando: "Te ruego que me cuentes todas las maravillas que ha hecho Eliseo" (8:4). "Y mientras él estaba contando al rey cómo había hecho vivir a un muerto… llegó la mujer". Entonces dijo Giezi: "Rey, señor mío, ¡esta es la mujer! …". ¿Resultado? El rey ordenó a un oficial: "Hazle devolver todas las cosas que eran suyas y también sus cosechas" (8:5-6).

Así la mujer, su familia (y nosotros) podemos aprender que se puede confiar en el Señor para cuidar también de los detalles de su/nuestra vida… hasta una cuestión de "minutos". Dios también cuida de los "encuentros no planeados". Reto para nosotros, ¿no?

Medita como matrimonio en...
¡Tú guardarás en perfecta paz
a todos los que confían en Ti,
a todos los que concentran en Ti sus pensamientos!
Confiad siempre en el Señor,
Porque el Señor Soberano Dios es la Roca eterna.
Isaías 26:3-4

BIENVENIDOS A CASA... JUNTOS EN LA TERRAZA
¿Cómo expresamos nuestras emociones?

Como nos ha dicho Ester, la terraza es un espacio real o imaginario en nuestra casa, al que salimos a airearnos; a no mirar lo inmediato sino con una visión más amplia, la que aparece cuando se mezcla con nuestros pensamientos y sentimientos.

En esta escena de contemplación, surgen pensamientos y emociones que quizás debido a nuestro día a día difícilmente aflorarán y nos recordarán nuestra realidad.

¡Qué difícil es el lenguaje de los sentimientos! ¡Cuántas emociones reprimidas por miedo a ser mal interpretadas! ¡Cuántas veces los sentimientos han traicionado nuestra compostura porque han aflorado, sacando a la luz nuestra debilidad o sensibilidad, ¿verdad?

Al adentrarnos en el mundo de las emociones fácilmente nos podemos perder. A menudo esperamos que los demás sientan lo mismo que nosotros y reaccionen de la misma manera.

Todos necesitamos tener la libertad de abrir nuestro corazón, de mostrarnos tal y como somos sin miedo a ser rechazados ni juzgados (siempre y cuando gestionemos bien las emociones).

Uno de los retos que tienen hoy las parejas, es propiciar un buen ambiente en la relación que facilite abrir el corazón y, en el que ambos, puedan expresar sus emociones y sentimientos, tal como son, sin miedo al rechazo.

¿Qué es una emoción? Una emoción es un estado afectivo que experimentamos. Una reacción que afecta nuestra mente, nuestro cuerpo y nuestra alma. Las emociones son indicadores de nuestra situación interior y de las necesidades atendidas o desatendidas en cada uno de nosotros. Las emociones sirven para señalar nuestra situación, pero no están hechas para dirigir nuestra vida. Vivimos en un mundo que lucha entre dos extremos, la racionalización y el pragmatismo, la espontaneidad y la emotividad. Es decir, hemos cambiado el "pienso, luego existo", por el "siento, luego vivo". Se resume pues: "El mundo que ignora las emociones y el mundo que solo vive por y para ellas".

Las emociones tienen que rendir cuentas a la voluntad y aunque no están bajo su control directo, sí podemos decidir sobre su origen, desarrollo y manejo. Toda emoción tiene en su raíz un impulso hacia la acción, y manejar eficazmente estos impulsos resultará básico.

La falta de empatía y la no comunicación sincera pueden acabar con una relación entre dos personas. Por eso, resulta imprescindible el correcto manejo de tus emociones y las de tu pareja.

Combinar el amor con la felicidad pasa por aprender algunos conceptos indispensables para la relación matrimonial, así pues, es importante saber manejar de una forma sana las emociones negativas, la ira, la rabia, el rencor y los reproches... Esto nos ayudará a ser más comprensivos y tolerantes con los errores del otro. Todas las parejas experimentan en algún momento emociones negativas. Unos las expresan con fuertes descargas verbales, otros suprimiéndolas, aunque reconocen su presencia pero tratan de sofocarlas con muchas actividades, en un doloroso ejercicio de silenciarlas y otras personas reprimiéndolas, negando su presencia, aunque sigan ahí. Entonces el matrimonio se convierte en un campo de batalla, en un ring de pelea improvisado.

Situándonos en la escena

Raúl e Isabel llevan doce años casados. Son padres de dos niñas de siete y cuatro años. Los dos trabajan fuera de casa y parece que tienen muy claro cómo debe funcionar su matrimonio. Tuvieron una buena formación. Asistieron a un curso de preparación al matrimonio, antes de casarse.

Raúl es un hombre inteligente, trabajador y extremadamente responsable; una persona íntegra y justa. Su infancia se vio afectada por el divorcio de sus padres y el abandono de su madre cuando él tenía apenas diez años. Creció junto a un padre exigente y distante, aunque nunca dudó de su amor hacia él. Un padre que a menudo le recordaba que nunca haría nada en la vida a no ser que trabajara duro. Los estudios no fueron una prioridad para su padre, con lo que supuso un doble esfuerzo para Raúl, trabajar y estudiar para sacarse la carrera de ingeniero.

Raúl se convirtió en una persona dura, exigente e intransigente y un tanto brusca en su manera de expresarse, manifestando una ira muchas veces desmesurada. La lectura y especialmente las cuestiones técnicas, y los deportes de riesgo, son sus hobbies preferidos.

Isabel es una mujer muy trabajadora y eficiente. Extremadamente sensible y con una autoestima frágil. Es la primera de tres hermanos. Siempre supo que su padre quería un varón cuando ella nació. De formación secretaria, y con grandes dotes deportistas (atléticas). Es muy competitiva. Creció en un lugar donde la montaña y la naturaleza eran sus compañeras y a pesar de tener hermanos y amigas en la escuela, era una niña bastante solitaria.

El deporte en todas sus variantes, era su hobby por excelencia, así como hacer trekking.

Creció en una familia donde los sentimientos no se expresaban, y aprendió, más que a controlar sus emociones, a reprimirlas. Su madre era una mujer muy callada y sumisa. Isabel es muy sensible, abnegada y con fuertes convicciones cristianas sobre su papel como esposa.

Raúl e Isabel se conocieron cuando tenían veintitrés y veintiún años respectivamente. Se enamoraron locamente y pasaron muchas horas hablando de su futuro juntos, de todo lo que iban a hacer, de cuántos hijos deseaban tener, de cuáles eran sus valores, sus preferencias, sus creencias y un montón de cosas más que hicieron pensar que su matrimonio no iba a tener ningún problema al coincidir casi en todo.

Ya en los primeros años de su matrimonio experimentaron que la manera en la que se hablaban o comunicaban, provocaba a menudo tensión y que Isabel acababa siempre llorando.

Él no podía entender esta fragilidad emocional de Isabel, y ella no podía lidiar con la manera brusca en la que Raúl le hablaba, lo cual le llevaba a pensar que era un hombre insensible y egoísta.

Esto provocó en Isabel medir mucho lo que le comentaba a su esposo por miedo a su reacción. Reprimía sus sentimientos y evitaba comentarios que pudieran provocar que él la hiriera.

La rigidez e intransigencia de Raúl con las niñas robaba toda la alegría, espontaneidad y energía emocional de Isabel. Consciente de ello, Raúl no sabe qué hacer ni cómo gestionar estos momentos; se incomoda y le invade un gran sentido de culpabilidad cada vez que ve llorar a Isabel.

Enfocando la orientación

Las relaciones de pareja son complejas. Hay que armonizar dos universos en uno, para que juntos se integren en una misma partitura, y ambos entiendan que es bueno tener emociones y que aún es mejor, expresarlas y expresarlas adecuadamente.

Las emociones, a veces, pesan demasiado y nos sentimos desbordados, cercados por una realidad que ni sabemos cómo afrontar. Nadie llega a este mundo con un manual bajo el brazo y un chip instalado en su corazón, capaces de dictarnos qué hacer y cómo actuar en cada momento.

Gastamos mucha energía a nivel de pareja en culpabilizar y en tratar de cambiar a la otra persona, en lugar de pararnos y ponernos en la piel del otro, buscando la comprensión mutua. Cuando algo nos molesta mucho de nuestra pareja, suele ser un reflejo de algo que nos molesta de nosotros mismos.

Raúl tiene una tensión acumulada desde su infancia; cuando algo no sale como él quiere, explota, y con sus palabras, tono, actitud, hiere y ofende a quien tenga delante suyo, particularmente a Isabel y a las niñas.

Raúl e Isabel son una pareja que se aman, pero no saben expresar las emociones. Hay una falta evidente de inteligencia emocional.

Profundizaremos en las razones del enojo y la ira no controlada de Raúl, y trabajaremos en la hipersensibilidad de Isabel.

Hablando con ellos

La buena noticia que tenemos para ellos es que pueden aprender a expresar sus sentimientos, a controlar el enojo y sus reacciones respectivas.

"¿Cómo os expresáis vuestras emociones?". Raúl, mirando a Isabel, contesta rápidamente: "Yo expreso mis pensamientos tal como son. Impliquen o no emociones".

Isabel está callada, mirando hacia el suelo. Tarda en hablar y con voz tímida, dice: "Veis, así es él. Le importa poco si hiere o no. Si no estoy de acuerdo con él, se pone furioso y me levanta la voz. A veces estando las niñas presentes y se asustan".

Raúl, un poco alterado, con voz más fuerte y seca: "¡Eso no es verdad!".

231

Le preguntamos a Isabel: "¿Cómo te sientes cuando Raúl te habla de esta manera?". Ella: "Mal, muy mal. Me siento como una alfombra, pisoteada. Al principio le replicaba, pero él levantaba más la voz, y usaba malas palabras, altisonantes. Ahora me callo, me encierro en mí misma". Isabel nos dice que cuando reprime sus emociones termina causándole un malestar importante: dolor de cabeza y náuseas, y no pudiendo evitar el llorar, termina sintiéndose culpable.

¿Qué pasa cuando tenemos ganas de llorar y no lo hacemos? Se forma un nudo en la garganta que llega a doler. Hay que soltar el dolor y la forma maravillosa y natural de soltarlo es con el llanto. Si no, el dolor se va acumulando en nuestro sistema. Por eso le decimos a Isabel que es bueno expresar sus emociones, con el llanto, poniéndole nombre a las mismas: "Tienes todo el derecho de sentirte así y es necesario que expreses esas emociones con libertad y de la manera correcta".

Isabel: "De acuerdo, pero, ¿qué hago si él continúa gritándome?".

Debemos, en primer lugar, calmar la situación, reconocer la realidad de las emociones de ambos y acordar la manera de actuar. Para ello, les sugerimos que, cuando uno de los dos se descontrole emocionalmente, el otro salga de la habitación, pero sin malas maneras, para bajar la tensión y evitar un mayor conflicto. Queremos conseguir expresar nuestras emociones correctamente y sin ofender ni herir al otro.

Por otro lado, sería conveniente tratar el tema de la ira de Raúl.

Hay sentimientos que los catalogamos como malos y no lo son.

La ira, de entrada, no es mala. Es una emoción dada por Dios. "Airaos pero no pequéis", Efesios 4:26. Muchas veces la ira nos ayuda a denunciar una injusticia, o a expresar un enfado de manera contundente. El peligro no es la ira, sino lo que hacemos cuando estamos airados o enfadados.

La ira descontrolada es la que nos aleja de los demás y en especial de nuestra pareja y familia. A nadie le gusta estar cerca de una persona que fácilmente se enfada. La ira incontrolada es como un cohete que te aleja de los que amas a una velocidad atroz. Hay personas que se enfadan con mucha facilidad. Piensan que gritando tendrán más razón y es justamente lo contrario. Cuando necesitamos hacer uso de la ira para hacer callar al otro, hemos perdido "la guerra" y no solo no convencemos, sino que provocamos:

-Miedo en el otro.

-Desconcierto porque no sabes cómo va a reaccionar.

-Con pocas ganas de estar contigo, ¿a quién le gusta estar al lado de alguien así?

-El resultado final será un gran distanciamiento emocional y una imposibilidad de abrirle el corazón a tu cónyuge por temor a su reacción.

Raúl escucha atentamente e Isabel asiente con la cabeza.

Les decimos a los dos que cuando el sentimiento de ira o enfado nos invada tenemos a nuestra disposición un recurso fantástico llamado dominio propio (autocontrol).

"¿Sabéis a qué nos referimos?". Cuando la situación pudiese justificar "una explosión verbal o un puñetazo en la mesa", hemos de optar por hacer uso del domino propio. Es decir, controlar la ira y soltarla sin dañar al otro.

Raúl e Isabel se identifican como cristianos, y como tales, les señalamos que el dominio propio forma parte del fruto del Espíritu Santo en nuestras vidas (Gálatas 5:22-23). Es tan necesario, importante y vital como el resto del fruto del Espíritu: "Alegría, paz, amor, bondad, amabilidad, fidelidad...". Como cristianos hemos de aprender a aplicar los consejos de la Palabra de Dios primero a nivel individual y también en la vida de matrimonio.

Después de hablar sobre la naturaleza de la ira, le preguntamos a Raúl si entiende la situación y las reacciones de Isabel. Raúl debe comprender que ella necesita expresar sus emociones y sus quejas y que él no debe encerrarse en sí mismo, o inhibirse detrás del trabajo o de una pantalla. A la vez debe tomar la iniciativa de entablar una conversación sincera y honesta en busca de soluciones.

Raúl afirma, en este momento, a Isabel que se compromete a expresar sus emociones de forma controlada y no hiriente a partir de ahora.

Isabel, como hemos visto, necesita tratar de explicar lo mejor que pueda sus sentimientos y malestar, ocasionados por las reacciones de Raúl. Tener la libertad de decir lo que piensa y lo que siente, y no esperar a que Raúl lo adivine. No funciona aquello de: "Si alguien te quiere o te conoce, ya debería saber lo que quieres o lo que sientes".

Las emociones y los motivos son personales e internos, y serán difíciles de conocerlos a menos que nos atrevamos a comunicarlos. Cada uno tiene el derecho de saber cuándo el otro está enojado, qué lo ha provocado, y no tener que adivinarlo. Hemos de comprometernos a darnos mutuamente información y antes de emitir cualquier juicio, hemos de buscar una explicación, no una racionalización ni una excusa.

Cada uno debe asumir su propia responsabilidad: Disculparse, si reconoce sus errores, centrarse en las cualidades que tiene el otro, respetarlo y aceptarlo tal como es. Si amas a una persona, no quieras cambiar su personalidad. Si tratas de hacerlo, resultará en una triste felicidad.

Finalmente, deben escucharse. Escuchar las quejas respectivas y buscar soluciones satisfactorias para ambos, llegando a un consenso para crear un espacio de tranquilidad, y no usar la ira para controlar ni vengarse del otro. Aquí intervendrá todo un proceso de sanar heridas, pedir y ofrecer perdón, reafirmando su amor mutuo y el deseo de continuar construyendo su relación.

Les sugerimos la siguiente tarea y les animamos a que hagan un ejercicio que comentaremos en el próximo encuentro, consistente en apuntar en un folio una lista de las emociones tanto positivas como negativas que están teniendo últimamente. Asignar un número a cada emoción, en función de la intensidad que tengan, del 1 al 10. Siendo el número 10 el de mayor intensidad (pueden variar de intensidad en cada momento de la crisis o incluso del día).

Por ejemplo, imaginemos que puede quedar una lista de esta forma, aunque cada persona es diferente:

Alegría: 6 – Amor: 8 – Aprecio: 4 – Aceptación: 5 – Tristeza: 8 – Celos: 6 – Soledad: 9 – Impotencia: 8 – Miedo: 10.

Esa persona ya tiene apuntadas sus emociones y además las ha descrito en intensidad. Esto forma parte del autoconocimiento. Para esa persona, la emoción que tiene con más intensidad es el miedo. Luego debe hacerse algunas preguntas, aunque sea difícil identificar una respuesta correcta: ¿Cuáles son mis miedos, mis inseguridades? ¿Qué los provoca? ¿Cómo me afectan? Etc.

Quedamos que en el próximo encuentro, profundizaremos más en las emociones identificadas en la lista y cómo manejarlas.

Para terminar, leemos juntos los textos bíblicos: "Sed amables unos con otros, y perdonaos las faltas como Dios os ha perdonado a través de Cristo". Apóstol Pablo (Efesios 4:32).

"La respuesta suave calma la ira, pero la palabra hiriente la aumenta más". Salomón (Proverbios 15:1).

Idea clave:
"El matrimonio es una gran aventura de amor y un largo trayecto juntos que requiere intencionalidad, tacto y tiempo para expresar nuestras emociones sanamente".

PARA REFLEXIONAR Y ACTUAR [MPS – MATRIMONIO POSITION SYSTEM]

¿Dónde estamos y dónde queremos llegar?

Para ti

¿Dónde estamos?

- ¿Cómo describirías tu vida emocional?
- Haz una lista de tus emociones y puntúa su intensidad. ¿Qué emoción domina tu vida?
- ¿Qué situaciones o personas te irritan más? ¿Cómo reaccionas?
- ¿Cómo soléis expresar vuestros desacuerdos como pareja? ¿Qué hacéis cuando os enojáis?

¿Dónde queremos llegar?

- Cuándo os enfadáis, ¿cómo manejáis la ira y cómo afecta a vuestra vida emocional?
- ¿Cómo cambiaría vuestra relación si tú pudieras controlar lo que te molesta o irrita?

Para vosotros

Hablad juntos de lo que habéis reflexionado a nivel individual.

- ¿De qué forma puede ayudarte tu pareja a expresar y controlar tus emociones?
- Acordad como vais a expresaros las emociones de una manera saludable.
- Comentad juntos la sección IMAGINA LA ESCENA (la pareja bíblica anónima de este tema).
- Decidid día y hora para realizar vuestra "salida como pareja" para hablar de este tema.

Oración

Si es apropiado para vosotros dos, terminad JUNTOS hablando con Dios; agradeciéndole el que haya puesto en vosotros emociones, como la ira, pidiéndole que os ayude a expresarlas constructiva y amablemente, sin herir ni ofender al otro, y a ejercitar el domino propio. Amén.

CAPÍTULO 8

JUNTOS EN LA COMUNIDAD

1. Siendo "luz y sal"

Seguro que os preguntaréis de qué comunidad estamos hablando, porque me imagino que pertenecéis como matrimonio a muchos grupos, sociedades, agrupaciones...

Como primera recomendación, al empezar este capítulo, recordaros que, en todas ellas, tenéis que cumplir como cristianos el mandato de Jesús de ser "luz y sal" (Mt 5:13-14) y que, en vuestras vidas, y en las nuestras, se debe reflejar, de forma clara, que "estamos andando con Él", diariamente (Hch 4:13).

¿Qué me decís de los vecinos? ¿Pueden contar con vosotros cuando os necesitan? ¿Oyen voces a menudo cuando discutís? En este caso, ¿hay algo que debéis hacer para cambiar la idea de los que viven al lado vuestro en cuanto a los cristianos?

¿Y en cuanto a la iglesia local? ¿Cómo vivís la experiencia de ser parte del "Cuerpo de Cristo"? ¿En qué manera estáis llevando a cabo vuestra labor de ser miembros activos? ¿Os reunís con regularidad?

O ¿El apóstol Pablo tendría que recordaros que: "Algunos tienen por costumbre dejar de reunirse"? (Hb 10:25)

Por mi parte, después de vivir el confinamiento debido al Covid-19, os aseguro que valoraré de por vida muchísimo la posibilidad de volver a reunirme con otros creyentes.

Quizás algunas de las cosas que hemos hecho, como iglesias locales durante la pandemia, se mantendrán en las comunidades cristianas para bien: Utilizar más y mejor las nuevas tecnologías, reuniones en las casas como grupos pequeños, que son manifestación de la iglesia local en las ciudades o en los pueblos y quizás incluso mantendremos un mejor contacto que antes con las redes sociales...

Pero sea como sea, la iglesia de Cristo tiene que seguir existiendo hoy y en el futuro, para que sus miembros puedan seguir creciendo y aprendiendo al estar juntos en comunidad pero, sobre todo, para ser portadores del Evangelio en la sociedad en la que el Señor nos ha puesto como familias, parejas e individuos.

Hoy vivimos en una sociedad en la que la mayoría de nuestros conciudadanos viven de espaldas a Dios, a sus valores y a sus normas. En palabras de Charles Taylor en su libro *La Era Secular* (Barcelona, Gedisa 2014): "La autoridad de la religión ha ido cediendo a una extrema secularización y las prácticas religiosas se han convertido solo en una opción para buscar sentido a la vida" y afirma: "Con el eclipse de la trascendencia puede que hayamos perdido algo", convirtiéndose ese sentido de la vida buscado, en una prioridad cada vez más lejana.

Para muchos de los que nos rodean la meta en esta vida es solo la búsqueda desaforada de la felicidad. Este hecho se ha convertido casi en una obsesión, por eso nos inundan los libros de autoayuda y muchos pretenden encontrar atajos para llegar a esa felicidad deseada, pero, no podemos negar, que la mayoría de las personas que nos rodean son más infelices que nunca porque, curiosamente, la felicidad buscada de forma desaforada no debe ser la meta final de la existencia.

A fin de entender un poco más el párrafo anterior tendríamos que diferenciar entre una vida en comunidad feliz y una vida con sentido y con propósito, que requerirá necesariamente de otros derroteros.

Vamos por partes:

2. Algunas ideas filosóficas

Son muchos los pensadores, filósofos, psicólogos, sociólogos, que han pretendido que la "hedonía", en palabras de Freud: "El principio del placer", tenía que ser perseguida para que la vida tuviera sentido. Esta idea no proviene solo de pensadores tan recientes, se remonta a filósofos griegos como Aristipo (alumno de Sócrates) que enseñaba que el fundamento de un "buen vivir" era la felicidad (hedonía), manifestada en poder vivir al máximo los placeres de la vida.

Epicuro (unos años más tarde) defendió lo mismo: "La buena vida se halla en el placer" (ausencia de todo sufrimiento).

Bentham, ya en el siglo XVIII, también defendió que la búsqueda del placer era la principal fuerza que sostenía e impulsaba al ser humano.

Y muchos estudiosos y practicantes de la psicología positiva hoy no están muy lejos de lo que brevemente he mencionado en los párrafos anteriores.

Pero, afortunadamente, hay otra forma de ver el sentido de la vida en comunidad: Encontrar otro camino para vivir mejor. Es lo que Aristóteles defendió recurriendo a un término que cobró mucho más sentido con la llegada del cristianismo: La "eudaimonía".

Este filósofo griego no estaba de acuerdo con las ideas mencionadas antes en cuanto a la felicidad, aunque él no negaba que la salud, los amigos y cierta capacidad económica, fueran elementos necesarios para un buen vivir. Pero intentemos explicar un poco el término "eudaimonía". Según el concepto aristotélico que encontramos en su obra *Ética a Nicómaco* (Madrid, Misión Libros 2002), consistiría en cultivar, en el interior del ser humano, cualidades morales e intelectuales y vivir una vida activa de trabajo, contribuyendo a la comunidad en la que se está implicado.

Si "hedonía" la podemos basar en el concepto de "sentirse bien" por la posibilidad de vivir el placer y apartar el sufrimiento de la vida, la "eudaimonía" sería "estar bien, haciendo el bien".

Esto nos llevaría a la conclusión que la vida tendrá sentido cuando las personas consideren que vale la pena vivir cuando la vida tiene propósito. En este caso la vida se asocia más a dar que a recibir. Stuart Mill en su *Autobiografía* dirá: "Solo son felices aquellos aquellos cuyas mentes están centradas en un objeto externo que no es su propia felicidad; es decir en la felicidad de los demás, en mejorar la humanidad, incluso en algún arte o meta que no se realice como medio, sino que sea un fin en sí mismo. Al concentrarnos en otra cosa, se encuentra la felicidad por el camino" *Autobiography*, Londres, Penguin Books, 1989).

Pero, en estos momentos, encontrar sentido a la vida, no es nada fácil. Según la OMS los suicidios se han disparado, desde la Segunda Guerra Mundial, en más del 60 %. Más de un millón y medio de personas se suicidan al año en el mundo y, por lo tanto, el consumo de antidepresivos ha subido de forma exponencial. Estos datos, curiosamente, tienen que ver más con los países desarrollados en los que vivimos y en los que impera el principio del placer.

Las personas y, sobre todo los jóvenes, a los que no les falta nada, están más hastiados de la vida que los que carecen de casi todo, en países del tercer mundo. Curioso, ¿verdad? Eso se explica simplemente porque esas vidas sumidas en las riquezas y el placer ya no tienen nada por lo cual vivir. No quedan metas que alcanzar y, a pesar de tener condiciones económicas buenas o muy buenas, el ser humano del siglo XXI no encuentra ningún sentido a la vida.

Creo que, como nunca, los cristianos tenemos algo que decir. ¿No os parece? Sabemos que la fe da sentido a nuestras vidas y esa fe en Dios es algo muy interno pero que debe ser transmitido a los que nos rodean. El propio Sartre, que hablaba de la "nausea" del vivir sin propósito, escribe: "La vida no tiene sentido a priori, de ti depende darle un sentido" (J.P. Sartre *El Existencialismo es un humanismo*, Barcelona, Edhasa, 2004).

Y, para darle sentido, nosotros sabemos, por las palabras de Cristo que "Él ha venido a esta tierra para que sus seguidores tengan vida y para que la tengan en abundancia" (Jn 10:10).

¿Cómo manifestaréis esa abundancia en las distintas comunidades a las que pertenecéis?

3. La iglesia local como comunidad de acogida

Volvamos, de nuevo, a la iglesia local. ¿Podéis hacer todo lo posible por vuestra parte, como pareja, cada uno con sus dones, para que sea una comunidad que reciba a las personas, de toda etnia, generando un sentido de familia, incorporando a gentes de cualquier estrato social, con mayor o menor capacidad intelectual y/o económica?

Cada persona que entre en nuestras iglesias o asista a los grupos pequeños, necesitará recibir una calurosa bienvenida y afecto. Seguramente no se acordarán del mensaje predicado, por muy buen orador que sea el predicador, pero recordarán los lazos que puede generar la amabilidad de los que les transmitan un sentido de pertenencia, aunque sea muy incipiente.

Lo más probable es que, si es así, los que nos visitan y no son creyentes, quieran pertenecer al grupo antes de desear pertenecer al Señor y rendir sus vidas a Él.

Muchos de nuestros conciudadanos van a llegar a nuestras comunidades con una gran carga de soledad a sus espaldas. No debéis nunca mirar para otro lado y acallar la empatía que el ser humano debería sentir siempre, ante sus "compañeros de viaje", en este mundo tan poco solidario.

Ciertamente vivimos en un contexto tremendamente individualista, pero a los cristianos se nos tienen que notar las enseñanzas de Jesús. Él vino a esta tierra a hacerse uno más de la comunidad. Vivió en comunidad. Ayudó a todos los que venían a Él pidiendo ayuda. ¡Qué gran ejemplo de solidaridad!

Os recomiendo un libro, muy antiguo, en el que su autor Spitz habla de que aún los niños muy pequeños pueden morir de tristeza por soledad. Se titula *El Primer Año de Vida*. Es un libro triste pero muy aleccionador. Y si un niño puede morir al abandonarlo, ¿qué pensáis que puede pasar con los mayores y con los muy mayores?

¿No sería un gran testimonio si nuestras comunidades eclesiales se convirtieran en lugares de acogimiento como ningún otro? ¡Colaborad como pareja! Recordad que eso os dará más felicidad que ser egoístas, mirando sólo por vosotros y por los vuestros.

Este párrafo no quedaría completo sin hablaros de la "primera" iglesia, la que se que constituye en vuestras propias casas. Recordad que "la iglesia local es la familia de las familias y es, también, familia para los que no tienen familia".

Pero también pensad siempre que la iglesia local no es el edificio, por lo tanto, recordad que en las situaciones en las que no podemos reunirnos presencialmente seguimos siendo "iglesia" y lo seguimos siendo cuando estamos en casa porque no podemos olvidar que tenemos a nuestro cuidado "la viña que era mía" (Ct 1:6). Y cómo dice mi esposo: "Somos iglesia, estemos dónde estemos, y a la hora que sea". Por lo tanto, la respuesta correcta a la pregunta ¿Dónde está tu iglesia es?: ¿Qué hora es?". Lo adecuado será contestar: "Si son las 11 de la mañana, y lunes, mi iglesia estaría en la oficina, en la tienda... Si son las 11 de la mañana del domingo seguramente tu iglesia estará, en la calle tal de un pueblo o ciudad, en el local donde os reunís". Y también, en estos momentos y desde ahora, el Señor nos podría decir: "¡No dejando de «zoomgregaros», como algunos tienen por costumbre!" (Hb 10:25 - NV Covid-19).

Pero no quiero cerrar este tema sin escribir sobre algo que está relacionado con los puntos anteriores pero que no nos es tan de cerca, (o sí).

4. La "aldea global"

También el mundo, la tierra, el planeta, es hoy nuestra comunidad.

Vivimos en lo que se ha venido a llamar "la aldea global". Nos enteramos, en tiempo real, de cualquier noticia que pase en otras partes del mundo, aunque sea en el otro hemisferio. Esta realidad se ha hecho tremendamente patente en los tiempos del Covid-19. Las noticias mundiales han corrido como la pólvora y han llegado a nosotros de todas partes del mundo, al instante... Produciendo angustia y gran ansiedad con la consecuencia de que muchas personas han tenido, o aún tienen, que acudir a terapia psicológica por no poder digerir tantas noticias terribles a la vez.

Quizás a vosotros os está pasando lo mismo y no os veis con fuerzas de metabolizar todo lo que os llega a través de las pantallas para, después, seguir viviendo como si no pasara nada. No os asustéis, nos pasa lo mismo, en mayor o menor grado, a todos, incluso a los más resilientes.

Pero, por otro lado, el exceso de información puede llevaros, también, a un endurecimiento atroz y muy peligroso, llegando a obviar todo lo que se ve y se oye en las noticias y pasar olímpicamente sin hacer nada por cambiar, lo poco o lo mucho, que esté en vuestras manos.

Creo, siguiendo las ideas del principio, que los matrimonios de nuestro complicado mundo, tienen que ayudar, en todo lo que puedan a nivel global, sin entrar en una crisis existencial en cuanto a lo que les rodea, pero con plena conciencia de lo que hemos y no hemos de hacer, desde los valores cristianos.

Desde que autores como Ronald J. Sider escribió el libro en 1977 *Rich Christians in an Age of Hunger* (Traducido al español: *Cristianos Ricos en la Era del Hambre*, Buenos Aires, Kairos 2015), se han movido algunos cimientos en las conciencias de numerosos creyentes, pero aún estamos muy lejos de vivir en consecuencia.

Además, hemos de tener presente que, aunque se nos deja claro a los cristianos, que tenemos que llevar nuestra "misión" hasta los confines de la tierra... ¡los pueblos lejanos de esos lugares, de distintas etnias, con sus dificultades y pobreza, pero también con sus cualidades y sus distintas culturas, ¡ya han venido a nosotros! ¡Viven también aquí!

Mira tu barrio. Observa tu iglesia... Occidente se ha convertido en un mosaico multiétnico y multicultural en el que hemos de vivir y convivir siendo solidarios con la única raza que existe: La de los seres humanos de distinto color, cultura, economía, y formas de ver la vida.

Por lo tanto, permitidme una pregunta que me hago también a mí misma: ¿Nos estamos enfrentando, de verdad, a una nueva y diferente manera de vivir, siendo consecuentes con lo que vemos y oímos, sin permitirnos mirar hacia otro lado?

Los problemas a los que nos enfrentamos son muy difíciles de resolver. No podemos olvidar que ya el apóstol Juan avisó que "el mundo entero está bajo el maligno" (1 Jn 5:19). Él es el gran destructor, engañador, salteador, que va contra todo lo bueno creado por Dios y genera, siempre que le damos lugar a: Injusticias sociales, desplazamientos de personas sin saber dónde van, cambios tremendos en el clima con los consiguientes desastres por inundaciones, sequías, torbellinos..., hambrunas, falta de agua, contaminación de los mares..., guerras y rumores de guerras, nuevas enfermedades, para las que no se encuentra solución y un terrible etcétera que nos sume en la más tremenda impotencia.

Pero me dirás y, ¿qué podemos hacer? Obviamente muy poco pero, como cristianos, tampoco nos podemos conformar a no hacer nada;

debemos esforzarnos todo lo posible para realizar cualquier cosa que esté en nuestra mano a fin de ayudar de alguna manera.

Tenemos que establecer una relación clara entre cómo vivimos y nuestras creencias. Para ese cometido deberemos apostar por ser cristianos más "ecológicos" y cuidadosos con los recursos y el medioambiente.

Nuestras creencias tendrían que inundar todas las áreas de nuestra vida. Hemos sido comisionados por Dios para cuidar de la Creación que, aunque está muy deteriorada y "gime con dolores de parto" (Rm 8:22), sigue siendo "buena en gran manera" (Gn 1:31). Lo que no podemos hacer es llegar a ser insensibles y pensar que, mientras no nos toque a nosotros, podemos estar tranquilos.

Desgraciadamente no es así, cada vez las calamidades y las catástrofes nos afectan más de cerca.

La mayoría de los que lean este libro y, también los que lo escribimos, somos pobres, aunque tengamos muchas cosas en comparación con otros seres que ocupan gran parte de la tierra. Pero, además, a los muy pobres, a los que de verdad no tiene nada o casi nada, los tenemos como vecinos cercanos. ¿Es así? O, ¿me equivoco?

Desde siempre la Iglesia de Cristo ha estado al cuidado de los necesitados, quizás esa sea una de las cosas que más la han caracterizado y, en los últimos años, casi la totalidad de las iglesias cristianas de occidente tienen ministerios de acción social en sus locales y en sus propios barrios.

Sabemos que la misericordia hoy no consiste solo en mandar alimentos o ropas a países del tercer mundo. ¡El tercer mundo, como hemos dicho, ha llegado, definitivamente, para quedarse entre nosotros!

Y, por lo tanto, se hace necesario cambiar de estilo de vida. Para hacer ese cambio y vivir de forma mucho más sencilla, en nuestra comunidad, tenemos que estar de acuerdo como pareja. Si uno de los dos pretende otra forma de vivir va a resultar casi imposible acercarnos consecuentemente a los que nos rodean y compartir la idea de que no podemos seguir como estamos: Consumiendo sin parar, tirando todo lo que parece sobrarnos y sin reflexionar, en absoluto, sobre lo que Dios desea de nosotros en cuanto a la misericordia hacia los demás.

El modelo que dejemos a nuestros hijos tendrá mucho que ver con el compromiso que ellos tomarán más tarde en cuanto a la vida, a las posesiones y al dinero.

Las decisiones tomadas en cuanto a lo que hacéis y en cuanto a cómo lo hacéis, tienen que ser siempre consensuadas, pero deben basarse en las directrices dadas por el Señor Jesús.

Eso se materializaría cambiando, necesariamente nuestro individualismo y nuestro "hedonismo" (el principio del placer, narcisista y que tiene como objeto mirar solo por uno mismo) por la "eudaimonía" (recuerda: encontrar la felicidad haciendo el bien).

Fuimos creados por Dios para "gobernar" (cuidar) de Su creación (Gn 1:26). La idea de gobernar, de este versículo, tiene que ver con trabajar, cuidar. Pero Génesis 3 nos transporta a un mundo caído que sigue, a través de los siglos, clamando por liberación. En cuanto entró el pecado en la tierra aparecieron adulterios, fratricidios, asesinatos, violaciones, codicia..., que estropearon a los seres humanos que, a su vez, destrozaron la tierra.

Sabemos que, un día, se recuperará el "paraíso perdido" pero, por el momento haced, como esposos, una parada para reflexionar y pensar si podéis hacer algo más de lo que hacéis para que "vuestros tesoros aumenten en el cielo" (Mt 6:19-20).

Te doy algunas ideas:

Quizás ayudar a alguna familia necesitada regularmente, aunque sea con poco dinero, o enviar algún donativo a alguien que está en las misiones, o apadrinar a un niño de alguna organización que te asegure que tu ayuda va a llegar bien a su destino (recomendamos la organización cristiana compassion.org porque nos da la seguridad de que lo que hacemos al apadrinar sus niños, llegará con toda certeza a su destino), o comprar algún juguete o ropa para algún niño de tu iglesia que sabes que está muy necesitado o, simplemente, invitar a comer a alguna familia, demostrándoles que les amas y que tu casa tampoco es un palacio pero que son bienvenidos o...

Sabéis que la Biblia tiene mucho que decir en cuanto a los bienes materiales. Son necesarios y buenos para vivir en este mundo, pero si gozamos de ellos y somos privilegiados por tenerlos, hemos de ser también muy agradecidos y tener las manos abiertas a fin de compartir lo que se nos ha dado, como regalo, con otros que tienen mucho menos que nosotros, porque en realidad, solo somos administradores de lo que tenemos.

Es muy importante saber, al respecto, que: "No tenemos nada que no hayamos recibido". Por eso debemos vivir siempre con humildad; ¡será un buen distintivo de nuestros valores cristianos! Recordad que no somos nada (solo "seres de polvo") que, hoy somos, y nos desvanecemos mañana como una neblina y dejamos de ser y de tener. Y, dejadme que os escriba una frase muy popular: "El que más alto se sube, mayor batacazo se pega". Por eso me gusta mucho el texto: "Sean vuestras costumbres sin avaricia, contentos con lo que tenéis ahora" (Hb 13:5). No te subas al pedestal del orgullo en cuanto a nada. Cualquier cosa inesperada puede hacerte bajar de forma rápida e imprevisible.

Por otro lado, en cuanto a los tesoros de aquí, nunca deben ser la última meta a alcanzar, y jamás deben conseguirse a fuerza de abusar de nadie. Por eso, si eres empresario, sé muy justo con tus empleados.

Nunca "trafiques" con personas, en ningún sentido.

5. Y, ¿qué me decís de la alimentación en el mundo?

Permíteme solo unas líneas en cuanto al tema de la alimentación. Los que me conocéis sabéis que estoy profundamente preocupada por este tema.

Todos somos conscientes de que en la mayoría de las casas se come muchísima comida basura (no hace falta que te diga a qué me refiero, ¿verdad?). Comemos en exceso y muy mal. Compramos multitud de cosas que van a parar a la basura porque se nos caducan o porque no nos gustan y, además, ingerimos alimentos muy agresivos para nuestra salud: Grasas saturadas en exceso, azúcares en cantidad ingente, demasiada sal, productos procesados, semicocinados, envueltos por días y días en plásticos..., verduras y frutas que duran siglos, y que vienen, en la mayoría de los casos, de países lejanos, pescados que, en algunas piscifactorías, comen carne, algunas carnes muy hormonadas... en fin, ¡¡qué os voy a decir yo, que vosotros no sepáis!!

Todo eso nos tiene que llamar también la atención porque todos pertenecemos a la comunidad de la raza humana y nos hacemos daño a nosotros mismos y especialmente a la naturaleza, a los animales, a los mares... pero, también, porque mientras millones de personas en el mundo pasan hambre, en occidente hay una verdadera pandemia de obesidad mórbida.

Poder comer es un privilegio inmenso. Solo nos damos cuenta de esa realidad cuando ese placer queda restringido por alguna causa. Las papilas gustativas son algo increíble. Son un auténtico regalo del Señor a sus criaturas. Imaginaros que sería de nosotros si no las tuviéramos; no tendríamos ni idea de los distintos sabores. ¡Qué bueno ha sido nuestro Creador, dándonos "regalos" para nuestro placer!

Por todo eso y mucho más, compra y consume con cuidado. Esto también debe constituir un ejemplo en tu comunidad.

En el libro mencionado, *Cristianos Ricos en la Era del Hambre*, el autor escribe: "En una sociedad de consumo, que mide cada vez más el valor y la importancia de una persona por la cantidad de bienes materiales que posee, los cristianos bíblicos rechazarán el materialismo sin caer en el ascetismo. Se deleitarán con las maravillas del mundo material pero no olvidarán que, en última instancia, las cosas no pueden dar satisfacción. Gozarán de la buena tierra, celebrarán su abundancia, sin olvidar compartir con los necesitados. Aprenderán a diferenciar las necesidades de los lujos. Gozarán de los bienes reconociendo a la vez su peligrosa seducción. Cuando sean forzados a elegir entre Jesús y los bienes, alegremente renunciarán al anillo para quedarse con el Amado".

Me gustaría terminar este capítulo con otras palabras escritas por John Piper en el libro (que te recomiendo) publicado por Andamio en 2017: *Servir a la Iglesia, alcanzar el mundo*. Dice así:

"La declaración del propósito de mi vida es: Existimos para extender la pasión por la supremacía de Dios en todas las cosas, para el gozo de todos los pueblos a través de Jesucristo... Esto no puede fracasar porque es una promesa de Jesús: "Y este evangelio del reino se predicará en todo el mundo como testimonio a todas las naciones y entonces vendrá el fin" (Mt 24:14). Las "naciones" en este versículo no se refieren a los estados políticos. Se refiere algo así como lo que llamamos "grupos de personas", agrupaciones etnolingüísticas y podemos estar absolutamente seguros de que el evangelio se adentrará en cada uno de estos grupos en la medida en la que se puede decir que un testigo inteligible y propagador estará entre ellos y los reunirá como pueblo global de Dios en los cielos nuevos y la tierra nueva".

¿Eres tú uno de esos discípulos propagadores?

IMAGINA LA ESCENA... JUNTOS EN LA COMUNIDAD

Aquila y Priscila o Priscila y Aquila ("A y P"): ¿qué esperamos...? (Hch 18:2; 1 Cor 16:19; Ro. 16:3-5; 2 Tm 4:19)

Seguramente más de uno de nuestros lectores habrá pensado: "Más tarde o más temprano saldrá este matrimonio a relucir en este libro". Sinceramente quise dejarlo y no escribir sobre ellos porque otros, más cualificados que yo, ya han hablado mucho de esta pareja y puedo contribuir muy poco que no haya sido escrito, predicado, enseñado y oído ya "millones de veces". No obstante, es el tipo de matrimonio que se hace "imprescindible" y que, aunque podemos dar gracias al Señor por su ejemplo, también presentan un modelo digno de imitar. No podemos olvidar el principio: "Siempre preparando a nuevos líderes" (según 2 Tm 2:2). Ya me explicaré.

Vamos simplemente a señalar unas características de esta pareja en el contexto de este capítulo 8:

1. UN MATRIMONIO COMPASIVO: "Ahora" está en Corinto. Hch 18:1-2

La primera vez que encontramos a este matrimonio son unos "refugiados" en la ciudad de Corinto. Habían sido expulsados de Roma, por ser judíos (Hch 18:1-2) y se colocaron en la calle de los "Hacedores de Tiendas", frecuentemente las personas del mismo oficio se juntaban en la misma zona de una ciudad. Evidentemente Pablo, siendo también de este oficio, se fue allí para buscar trabajo y encontró a "A y P" del mismo gremio y siendo también judíos emplearon el don de la hospitalidad. ¿No es cierto que a menudo las personas "desplazadas" puedan apreciar mucho más la solidaridad que otros hospitalarios les pueden mostrar, que las personas que no han experimentado tales penurias?

¿Me permites añadir una nota? Puesto que todos los creyentes somos peregrinos y tenemos nuestra ciudadanía en los cielos (1 P 2:11 y Flp 3:20), y, por lo tanto, estamos "de paso", ¿no debe ser la hospitalidad algo característico entre los creyentes? Con cierta tristeza me acuerdo de que, siendo soltero y viviendo en un pueblo en las afueras de la ciudad, visité una iglesia en Barcelona un domingo por la mañana y quise volver para el culto de la tarde. Algunos me preguntaron qué hacía durante la semana, etc., pero nada más. El resultado final fue que, después del culto de la mañana, yo iba deambulando durante 5 horas por las calles, en pleno verano, ¡¡con un sol que…!! El lado bueno de esto es que al volver por la tarde una pareja joven (que me había conocido por la mañana) se lamentaron de que no hubieran pensado en invitarme a su casa, lo cual hicieron, ¡¡con creces, el domingo siguiente!! Nunca me he olvidado de su amabilidad y lo mismo ocurrirá si vuestro hogar también está abierto para recibir, como dice en Heb. 13:2… a posibles ángeles que pasan por tu iglesia.

2. UN MATRIMONIO VALIENTE: "Ahora" están en Roma. Ro 16:3-5

"Saludad a Priscila y a Aquila, mis colaboradores en Cristo Jesús, que expusieron su vida por mí; a los cuales no solo yo doy gracias, sino también todas las iglesias de los gentiles. Saludad también a la iglesia de su casa".

En este texto bíblico Pablo no explica ni cuándo ni cómo "ellos una vez arriesgaron la vida por él". ¿Fue durante la revuelta en Éfeso (Hch 19:23-41) o en algún otro momento? No sabemos, lo que sí podemos derivar del texto es que Pablo lo entendió como un acto de "colaboración" y que, consecuentemente, él estaba agradecido.

La forma del verbo indica que Pablo sigue agradeciéndoselo al decir: "Yo les estoy agradecido…". En otras palabras: No se había olvidado de la acción de sus amigos. Propongo una lección, que es también vital para nosotros; no olvidéis las buenas acciones de los amigos, aunque hayan sido hechas hace tiempo. Incluso las acciones realizadas antes de vuestra boda y que quizás vuestro cónyuge ni las conoce.

Para seguir mirando en la misma dirección: ¿Hay acontecimientos pasados que puedes compartir con tu cónyuge, no solamente el evento en sí, sino también tu agradecimiento? Es bueno recordar las buenas acciones de los demás.

Y Pablo no quiso olvidar, y tampoco dejaba a las iglesias olvidar. Sigue diciendo: "Yo les estoy agradecido, igual que todas las iglesias de los gentiles". Por lo tanto, es evidente que la valentía de "A y P" (Aquila y Priscila) fue algo conocida y reconocida por parte de muchos gentiles.

¡Cuánto me gustaría saber si fue algo que "A y P" hicieron en secreto o con conocimiento público! Lo único que sabemos con certeza es que Pablo hizo público que sus colaboradores "arriesgaron la vida por él". ¿Habláis así de bien de vuestros amigos? Proverbios dice claramente: "El que tiene amigos ha de ser amigable" (Prov 18:24) Además de enseñarnos a escoger cuidadosamente nuestros amigos también debemos ser leales a ellos: por años, a lo largo de nuestra vida, antes y después de nuestra boda. "Nunca abandones a un amigo, sea tuyo o de tu padre" (Prov 27:10). Otra traducción de Prov 18:24 dice: "El amigo verdadero se mantiene más leal que un hermano".

3. UN MATRIMONIO SIGNIFICATIVO. Ro. 16:3-5

Nos llama la atención de que inmediatamente después de hablar de Febe (¿la portadora de esta carta a los Romanos?), las primeras personas que el apóstol menciona en su lista de "agradecimientos" sea esta pareja de "nómadas". Digo esto puesto que las cuatro veces que se les menciona en el NT cada vez están en sitios diferentes (Roma, Corinto, Roma, Éfeso). Habían tenido que salir de Roma (Hch 18:2), pero ahora están allí otra vez, a pesar de la persecución contra los judíos/creyentes.

Además, ya están llevando a cabo el ministerio de "una iglesia en su casa". Recordemos que eran laicos, no se trataba de un matrimonio de apóstoles y tenían su trabajo ¡¡Este matrimonio no para!! ¿Es significativo que en el texto de Romanos aparece primero el nombre de la mujer? Vemos lo mismo de la pluma de Lucas en Hechos 18:26 aunque al principio del capítulo el primer nombre mencionado es el del marido, nos da a entender que Priscila tenía un don de enseñanza que ella ejercía en privado y también en público; y, además, parece que Aquila la apoyaba en su ministerio. En cada matrimonio el Señor "reparte Sus dones como Él quiere" (1 Cor 12:7, 11 y 18) y para la convivencia y el avance de la obra del Señor, vale la pena descubrir los dones (o mezcla de dones) de cada uno y luego apoyar en todo lo posible al otro para el pleno uso y desarrollo de esas capacidades, puesto que son regalos de Cristo a Su Iglesia. Y las capacidades/responsabilidades que Dios os ha dado, ¿no podéis usarlas también para la edificación y fortalecimiento de vuestro matrimonio?

Y, ¿qué hacía Aquila, además de apoyar el ministerio de su mujer? La Biblia no nos explica mucho, pero una de las tradiciones es que él escribió (de forma anónima) la carta novotestamentaria a los "Hebreos".

(Al llegar al cielo es una de las muchas preguntas que tengo que hacer...).

También fue un matrimonio significativo en la vida de Apolos, puesto que al oírle predicar se dieron cuenta de que le faltaba "algo" y, en vez de confrontarle públicamente lo llevaron a su casa "aparte y le expusieron más exactamente (con más precisión) el camino de Dios" (Hch 18:26).

4. UN MATRIMONIO EJEMPLAR. 2 Tm 4:19

"Ejemplar" en el sentido de "Modelo". Supongo que tenían sus fallos (aunque no se menciona ninguno) pero les volvemos a encontrar, esta vez, en Éfeso, ayudando y animando al joven pastor Timoteo. Es significativo que son casi las últimas personas que Pablo menciona en lo que era su última carta antes de su martirio. Parece que este matrimonio tuvo un lugar muy especial en el viejo corazón del apóstol.

"A y P" o "P y A" supieron cómo lograr lo máximo de su vida, se complementaban el uno al otro: formaban un equipo. No importaba quién cocinaba o quién fregaba los platos, o quien enseñaba, o quien ponía los toques finales de un pedido de tiendas de campaña. Trabajaban juntos, siempre juntos, siempre..., sin competitividad entre ellos. Cobijando y aprendiendo de un apóstol; hospedando y enseñando a un joven predicador; apoyando y cuidando a un joven pastor, guiando y pastoreando "iglesias" en su casa... mejor dicho: en sus casas, siempre abiertas, siempre formando a otros. Tenían claro su ministerio hogareño, siempre mirando en la misma dirección.

Medita como matrimonio en...

"La semilla de las buenas acciones se transforma en un árbol de vida; una persona sabia gana amigos", Prov 11:30.

"La mujer sabia edifica su hogar...", Prov 14:1.

"Los padres pueden dar en herencia a sus hijos casa y fortuna, pero solo el Señor puede dar una esposa comprensiva", Prov. 19:14.

"¡Tú guardarás en perfecta paz a todos los que confían en Ti, a todos los que concentran en Ti sus pensamientos! Confiad siempre en el Señor, porque el Señor Soberano Dios es la Roca eterna", Isaías 26:3-4.

BIENVENIDOS A CASA... JUNTOS EN LA COMUNIDAD
¿Cómo podemos ser útiles en nuestra comunidad cristiana?

Nuestra relación personal con Dios es crucial para lograr un matrimonio duradero y satisfactorio. Cada uno es responsable de su crecimiento espiritual y de compartir y de contribuir al crecimiento de la relación matrimonial. Dios debe tener el primer lugar en nuestra vida, después nuestra familia y después la labor en la iglesia y nuestro trabajo. Para algunos, tener un ministerio en la iglesia ha supuesto un escape a responsabilidades de la propia familia. Esta es la tentación y el peligro de muchos matrimonios hoy en nuestras iglesias.

Las iglesias y sus líderes, empezando por ellos mismos, han de ver a las personas no solo como individuos sino como personas dentro de un sistema lo más equilibrado posible. De hecho, la iglesia es la familia de las familias y es familia para aquellos que no tienen familia.

Situándonos en la comunidad

Pedro y Sara llevan trece años casados. Hace diez años empezaron a asistir a una iglesia en la que conocieron a Jesús, de forma personal, hicieron nuevos amigos y donde sus dos hijos, de ocho y seis años, asisten contentos a sus clases del domingo. Hace unos tres años que sintieron un nuevo de deseo de acercarse más al Señor y servirle.

Ese deseo de crecer en su relación con Dios y de poder ser de ayuda a la iglesia a la que pertenecen, les llevó pronto a involucrarse en algunos ministerios de la iglesia. Pedro, que trabaja en las redes sociales, se ha ofrecido para ayudar en el departamento de comunicación y nuevas tecnologías de la iglesia, y Sara, que es profesora de secundaria, ayuda en el grupo de adolescentes.

Poco a poco van viendo lo útiles que pueden ser en la iglesia y el efecto que tiene en otros su espíritu de servicio y entrega, lo cual hace que sean admirados, aceptados y, a la vez, les hace sentirse bien.

Sara cada día tiene más el deseo de ayudar a estos jóvenes, lo cual le lleva a ocupar más su mente y su tiempo, organizando distintas actividades para ellos: Encuentros de charlas-coloquio, organizando cine-forums, entrevistas a nivel personal con alguno de ellos, etc. Ha empezado a dar conferencias también para los padres de preadolescentes y adolescentes.

Debido al aumento de actividades de Sara, Pedro ha tenido que atender más responsabilidades de casa, que, en su momento, acordaron haría Sara, pero que en la actualidad ella no puede atender ni pasar el tiempo necesario con los niños.

Por otro lado, la colaboración de Pedro en la iglesia cada día le requiere más tiempo y dedicación; últimamente le han pedido que diseñe todo un programa de formación bíblica online. A Pedro le entusiasma estructurar programas de educación. Esta situación les está llevando a alguna que otra discusión y a no tener tiempo apenas para ellos. Pedro se queja de que Sara está haciendo mucho más de lo que debería y Sara se queja de que Pedro no entiende la importancia de ayudar a estos jóvenes y del alcance espiritual para sus vidas.

Muchas parejas cristianas se involucran en algún tipo de servicio o ministerio cristiano, pero por lo general lo hacen por separado, generando enfoques, actividades, horarios y responsabilidades diferentes que desembocan en una tensión y competitividad entre ellos, aunque ambos suelan espiritualizar la situación.

Enfocando la orientación

Tenemos frente a nosotros una pareja que, en su fe genuina, tienen un deseo ferviente de servir a Dios donde haga falta, pero no se dan cuenta que, creyendo que es por una buena causa, están dedicando un tiempo y energía, que en este momento de su vida familiar, necesita su relación matrimonial y sus propios hijos. Sin apenas notarlo y aunque sea "para el Señor", están llevando vidas paralelas, con diferentes horarios, reuniones y situaciones.

Es evidente que Pedro y Sara tienen que reorientar sus prioridades, reenfocar sus motivos y deseos de servir a Dios, así como equilibrar su forma de involucrarse en la iglesia. También se deberá explorar con ellos el dar un paso más y ver si Dios les está llamando a un servicio diferente y juntos, con más dedicación. Quizás un ministerio, o servicio, o una preparación para una futura dedicación a tiempo completo.

Opinamos que, si la pareja puede llevar a cabo algún ministerio conjunto, su intimidad espiritual se verá muy beneficiada.

Hablando con ellos

Pedro y Sara llegan a la orientación con el deseo de poder encontrar una solución a su deseo de involucrarse más en "las cosas de Dios".

Les felicitamos por su deseo de servir más al Señor y al prójimo.

"Pedro y Sara, explicadnos lo que hacéis y vuestras respectivas responsabilidades en la iglesia". Cada uno nos comenta con entusiasmo lo que hace y los proyectos nuevos que está llevando a cabo.

Después de escucharlos, y ver que cada uno explica que su ministerio es imprescindible para la buena marcha de la iglesia, les preguntamos: "¿Cómo está afectando a vuestro matrimonio el servicio que hacéis en la iglesia?". Cada lo uno explica, intentando justificar su posición.

Desgraciadamente hemos visto como el afán sincero de servir en la iglesia, ha llevado a muchas parejas a serias discusiones, tensiones y, hasta a veces, a divorcios, por gestionar mal este tema.

A continuación profundizamos con Pedro y Sara su situación. Les decimos: "Muchas veces se confunde el concepto de Dios con el concepto de servir a la iglesia y podemos pensar que agradar a Dios es realizar y estar involucrados en multitud de actividades. A veces pensamos: «Cuánto más hagamos, mejor cristianos seremos»". Continuamos diciéndoles: "No nos confundamos: Dios no es la iglesia y si tenemos una familia, Él nos pide que, ante todo, atendamos a los nuestros".

Le pedimos a Pedro que lea el texto de 1 Tm 5:8: "El que no provee para los suyos, y sobre todo para los de su propia casa, ha negado la fe y es peor que un incrédulo", y que los dos opinen sobre la aplicación de este pasaje y de las posibles consecuencias en su caso. Después de unos minutos de sincero diálogo, llegamos a la conclusión de que este pasaje nos habla de prioridades en la familia cristiana.

Les preguntamos: "¿Cuáles son vuestras prioridades en la vida?".

Hay un diálogo intenso entre ellos. Casi se atropellan hablando. En ocasiones se reprochan una falta mutua de espiritualidad. Cada uno dice lo suyo sin escuchar demasiado al otro, como dice el refrán: "Cada burro piensa que su fardo es el más pesado".

Nos centramos en el tema de las prioridades.

Queremos presentarles un orden de prioridades que hemos tratado de tener nosotros mismos y que siempre hemos aconsejado: "Dios (relación personal genuina y vertical con Él). Familia (relación horizontal, satisfactoria, empezando por la relación matrimonial). Después, el tiempo de trabajo o iglesia (nuestra misión, lo que hacemos para los demás), amigos, tiempo libre, etc.".

Como cristianos, este debería ser nuestro orden de prioridades. Siempre animamos a las parejas y sobre todo si tienen hijos a que los dos estén involucrados en el mismo ministerio y en el mismo equipo. Esto no implica que los dos tengan que hacer lo mismo, pero sí ir en la misma dirección. Al hacer el mismo ministerio como matrimonio, Dios fortalece la relación. También nuestra agenda puede ser mucho más llevadera al estar los dos enfocados en una misma misión y visión. Al fin y al cabo, la iglesia no debe ser nunca un "disgregador" de la familia, sino todo lo contrario, el gran potenciador de la misma.

Seguimos con la consejería y ahora les preguntamos que lo vean desde otro ángulo: "¿Cómo afecta esto a vuestros hijos y al resto de la familia?".

Hay un tiempo para todo lo que se quiere bajo el sol. También hay un tiempo para la familia. Les decimos que, cuando los hijos son pequeños, van a requerir de toda su atención y cuidado, quedando muy poco tiempo para aceptar otras responsabilidades. A medida que los hijos crecen, se pueden ir ampliando los compromisos fuera del hogar, teniendo en cuenta que la época de criar adolescentes, quizás la más desafiante, ha de encontrar a los padres con mucha energía y con una relación entre ellos muy equilibrada. No estaría bien cuidar a los hijos de los demás y desatender a los nuestros.

Les decimos: "Evidentemente colaborar en la iglesia con los dones que Dios nos ha dado es algo que toda familia tiene que considerar, pero siempre midiendo el tiempo y lo que puede implicar dicha responsabilidad. Deberíamos ir con cuidado al aceptar más compromisos de los que podamos asumir y que puedan poner en riesgo nuestra relación familiar".

Pedro y Sara tendrán que hacer ajustes y buscar puntos de encuentro y participación y hablar con los responsables de su iglesia. Les proponemos que reconsideren su colaboración actual y que busquen una actividad para desarrollarla juntos. Esto creará un lazo espiritual entre ellos más allá de la mera actividad.

Les indicamos que: "Cuando abrimos nuestro corazón a Dios, cuando queremos amarlo y servirle juntos, nuestro matrimonio se transforma y Él construye una relación en constante crecimiento de nuestra intimidad a todos niveles. Si estamos en armonía entre nosotros y en sintonía con Él, Dios nos usará para atraer a otros y estos verán a Cristo en nosotros. ¿Lo entendéis?". Pedro y Sara siguen atentos a lo que les decimos y asienten con la cabeza: "Somos el escaparate de Dios, ¿sabéis cuál es el propósito de un escaparate? Exponer una muestra de lo que hay dentro de la tienda, y nos invita a entrar y comprar. Pedro y Sara, nuestro matrimonio es el escaparate de Dios en este mundo, que al ver nuestra unidad, provoca en los demás el deseo de conocerle".

Les pedimos que piensen por un momento: "¿Qué podéis hacer juntos?". Empiezan a decir muchas ideas. Se asombran, mirándose y sonriendo de lo que acaban de descubrir. Es cuestión de enfocarse y verse como un equipo. Las oportunidades son ilimitadas.

Tarea: Durante un mes leer la Biblia, orar, escuchar, y escribir en un diario lo que el Señor les esté diciendo, sin entrar a discutir. Luego, que contrasten lo escrito. Y para el próximo encuentro les pedimos que traigan un plan pactado, una alianza entre ellos, de lo que van a hacer juntos para llevar adelante su vida espiritual y su ministerio. Les sugerimos que empiecen por algo sencillo y posible, como dirigir un grupo de matrimonios jóvenes, mentorar a las parejas que se van a casar, discipular a un matrimonio nuevo en la fe, etc. Les insistimos en que lo más importante es desarrollar una visión conjunta, sino existirá el peligro de que uno arrastre al otro. Les leemos: "¿Cómo andarán dos juntos si no están de acuerdo primero?" (Amós 3:3).

También les animamos encarecidamente a que estudien juntos la pareja propuesta en IMAGINA LA ESCENA para este tema: Aquila y Priscila y que se "pongan en sus zapatos" y que hablen sobre los puntos de unidad y ministerio de los mismos; que exploren juntos en la Palabra de Dios y con una actitud de oración expectante, investiguen qué implica ser misioneros en nuestra cultura.

Les dejamos una pregunta para que piensen durante este tiempo: "¿Habéis considerado el tomaros un tiempo sabático para indagar más sobre la voluntad de Dios y prepararos para servirle?" Tanto a Pedro como a Sara se les ilumina la cara, como si hubieran estado mucho tiempo esperando que alguien les hiciera esta pregunta. En el próximo encuentro exploraremos si Dios les está llamando a una mayor dedicación y a servirle como matrimonio a tiempo completo.

Concretando las tareas propuestas:

Durante el próximo mes escuchar a Dios a través de su Palabra y de la oración, y escribir en un diario personal lo que crean que el Señor les está diciendo.

Siguiendo el ejemplo de Aquila y Priscila, explorar lo que implica ser misioneros hoy en nuestra cultura.

Hacer un plan pactado de visión y misión y traerlo al próximo encuentro

Resumiendo: Cuando abrimos nuestro corazón a Dios, cuando queremos amarlo y servirle juntos, nuestro matrimonio se transforma y crece nuestra intimidad y nuestra confianza mutua. Llegamos a ser mucho más fuertes juntos que la suma de nuestras fortalezas individuales. Cuando un esposo y una esposa abren su corazón a Dios, las puertas de su casa suelen abrirse también. Nuestro hogar es el primer lugar de ministerio. Si estamos en armonía entre nosotros y en sintonía con Él, nos usará para atraer a otros hacia sí.

Nos decía un querido profesor: "Tu matrimonio es tu ministerio" (Dr. Howard Hendricks).

Les dejamos este texto bíblico: "Estoy convencido de esto: el que comenzó tan buena obra en vosotros la irá perfeccionando hasta el día de Cristo Jesús". Apóstol Pablo (Filipenses 1:6).

Terminamos el encuentro orando juntos, cogiéndonos de las manos los cuatro y dando gracias a Dios por sus vidas, por su deseo de servirle y pidiendo que el Señor hable a sus corazones, que les dé una visión renovada y les muestre como matrimonio lo que han de hacer en un futuro próximo.

Idea clave:
"Tu matrimonio es tu ministerio y el servir juntos a Dios fortalece nuestra intimidad espiritual y repercute en nuestro servicio hacia los demás".

PARA REFLEXIONAR Y ACTUAR
[MPS – MATRIMONIO POSITION SYSTEM]

¿Dónde estamos y dónde queremos llegar?

Para ti

¿Dónde estamos?
- ¿Cómo describirías tu vida espiritual?
- Haz una lista de tus posibles dones y talentos. ¿Cuáles estás desarrollando y cuáles no?
- ¿Qué necesitarías para servir mejor a Dios?

¿Dónde queremos llegar?
- ¿Piensas que tenéis vuestras prioridades en el orden correcto? Si es no, ¿por qué?
- ¿Qué crees que quiere Dios de vosotros como equipo?

Para vosotros

Hablad juntos de lo que habéis reflexionado a nivel individual.
- ¿Cuál creéis que es vuestra misión en la vida? Escribidla en una frase.
- Poneos de acuerdo en cómo vais a servir a Dios juntos.
- Comentad juntos la sección IMAGINA LA ESCENA (la pareja bíblica de este tema, Aquila y Priscila).
- Decidid día y hora para realizar vuestra "salida como pareja" para hablar de este tema.
- Comentad vuestra inquietud con vuestros líderes o mentores.

Oración

Si es apropiado para vosotros dos, terminad JUNTOS hablando con Dios; pidiéndole que os muestre Su voluntad.

CAPÍTULO 9

JUNTOS HASTA EL FINAL

1. La convivencia por años

A veces se habla del matrimonio como algo absolutamente romántico y sin problemas. Esa no es la verdadera realidad en la vida diaria de la familia y, mucho menos, a lo largo de la vida. Desde las primeras semanas de casados podemos empezar a vislumbrar la verdad de que no siempre es fácil convivir y que las relaciones se complican y se van haciendo difíciles conforme va pasando el tiempo e incluso pueden llegar a ser muy difíciles cuando la familia crece, llegan los hijos, los nietos, o tenemos que incluir bajo nuestro paraguas el cuidado de los padres, de uno o de ambos cónyuges.

La convivencia por años y años, en pareja, puede llegar a ser difícil porque sabemos que las relaciones interpersonales son las causantes de muchísimas dificultades y lo más complicado de realizar con éxito, como hemos ido viendo a lo largo de estas páginas.

Lo peor sería que, frente a las dificultades crecientes, al llegar a la tercera o cuarta edad, cometiésemos el gran error, de decidir abandonar "el barco" y salir huyendo.

No debería nunca ser así y, mucho menos entre creyentes, ya que contamos con una ayuda de valor incalculable: La presencia de Dios en nuestra vida y matrimonio. Nadie nos ha prometido que la convivencia conyugal fuese a ser fácil, pero sabemos una cosa: El matrimonio es un "misterio" y debe perdurar, en el mejor de los casos, hasta que la muerte nos separe.

¿De qué estamos hablando? El apóstol Pablo nos dice, escribiendo a los Efesios: "Grande es este misterio" (Ef 5:32). Seguramente utilizó este término refiriéndose a que la unión del matrimonio ha de ser tan fuerte como la de Cristo con su Iglesia.

Pero, si miramos a nuestro alrededor, incluso entre los creyentes, parece que nuestros contemporáneos no solo no creen que es un misterio, sino que además no pueden ni imaginar que el matrimonio es un verdadero milagro que debe perdurar a pesar de las luchas y los problemas de la vida.

Lo que impera hoy es pensar que no vale la pena entrar en un compromiso de este tipo y mucho menos mantenerse hasta la vejez unidos. Muchos se preguntan, ¿para qué? ¿Por qué voy a sufrir por otro? ¡Con lo bien que estoy sin ataduras! Se ríen del matrimonio, no pueden entender que, de verdad, vale la pena y piensan que es aburrido y que está condenado siempre a acabar en derrota.

2. ¡No abandonemos!

Por otro lado, y por desgracia, las estadísticas les dan la razón a los que piensan así. Casi la mitad de los matrimonios terminan en ruptura. Por eso muchas parejas deciden vivir juntos y no casarse pensando que es mejor probar y ver cómo les va. Pero, en estos casos, sorprendentemente, el número de rupturas aumenta considerablemente porque sin el verdadero compromiso, los lazos suelen durar muy poco, aunque siempre haya excepciones.

Esta idea, de abandonar al cónyuge, ante cualquier dificultad, no es nueva. Ya Moisés tuvo que legislar al respecto y Jesús mismo sentenció que se llegaba al abandono y a la ruptura del pacto matrimonial por la dureza del corazón, nunca por la voluntad de Dios.

Además, y quizás hoy más que nunca, no podemos soslayar el hecho de que, en parte, las sospechas de que el matrimonio no es la solución para toda la vida, tiene que ver, muchas veces, con los modelos parentales que los hijos viven en sus casas. Los padres, en ocasiones, con su ejemplo de insatisfacción, dando a entender que la vida matrimonial es un desierto árido y que no vale la pena mantenerse juntos a lo largo del tiempo, transmiten que el compromiso conyugal es una argolla al cuello y que lo habitual es que ambos cónyuges estén hartos de todo y disfruten muy poco de su existencia en común.

Desgraciadamente ese ejemplo, como todos podemos imaginar, es nefasto para la prole que, fácilmente, llegarán a la conclusión de que deben elegir otras alternativas a fin de que su vida sea más fácil y placentera.

Pero, desde nuestra perspectiva cristiana, hemos dicho de forma reiterada en este libro, que el matrimonio es un pacto que Dios instituyó en el huerto del Edén y es el mejor invento que podemos imaginar de estabilidad y disfrute para hombre y mujer, y también para la crianza de los hijos.

Otra gran dificultad para pensar en el matrimonio como ideal de relación sostenida en el tiempo, es que antes de decidir casarnos busquemos a alguien que colme todas nuestras expectativas y que se ajuste perfectamente a nosotros. Lo más probable es que eso no ocurra en casi ningún aspecto de la relación y especialmente en la cuestión física, porque nuestro aspecto externo, por bien que nos mantengamos, es lo que cambia más rápidamente con el paso de los años. Los cuerpos se deterioran con el tiempo y lo que en un principio era, quizás ideal, deja de serlo y mucho más por comparación con otros cuerpos que aún son jóvenes y bellos.

Aunque nos pueda parecer cruel y extraño, hay personas que, conforme van pasando los años, abandonan a su mujer o a su marido porque ya no les atraen físicamente. ¡Terrible! ¿Verdad? ¿Se puede acabar con una relación por eso? Pues sí. Desgraciadamente son muchos los que se quejan en cuanto a los cambios físicos del otro. Los maridos pueden ser especialmente crueles si echan en cara el nuevo peso corporal de su esposa o los cambios que ha ido experimentando al tener los hijos o al ir avanzando en edad. Es un tema que causa mucho dolor y puede constituir fácilmente un maltrato.

3. Ajustando las piezas del puzle

También podemos albergar expectativas de que el cónyuge nos va a comprender al cien por cien y va a dar respuestas completas a nuestras necesidades emocionales o espirituales a lo largo de toda nuestra vida. Quizás tampoco sea así del todo. Cada uno ha de ser responsable de su propia felicidad y autorrealización.

Hombre y mujer, van al matrimonio como dos piezas de un puzle y esas piezas no pueden encajar de forma perfecta. Tendrán que haber retoques, casi continuamente; se tendrán que cortar ciertas aristas para que a través de los años puedan encajar. Y, de todas maneras, seguramente nadie es capaz de dar completa satisfacción a otro ser humano y ensamblarse a la perfección en todos los aspectos de la vida.

No podemos esperar tanto del otro. Debemos aceptar que nuestro cónyuge tiene una forma de ser distinta a la nuestra, con sus virtudes y defectos. Intentar cambiarlo para que sea lo que nosotros queremos no es lo mejor ni lo más adecuado porque no podemos pretender que el otro deje de ser como es, con su propia personalidad. Por tanto, la aceptación es parte imprescindible de la durabilidad de la vida matrimonial. Aceptar, respetar, buscar la complementariedad y, sobre todo, amar de forma incondicional, será lo que facilitará que el "misterio" funcione.

Siempre tenemos que contar también con el factor evolutivo: Las personas cambiamos casi continuamente. Esos cambios pueden generar la necesidad de volver a retocar la pieza del puzle para que volvamos a encajar de la mejor forma posible.

Llegamos a la conclusión de que el matrimonio es verdaderamente un "misterio" y que solo durará bien y para siempre con la ayuda de Dios, a pesar de las dificultades de encaje que, seguramente, vamos a ir experimentando a lo largo de los años.

Por lo tanto, volvemos al principio del libro: La solución básica es: "Cordón de tres dobleces no se rompe fácil". Podemos experimentar en el matrimonio el milagro de "Emmanuel" (Dios con nosotros) y, si esa realidad se cumple, quedaremos como dos papeles pegados con pegamento, que no se separarán fácilmente, ¿lo recuerdas?

4. La ternura, imprescindible hasta el final

Pero, ya tocando al final de este trabajo, quisiera reiterarme al escribir sobre la necesidad de comprometernos con la ternura. Este aspecto de ser tierno, uno con el otro, es lo que va a quedar cuando quede ya muy poco de todo lo demás.

¡Cómo me gusta la palabra ternura! Es tierna en sí misma, ¿verdad? Parafraseando a C.S. Lewis, podemos decir que el amor tierno es el amor que da, pero que necesita ser necesitado. Incluye, por tanto, dádiva y necesidad.

A veces es imprescindible la ausencia y/o el dolor para valorar al otro. Son muchas las personas que dicen sentirse muy culpables al no haber dado todo lo que necesitaba el cónyuge, cuando aún estaba con vida. Cuando el amado se va, es ya demasiado tarde, ¡ya no está! Se fue la persona que mejor podía consolarnos, pero, ¡¡¡ya no está!!! Ya no podemos acariciarlo, ni tomarlo de la mano, ni besarlo, ni decirle cuánto le amamos... ¡Ya no está!

Por eso es tan importante no escatimar en ternura mientras estemos con vida y hasta el final de nuestros días, como matrimonio.

Si vivimos muchos años juntos, las muestras de ternura serán las brasas que mantendrá el vínculo de unión, a pesar del paso inexorable del tiempo.

Para ser tiernos debemos envolver lo cotidiano en cariño. Expresar el amor en detalles. Y, por lo tanto, aunque la ternura tenga unas connotaciones muy sentimentales, tiene que ver muchísimo con la fuerza de voluntad. Es decir, para demostrar ternura necesitamos querer hacerlo, ya que es algo que no solo debe ser sentido, sino que debe ser también demostrado y transmitido.

Un corazón tierno no debe apagar o silenciar lo que siente, eso no sería ni correcto ni provechoso para nadie. En un sentido, podríamos decir que no solo importa el amor que sentimos, sino que es mucho más relevante cómo lo manifestamos y aunque, para algunas personas, manifestar lo que sienten les sea difícil, quiero daros una buena noticia: ¡¡¡Se aprende a hacer haciéndolo!!!

Es obvio que la ternura es una necesidad igualmente importante para hombres y mujeres pero, a decir verdad, para nosotras, las mujeres, es casi tan imprescindible como el aire que respiramos. Sabemos que podemos sobrevivir con muy pocos bienes materiales pero, si en nuestra existencia nos falta la ternura, nos sentimos morir interiormente.

Es como si se nos rompieran "los adentros". Por eso el Dios, que nos ha creado, informa, a través de su Palabra, de esa necesidad y de cómo suplirla en el matrimonio.

Para que podamos alcanzar la percepción de seguridad que nos da el ser tratadas con ternura, el Señor insta a los maridos a que amen a sus mujeres, y no lo hace de pasada, sino de forma reiterada, una y otra vez (Ef 5:25, 28). Pero la Palabra de Dios no se queda ahí, pide a través del apóstol Pedro y del apóstol Pablo (Col 3:19 y 1 P 3:7) que los maridos "no sean ásperos con sus esposas" y que las cuiden como a "vasijas frágiles". ¿Lo recuerdas? ¡Que metáfora más increíble para ejemplificar lo que somos y cómo nos sentimos como mujeres! Ciertamente no somos débiles, pero sí muy frágiles. Podemos compararnos con un jarrón o cualquier vasija de cristal de Murano. Es un cristal duro, fuerte, pero sabemos bien que un golpe seco lo quiebra con facilidad. Eso es exactamente lo que estoy queriendo expresar. La mujer necesita ser tratada con ternura, sin aspereza, como vasija frágil, porque los "golpes" la rompen e incluso pueden llegar a enfermarla física y/o emocionalmente.

Nuestro Creador, al inspirar las palabras mencionadas a través de su Espíritu a los escritores bíblicos, demostró que nos conocía perfectamente, sabiendo nuestras necesidades aun antes de que investigadores y psicólogos prestigiosos de nuestros días, enfatizasen la idea de que la primera necesidad emocional de la mujer es la ternura.

Creo que debemos hacer un ejercicio diario para vivir sumergidos en ella. A algunas personas les será más difícil que a otras, pero todos deberíamos comprometernos con nuestras palabras y nuestras acciones, trabajando nuestro interior para que lo que salga de nosotros sea benigno y cariñoso.

Cada matrimonio debería vivir el hoy como si el cónyuge se tuviera que morir mañana. ¡Cómo cambiaría nuestra vida! Intentaríamos demostrarle nuestro cariño hasta el extremo, estaríamos a su lado y le amaríamos como nunca antes... ¿No podemos hacer lo mismo sin que haya un peligro de muerte inminente?

Debemos pues tomar decisiones si queremos que nuestro matrimonio perdure de forma saludable. Hemos de decidir compartir un amor tierno y comunicarlo con nuestros hechos y palabras todos los días. Es un ejercicio que nos ayudará a vivir la vida de matrimonio de una forma muy distinta. Cada detalle contará para bien, cada palabra dulce y tierna no será llevada por el viento, se quedará para enriquecernos, cada mirada de complicidad nos hará más cercanos y más amigos, cada vez que haya una dulce caricia se incrementará nuestra seguridad y cada vez que nos demos la mano nos sentiremos más juntos y más fuertes.

Y, recuerda que, a pesar de lo dicho en cuanto a la necesidad de la mujer, ¡el marido también necesita sentir la ternura de la esposa!

5. "El nido vacío"

Pero en ese devenir de la vida pasan los años, nos acercamos a nuestro propio crepúsculo, los hijos nos dejan para vivir sus propias vidas. Eso debe ser así pero tampoco es fácil y por lo tanto hablando de "juntos hasta el final" voy a intentar abordar el tema del "nido vacío" desde una perspectiva muy personal, pero muy poco técnica. No querré desligarme del momento evolutivo que, como matrimonio, estamos viviendo mi marido y yo, desde que nuestro hijo se casó y voló de nuestro nido para establecer su propia casa, que ahora está llena de vida con dos fantásticos hijos adolescentes.

La meta ideal de cualquier matrimonio ha de ser llegar a vivir juntos la experiencia del "nido vacío". Cualquier otra cosa implicaría rupturas o muertes prematuras, nunca deseadas; pero lo que acabo de escribir puede parecer, en nuestros días, un absurdo, fuera de lugar. Hoy no está de moda la fidelidad y mucho menos el compromiso de: "Hasta que la muerte nos separe".

La palabra "envejecer", aparejada a que los hijos se hacen mayores y se van, nos asusta, pero creo que envejecer juntos, como marido y mujer, tiene connotaciones muy diferentes y deseables.

Leyendo el artículo del psicólogo Josep Araguàs (en Testimonio Cristiano) sobre el noviazgo, pensaba en la maravilla de un continuo con un preámbulo fantástico, cuando dos jóvenes empiezan a salir juntos, que daría lugar al comienzo de una relación seria, hasta unos años finales en los que volvemos a estar juntos, de nuevo solos, en el nido que hemos ido construyendo, muchas veces con sudor y lágrimas, pero que es el "nuestro" (quizás ahora, después de los años, un tanto anticuado y con tantos recuerdos que apenas caben en los metros de la casa que tenemos…).

Se dice que el amor es mirar los dos en la misma dirección, pero siempre pensamos, al oír esta frase, en que ese mirar es hacia delante y, en muchos sentidos es así, pero, ¿no tendrá también que ver con mirar hacia atrás? ¡Cuántos años! ¡Cuántos recuerdos!… Ciertamente la vida ha pasado tan deprisa… Parece como si fuera ayer cuando nacieron nuestros hijos… Pero hemos de estar muy felices si las muchas aguas y las fuertes tormentas, a lo largo del tiempo, no han apagado nuestro verdadero amor.

Me permito retomar aquí algo que escribí hace unos años, justo al empezar a construir nuestro propio "nido vacío":

Hice referencia, en aquel momento, a un libro del doctor Paul Tournier en el que cita una frase increíblemente tierna escrita en el *Libro de la Familia* de Ramuz:

"Ven a colocarte a mi lado en el banco, ante la casa, mujer, tienes tu derecho; van a cumplirse cuarenta años que estamos juntos. Esta tarde tan linda es también la tarde de nuestra vida: Tú también te mereces un momento de reposo. Los hijos ya se han establecido, se han ido por el mundo; y de nuevo estamos los dos, como cuando comenzábamos. Acércate a mí; ya no tenemos necesidad de decirnos nada. Solo tenemos necesidad de estar juntos una vez más, y dejar venir la noche en la satisfacción de la tarea cumplida".

Cada vez que vuelvo a leer este corto párrafo me da una increíble sensación de reposo; pero como dice Paul Tournier: "Ese reposo no debe ser la detención de la aventura" y, mientras dura la aventura de la vida, el "nido vacío" no debe constituir una causa para caer en desesperación ni en depresión. ¡Estamos juntos todavía! ¡Hay mucha vida si miramos hacia atrás pero también mucho por lo cual vivir si miramos hacia delante! Además, como dice mi marido: ¡¡¡Todavía nos queda la eternidad!!!

De todas maneras, es cierto que ese síndrome necesitará muchos reajustes que serán buenos para nosotros y también para nuestros hijos, que deben salir hacia el mundo, cuando llega la hora de hacerlo, para empezar la historia de una nueva independencia en la que construir, quizás con materiales distintos, un nuevo nido.

Si miramos la conducta de algunas aves en cuanto a sus crías, vemos que la madre los empuja a salir del nido poniendo a los polluelos jóvenes entre sus alas y, cuando han alcanzado cierta altura, los sacuden para que ellos empiecen a volar. A partir de ahí los pajaritos tienen que empezar a construir una nueva vida, en sus propios nidos. No sabemos si sufren del "síndrome del nido vacío" pero los humanos, ¡sí que lo sufrimos!

Creo, además, que la ordenanza divina de "dejará el hombre a su padre y a su madre y se unirá a su mujer" (Gn 2:24), tiene asociada mucha sabiduría del Dios Creador. Los hijos necesitan ese nuevo espacio en el que vivir en libertad y adquirir nuevos y serios compromisos. Pero también los padres necesitamos, después de los años de crianza, volvernos a encontrar en esta nueva etapa, muy diferente, pero con la determinación de vivirla en plenitud, disfrutando como nunca, el uno del otro y los dos juntos, de todo lo que el Señor nos concede en su gracia cada día.

A propósito del párrafo anterior y volviendo al artículo mencionado de J. Araguàs, sacando la frase un tanto de su contexto, debemos recordar que:

"Aunque todo implique cierta dosis de trabajo y sacrificio, también resulta cierto que todo esfuerzo es recompensado a la luz del amor por la persona deseada".

En ese "éxodo" los hijos llevarán las "mochilas" acumuladas durante los años vividos con nosotros. Se van, siendo resultado de su genética, pero también de su historia en la familia de origen. Esa historia habrá ido dejando huellas indelebles que, de alguna manera, condicionarán esa nueva andadura. A veces el nido vacío se queda teñido de complejos de culpa al ver algunas acciones o reacciones en nuestros hijos que nos recriminan de lo que nos parece que no hicimos demasiado bien; pero quiero dejar aquí un consejo: Recuerda que los padres perfectos no existen. Quédate con la idea de que has hecho lo mejor que has sabido, en cada momento y circunstancia. Deja en las manos del Creador cualquier cabo suelto y encomienda a tus hijos a Su especial cuidado. Se van donde ya no les puedes acompañar del todo, pero Él seguirá con ellos, aunque tú no puedas estar tan cerca como quisieras. Pero, ¡no dejes de orar por ellos y sigue siendo modelo!

6. El nido vacío no debe volverse a llenar de forma anómala

Por otro lado, sabemos muy bien que, se han ido, pero vuelven (aunque preferiblemente no vuelvan para vivir en nuestra casa). Nuestro rol de padres seguirá mientras dure nuestra vida; no podemos, ni queremos dimitir de esa responsabilidad sagrada pero ahora, cuando ya se han ido, tenemos que hacer una seria metamorfosis en nuestra forma de actuar... Si vienen sin agresividad, sin abuso y sin sentirse agredidos por nuestras palabras o actitudes, implicará que han llegado, de verdad, a la madurez. Ese volver ha de ser en su justa medida.

Los seguimos necesitando y ellos también nos necesitan, pero deben saber que su lugar ya no está en este nido... Su casa, su cónyuge, sus hijos... tienen que ser su prioridad y que, en lo que se refiere a los nietos, que son nuestro gran tesoro en el "nido vacío", el cuidado principal y la educación tiene que venir de ellos. Los abuelos deben ser otra cosa: Figuras de apego, de ternura, de transmisión de historia, de comunicación de valores y de gran complicidad, como decimos Cesca y yo en el libro: *Desde que soy abuela, ya no me pinto los labios*, Ed. Andamio, Barcelona, 2016.

Una de las peores cosas que pueden pasar es que algo ocurra en el nuevo hogar que haga necesario el refugio del nido de origen. Les tenemos que dar la bienvenida para que recuperen fuerzas y puedan volver a su lugar lo antes posible. Nuestra casa, cuando sea necesario, deberá seguir siendo un lugar seguro para ellos. En esos momentos tenemos que ser muy sabios en cuanto a nuestros consejos. Debemos esperar a que nos los pidan porque un consejo no pedido puede tomarse como una intromisión o, incluso, como un maltrato.

Debemos ser siempre bíblicos y hablar la verdad en amor. Es importante funcionar por preguntas e intentar que sean ellos los que encuentren sus propias soluciones.

Quiero terminar este capítulo con unas notas que escribí en mi propio diario, hace unos años y que he mencionado en alguna otra publicación:

"Empiezo a escribir hoy desde un jardín inglés, una dulce y suave tarde de verano (suena a novela rosa y cursi, pero no sé como expresarlo de otra manera).

Agosto en Inglaterra es ya un tiempo fresco, sobre todo a finales de este mes de verano.

No sabría describir con palabras el contexto en el que estoy, pero lo intento:

Es un jardín muy bien cuidado y el olor a rosas llega hasta la mesa en la que estoy escribiendo. Hay muchos comederos para los pájaros, llenos de grano... (los ingleses tienen una predilección especial por cuidar a los animales). Las flores multicolores y el ruido de una pequeña fuente, completan el cuadro multisensorial.

Son las cinco de la tarde, aquí hora del té.

Lo apacible y calmado del momento parece eterno. Llevo más de treinta años viniendo periódicamente a esta casa. No sé distinguir si los árboles están más altos (seguro que sí), o si hay más o menos plantas, pero siempre me parece increíblemente calmado y generador de paz, ¡Seguro que mi cuerpo genera endorfinas con todo esto!

Estoy pensando en que es un jardín inalterable, pero es solo aparentemente; dentro de la casa, a la que el jardín pertenece, ha vivido durante todos estos años un matrimonio.

Recuerdo muy bien nuestras primeras visitas (yo era entonces muy joven), la casa estaba llena de niños, el ruido llenaba el ambiente. La pareja, que ahora tiene más de setenta años, vivía tremendamente ocupada e involucrada en las labores cotidianas de crianza y de trabajo, viendo crecer a su familia, luchando sin descanso, para que todo marchara bien. Hoy, años más tarde, el jardín sigue igual (o por lo menos lo parece), pero las personas no.

Curiosamente, la casa, los muebles, todo sigue ahí, bastante inalterable (los ingleses no tiran nada, las cosas perduran en el tiempo, como sus edificios y monumentos). Pero todo está mucho más vacío.

Los hijos ya se fueron, viven en otras partes y las personas sí que han cambiado. Han envejecido…

Seguramente esto más que animarme hace que sienta una especie de nudo en el estómago. ¿Es cómo una depresión? ¿Cómo se sentirán ellos? Cuando yo los conocí estaban en sus cuarenta y yo en los veinte y pocos. Pude ver cómo vivían esa época tan hermosa, ocupada y llena de vida. Pero, cada vez que volvía, había más canas que cubrir, más arrugas que alisar. Las Navidades empezaban a sucederse con una velocidad de vértigo. Los veranos, en este jardín, me avisaban que ellos, y yo, teníamos un año más.

El día que en que la madre cumplió sesenta, estuve en su fiesta de cumpleaños. Fue una gran celebración, muy al estilo británico. Salieron amigos hasta de debajo de las piedras. Fue un recordatorio de vida.

¡De eso hace mucho tiempo!

A partir de aquel momento, la lucha por alargar la madurez, la batalla por no llegar a la vejez, ha estado presente dentro de la casa a la que pertenece el jardín.

Son las seis de la tarde. El aire se hace más fresco. El cielo está de un increíble azul para estas latitudes, solo unas nubes blancas, muy blancas cruzan, manchando el azul. Empieza a caer la tarde, el sol se esconde. Todo sigue quieto, muy quieto. Yo, desde este jardín, quiero vivir el presente. Puedo experimentar lo que Maslow llamó «experiencia cumbre». No sé lo que pasará en el próximo minuto, pero desde aquí solo pretendo no pensar en ningún momento futuro. No quiero que las pérdidas ni la nostalgia, llenen en exceso mi pensamiento. Quiero verlo desde la calma y la esperanza. Ellos aún viven y son felices. Yo puedo disfrutar de su compañía y verles envejecer con un ritmo que chirría entre el jardín y la casa…

¡Queda todavía mucha vida!

Me llaman para el té. Parece que con la edad las cosas también se retrasan en este país tan puntual…"

Nota: Este año, 2020, los dos han pasado a la presencia de su Señor al que amaron y sirvieron fielmente, de por vida y ahora, vuelven a estar juntos en el hogar celestial dónde gozan, por la eternidad, de una vida plena sin dolores y sin muerte, para siempre.

IMAGINA LA ESCENA... JUNTOS HASTA EL FINAL

"Dios sabe mi dolor, mi sufrimiento secreto, mis lágrimas están en Tu redoma" (Salmo 56:8)
Abraham y Sara (Génesis 12:10-20)

Abraham, cuyo nombre es "Abram", en este momento (capítulo 12 del libro de Génesis), ciertamente estropeó su "testimonio" en más de una ocasión, y esta vez es una de las peores. La persona que se llevó la peor parte fue precisamente su esposa, Sarai. Sin embargo, a pesar del ruinoso y cruel ejemplo del "padre de la fe" hay dos verdades que sobresalen en este relato:

a. "Dios sabe nuestro dolor del alma", y Sarai pudo decirlo de forma personal: "Dios sabe mi dolor secreto" y
b. "Dios sabe de dónde vengo y la mochila que llevo".

El relato es sencillo. Abram decide ir a Egipto debido a una gran hambre en Canaán. Allí encubre el hecho de que Sarai es su esposa porque teme que lo matarían. Sarai es llevada al palacio como (una) esposa del Faraón, y Abram a cambio recibe muchos regalos. Pero el secreto se descubre y Abram y Sarai y su familia son echados del país.

Pero veamos la historia desde el principio. Dios llamó a Abram a salir de su entorno para ir a otro lugar (la tierra de Canaán). La palabra hebrea "Vete de tu tierra y parentela" (Gn 12:1) es curiosa. En hebreo es LECH-LECHA Aunque estas dos palabras suenan casi idénticas, en realidad significan dos cosas muy diferentes: "Ir" y "para ti mismo". La implicación es que, aunque Abram debía sufrir una salida traumática de su tierra natal y de sus parientes, en realidad él estaba viajando para "encontrar-su-yo-auténtico". Así una vez que Abram entró en la tierra de Canaán, su verdadera relación con el Dios verdadero empieza a florecer. Esto es cierto, pero con sus "subidas y bajadas". En esta ocasión se trata de una "bajada" de las buenas.

Y, "para añadir insulto a la lesión" no encontramos que después Abram pidiera perdón, simplemente cobró los beneficios del dolor ajeno y siguió su camino, aunque sí es cierto que al regresar a Canaán volvió a orar como antes ("levantó un altar al Señor" Gn 13:4). Imagina la escena de este relato que habrá ocurrido sobre el año 1892 a.C.

Resumido: Abram, recibe la llamada de Dios para salir de su lugar de nacimiento e ir a una nueva tierra: Canaán. El Señor tenía planeado hacer de él una gran nación (aunque el proceso tardó bastantes años), y Abram obedeció al Señor y esto le convierte en un gran ejemplo para todos: "Salió sin saber a dónde iba", pero quiso obedecer y servir a su Dios que, en Su gracia, le había hecho grandes promesas (Gn 12:1-3).

Unos 35 años más tarde llegó otra prueba de su fe: "En aquel tiempo, un hambre terrible que azotó la tierra (prometida)" (Gn 12:10). La tentación sería abandonar el lugar al cual Dios le había llamado, para buscar apoyo en otro sitio, fuera de las fronteras que Dios le había marcado. Y ya empezamos a andar por un camino deslizante....

1. En la frontera con Egipto adula a su mujer diciendo: "Ahora sé que eres hermosa" (es así como una versión inglesa traduce el v. 11). ¿Es que Abram antes no se había dado cuenta de la belleza de su esposa? O, aún peor, ¿es que nunca le había dado un cumplido y solo ahora, para salvar su pellejo, dice algo? (Al llegar al cielo preguntaremos a Abram en cuanto a este "ahora"). Sea lo que sea, por lo menos, en este momento sí lo dice. Pero me pregunto: ¿Sarai había estado esperando algún cumplido de su marido todos estos años? Si es así, habrá tenido un dolor interno por mucho tiempo. ¿Qué haces tú? ¿Das cumplidos a tu cónyuge?

Ahora bien, no cabe duda de que su belleza habría sido excepcional. ¿Por qué lo digo? Pues por una sencilla razón: En el momento de entrar en Egipto ella tendría unos 65 años, y parece que aun con esta edad había despertado tanta admiración que "los funcionarios del palacio la vieron, y hablaron maravillas de ella al Faraón, su rey, y llevaron a Sarai al palacio" (Gn 12:15). [Hemos calculado su edad al saber que unos 24 años más tarde Abraham dice que ella tenía 90 años menos uno (Gn 17:17)].

Maridos: ¡¡Decid algo bonito a vuestras esposas..., ¡¡¡por favor!!

2. La mentira de Abram (Gn 12:13). El problema es que la tentación era decir "una media verdad". Los dos tenían el mismo padre, pero madres diferentes (Gn 20:12) por lo tanto, efectivamente Sarai era su media hermana. No obstante, este hombre, para apaciguar su miedo de que los egipcios pudieran matarle, si hubieran sabido que ella era su esposa, obligó a Sarai a vivir la mentira todo el tiempo que estuvo en el Palacio, mejor dicho, todo el tiempo mientras formaba parte del harén del Faraón.

¿Qué habrá pensado Abram? "Pierdo <u>una</u>, pero habrán más y, la vez, me salvo la vida y cobro un montón de beneficios". Abram había dicho a su esposa: "Me tratarán bien debido al interés que tienen en ti" (Gn 12:13). "Entonces el Faraón le dio a Abram muchos regalos a causa de ella: ovejas, cabras, ganado, asnos y asnas, siervos y siervas, y camellos" (Gn 12:16).

Se podría pensar que la "jugada" le salió muy bien a Abram. Pero, ¡qué bajo había caído! El "padre de la fe" tenía que haber confiado (en primer lugar y no haber salido de Canaán) creyendo que el Señor podría preservar su vida en un terreno pagano sin entrar en el terreno de las "medias-verdades", ¿no?

¡¡Qué dolor secreto tenía que pasar Sarai cada día... (mejor dicho: cada hora), lejos del hombre que tenía que haberla protegido!! ¿Qué habría pensado Sarai? "Para mi marido soy simplemente una moneda de cambio...". ¡¡Horrible, ¿no?!!

No sabemos cómo era la fe de esta mujer, ¿podría haber razonado: "Dios sabe mi dolor secreto... Él me protegerá". Pero, ¡¡por lo menos el ejemplo de Abram en esta ocasión no le habría ayudado en nada a fortalecer su fe, y, ¿no es esta una de las funciones de un matrimonio?, ¡¡fortalecer la fe del otro!! O, por otra parte, la insensibilidad total de su marido, ¿le habrá ayudado a ver que su única salvación sería el Dios de su marido y que Él sí sabía de su dolor secreto?

3. La recriminación del pagano. (Gn 12:17-20). Debido a la mentira de Abram el Faraón había tomado a Sarai como esposa: "¿Qué me has hecho? -preguntó- ¿Por qué no me dijiste que era tu esposa? ¿Por qué dijiste: "Es mi hermana" y <u>con esto me permitiste tomarla como esposa?</u>" (vv. 18-19). Se entiende que Sarai estaba siendo "preparada" con baños, aceite de mirra, con perfumes y ungüentos especiales (como ocurrió con Ester durante 12 meses, Ester 2:12) para luego ser llevada a la alcoba del Faraón.

El rey termina con las palabras: "Ahora bien, aquí tienes a tu esposa. ¡Tómala y vete de aquí!" (v. 19). El testimonio de él ¡ya está en el subsuelo! Pero esto no era todo.

"Entonces el Faraón ordenó a algunos de sus hombres que los escoltaran, y expulsó a Abram de su territorio junto con su esposa y todas sus pertenencias" (v. 20). Por lo tanto, ya no era una vergüenza "privada", conocida simplemente entre unas pocas personas, sino era ya una cosa pública: "Fueron escoltados y expulsados".

El testimonio como "creyente en el Dios que protege" estaba dañado terriblemente, pero…

En el siguiente capítulo versículos 1 y 4 leemos que Abram viajó hacia el norte para llegar "donde había acampado antes. Era el mismo lugar donde Abram había construido el altar, y <u>allí volvió a adorar al Señor</u>". ¿No hay un secreto aquí para nosotros? Después de una derrota, hemos de "volver a donde estábamos antes" y, también volver a adorar al Señor.

Otra vez, no sabemos nada de las reacciones de Sarai, pero parece que también era una mujer de fe por lo que dice Pablo en Gálatas 4:23 y 26. Ella con toda la mochila de dolor que había llevado, podría afirmar: "Dios ha sabido de mi sufrimiento secreto, y Él me rescató".

Postdata 1. Quisiera apuntar que Abram había aprendido la dura y embarazosa lección de haber sido objeto de un rapapolvo de parte de un pagano, pero, desafortunadamente Abraham vuelva a las mismas andadas 24 años más tarde. Leemos que hizo exactamente lo mismo con Abimelec (Gn 20:1-18), mintiendo acerca de la relación con Sara y como Abimelec la tomó, también, como esposa, y ella ¡¡ya tenía casi 90 años y embarazada de Isaac!! Por lo tanto, parece que seguía siendo hermosa. Entonces, además de haber tenido una figura atrayente, ¿tenía también la enfermedad en la que la piel de la cara no se arruga, sino que se mantiene tersa? (¡¡Otra pregunta al llegar al cielo!!).

Lo que me entristece, además de observar como él vivía la mentira (y obviamente obligó a su esposa a mentir también, (véase Gn 20:5) son dos cosas:

(i) el testimonio "evangélico"; léase "testimonio-de-un-adorador-de-Yahvé) quedaba otra vez en el suelo y, de nuevo, un pagano tuvo que llamar la atención y acusar al "creyente" de mentir.

(ii) no leemos de ninguna referencia de un sincero arrepentimiento por parte de Abraham (aunque sí por parte del "pagano-inocente" (Gn 20:4-6) sino que, otra vez, se aprovecha de los beneficios económicos: mil piezas de plata, que representan casi 11,5 kilogramos de plata, pagado como rescate por parte del rey pagano Abimelec.

¿Lecciones?

(a) Los más grandes pueden caer, por lo tanto: "El que piense estar firme, que tenga cuidado...".

(b) Hebreos 11:8-11 habla de la fe de los dos: "Por la fe Abraham obedeció... Ella creyó que Dios cumpliría Su promesa". Por lo tanto, parece que los dos, poco a poco, iban creciendo en la fe, juntos, mochila y todo. Y, lo más importante, para Dios, lo perdonado es también olvidado en los anales del cielo. ¿No te da una tremenda alegría este hecho?

(c) Sara es la primera mujer mencionada en La Galería de los Héroes de la Fe y podemos notar que Dios responde a la fe ¡¡en medio de los fracasos!! ¿No te da una tremenda alegría este hecho?

Postdata 2. La frase que hemos puesto en el título del capítulo: "Mis lágrimas están en Tu redoma", es una cita del Salmo 56:8 y se trata de una costumbre hebrea. Por ejemplo: Cuando el novio tenía que marcharse, la novia utiliza una botellita ("redoma") para ir conteniendo todas sus lágrimas de pena y dolor debido al tiempo de separación. En el momento del reencuentro, la novia podía "demostrar" cuánto le ha echado de menos. Así, el salmista afirma: "Señor, Tú sabes, el dolor de mi corazón, ¡¡mira, aquí tienes la evidencia de mi pena!!". Y el creyente de hoy ante el ferviente deseo del regreso de nuestro Rey, llorando por Su "ausencia" esperamos con tanta anticipación "recibir al Señor en el aire" (1 Ts 4:17) y, por lo tanto, decimos: "Amén; sí, ven, Señor Jesús" (Ap 22:20) ¡¡Ven pronto!!

Postdata 3. Al morir Sara leemos en Gn 23:20 que Abraham "hizo duelo y lloró por ella" y leemos que Abraham pagó un precio totalmente exorbitante para poder sepultar a Sara. El hecho también de que se da un capítulo entero para explicar los detalles de "las negociaciones" para la compra de la sepultura, ¿implica algo del aprecio final que Abraham tuvo para con su esposa? Pero, un poco tarde, ¿no?

Hombres: más vale apreciar a nuestras esposas mientras que tengamos oportunidad de mostrarlo.

Esposas: ídem.

Más tarde fueron sepultados al lado de Sara: Abraham mismo, Isaac y Rebeca, y luego Jacob y Lea (Gn 49:29-31 y 50:13…).

Medita como matrimonio en…
"Los padres pueden dar en herencia a sus hijos casa y fortuna, pero solo el Señor puede dar una esposa comprensiva", Prov 19:14.
(Hombres ¿Habéis dado gracias a Dios por Su regalo?).
"Mis lágrimas están en Tu redoma". Salmo 56:8.
"Esperad en Él en todo tiempo, oh pueblos; derramad delante de Él vuestro corazón; Dios es nuestro refugio". Salmo 62:8.

BIENVENIDOS A CASA... JUNTOS HASTA EL FINAL

Al casarnos empezamos a construir un proyecto juntos, que irá del YO y del TÚ al NOSOTROS. Este proyecto tendrá varias etapas: La primera es la de los planos de edificación, ¿qué deseamos construir? ¿Cómo lo vamos a construir? ¿Hacia dónde queremos ir?

La aventura de edificar una familia nos reclama tiempo, energía, dinero, renuncia y nos regala un montón de satisfacciones. ¡¡Juntos en esta aventura!!

Cuando vamos llegando a la última etapa de la vida, la de la jubilación, parece como si nos dieran el pasaporte para trasladarnos al país que tanto hemos deseado en nuestros sueños. Nos atreveríamos a decir que las mujeres tienen más este sentimiento. Se dicen a sí mismas: "Ahora podré hacer lo que he querido hacer siempre" y, en este nuevo enfoque, podríamos cometer el error de ver al otro como un impedimento para llevar a cabo los sueños propios.

Esta es una etapa en la vida matrimonial en la que revisamos todo lo vivido y en la que los recuerdos se amontonan en nuestra memoria. Hemos de quitar todo lo que no es importante ni relevante y centrarnos en aquello que vale la pena. En esta etapa afloran la nostalgia y añoranza de los tiempos bien vividos y, a la vez, se presentan unos deseos de recuperar lo perdido, de vivir y experimentar lo que, posiblemente pensamos, se nos ha resistido durante las etapas anteriores.

Es curioso que cuando los hijos se van de casa y volvemos a quedarnos como cuando empezamos nuestra vida juntos, solos, algunos creen, o así lo sienten, que podrán volver a ser TÚ y YO y que el NOSOTROS ya terminó. Muchos proyectos, ilusiones que hemos ido almacenando a lo largo de los años de crianza familiar, tuvieron que quedar en el cajón de los olvidos y ahora, lejos de estas responsabilidades, pensamos que no nos necesitamos.

Muchas parejas se separan cuando los hijos se van de casa. Las parejas que se separan de mayores creyendo que por fin van a poder hacer lo que no han hecho, en este deseo de «liberación», no contemplan el vacío, añoranza, soledad y tristeza que tarde o temprano aparecerán. El ser humano no está hecho para estar solo y menos en la última etapa de la vida, aunque el refrán diga que: "Es mejor estar solo que mal acompañado".

Finalmente, esta es una etapa para decidir qué tipo de legado, tanto moral como espiritual, vamos a dejar a los nuestros. El descuido es lo que lleva a un matrimonio directamente a apagarse y a separarse.

El amor bien entendido es cuidar, entender y satisfacer las necesidades del otro. "El amor muere cuando uno de los cónyuges piensa que el otro no podrá nunca satisfacer sus necesidades de intimidad y hambre de alma".

Situándonos en el escenario

Javier y Ana llevan 42 años casados. Tienen tres hijos que ya han formado sus propias familias y tienen cuatro nietos.

Javier está recién jubilado y pasa todo el día centrado en sus hobbies predilectos: La fotografía, ordenando sus álbumes, escribiendo, sobre todo poesía y cuando puede, viajando a lugares exóticos. Reconoce que ha sido un hombre muy independiente y que, en el fondo, siempre ha ido "por libre". Es el tercero de una familia de cinco hermanos. Un hombre con un mundo interior muy rico, más bien tímido, inquieto intelectualmente, que se ha realizado con la fotografía y con sus escritos, queriendo ver siempre el lado filosófico de la vida. Es muy fantasioso.

Ana es la mayor de tres hermanas. Es mucho más pragmática. Su mundo lo ha compartido entre la familia y el trabajo. Uno de sus hobbies favoritos es la cocina y, sobre todo, le encanta hacer pasteles. Es una persona muy afable y extremadamente educada. Ana aún está activa laboralmente. Tiene su propia empresa de correduría de seguros vinculada a una multinacional.

Ana y Javier, representan dos mundos aparentemente distintos que ahora no se encuentran entre sí y que, hace años, sin darse cuenta dejaron de mirarse y de cultivar su relación para enfocar su atención en la familia, en el trabajo y en sus actividades preferidas. Ahora son como dos extraños que apenas se conocen. Hacen honor a la famosa canción de Frank Sinatra: "Dos extraños son, los que se miran… Dos extraños son los que suspiran…".

Enfocando la orientación

Javier y Ana representan un caso típico de un matrimonio que no ha sabido cómo gestionar su nueva situación, queriendo cada uno recuperar lo que ellos piensan que es el "tiempo perdido" por su cuenta y a su manera.

Es evidente que estamos ante una situación crítica de nido vacío, de vidas paralelas y de jubilación anticipada, con sus posibles consecuencias: De un enfoque totalmente diferente de la vida y del futuro, y de un más que notorio cansancio y desgaste matrimonial. Los dos piensan que ya lo tienen todo hecho, creen que cada uno puede volar por su lado y realizar todo aquello que no pudieron hacer antes. Sienten que la vida se les escapa y que deben de aprovecharla bien. Eso sí, sin ningún reproche al otro.

Nuestro enfoque se basará en la idea central de que una nueva autonomía no significa separación y en ayudarles a saber gestionar su lugar dentro del matrimonio en esta etapa evolutiva, sin lapidar todo lo construido juntos. Cada uno puede tener sus propias aspiraciones sin tener que romper la relación.

El objetivo que nos trazamos es ayudarles a reencontrarse y rehacer su relación, redefinir cómo vivirán esta etapa de su vida matrimonial, si los dos están de acuerdo. El matrimonio siempre es cosa de dos. En una palabra, la tarea mayor será redescubrirse. Finalmente, si es que quieren seguir, les plantearemos que elaboren un "nuevo pacto" entre ellos dos para renovar su amor, para consolidar su relación y reenfocar la última etapa de la vida juntos.

Hablando con ellos

Aparecen en nuestra consulta a iniciativa de Javier y casi empujados por él, ya que Ana le ha planteado, de momento, la separación definitiva. Es la primera vez que han buscado ayuda para su matrimonio en todos sus años de relación.

Después de una breve presentación personal, las primeras preguntas con las que empezamos una consejería, suelen ser: "¿En qué podemos ayudaros?".

Javier, que es quien ha concertado la entrevista, nos cuenta la situación y manifiesta que quiere continuar. Le ha pedido a Ana, como último favor, buscar una orientación profesional para su situación.

"¿Nos podéis describir cuál es vuestra situación?".

Antes de que les preguntemos el motivo de estar en nuestra consejería, Ana toma la palabra y nos dice muy enfática: "No tengo deseos de seguir. Necesito respirar. Javier, siempre ha estado centrado en él y con poca participación en el hogar. Me ha pedido que le acompañara como última oportunidad, pero estoy muy decidida a separarme".

Ella no ve ninguna razón para seguir juntos y nos plantea lo siguiente: "Tengo 62 años y muchas ganas de vivir la vida como siempre he deseado y ahora, que ya no tengo responsabilidades con mis hijos y mis nietos que ya han crecido, deseo disfrutar de más libertad y tiempo para mí. Siempre he querido estudiar, viajar con mis amigas y dedicarme a mis hobbies favoritos, ¿qué haría usted en mi lugar?".

Javier le responde: "Es que tú nunca me has comprendido. Eres demasiado práctica. Vas al grano y muy deprisa. No hay tiempo para reflexionar, pasear, contemplar la naturaleza. Nunca te han interesado mis fotografías. Por ejemplo, a la única exposición que hice en el Centro Cívico de nuestro barrio, ni siquiera asististe. No has leído ninguno de mis escritos ni poemas. Siempre me has dicho que si era bueno para mí, para ti estaba ok, pero que a ti solo te interesan las cosas más concretas y menos filosóficas. No das lugar a la imaginación".

Ella le contesta: "Javier, reconócelo, tú nunca vives con los pies en el suelo. Eres un soñador empedernido. Siempre estás en tu mundo de fantasías, eres como un *icloud*, todo lo tienes «en las nubes». Te has pasado la vida centrado en ti y aislado de todos los demás. Has vivido como has querido. Ahora, me toca a mí".

A lo que él responde: "La vida para ti han sido siempre los hijos, la casa y el trabajo bien hecho, etc. Nada de sentimiento ni de hacer volar la imaginación. Todo lo contrario".

Nosotros: "Ana, Javier, está bien que os digáis las cosas que no han funcionado, pero no como reproches, ni para atacaros, sino para ver desde dónde, por qué y cuándo os habéis ido distanciando".

"¿Qué esperáis obtener de la entrevista de hoy? ¿Realmente de qué queréis hablar?"

Javier, con voz entrecortada: "Yo quisiera volver a empezar y recuperar lo que tuvimos. No me quiero separar de ella".

Ella: "Ni hablar. Quedar como amigos sí, pero nada de volver. Javier es un buen hombre, no lo niego, pero ahora lo veo más como un amigo que como un esposo".

Les recordamos que el matrimonio es cosa de dos. Que no se puede obligar a nadie a continuar, si no quiere. Aunque sería bueno y saludable explorar las razones verdaderas y profundas y ver si queda algún espacio de esperanza.

Ella: "No sé cómo hemos llegado hasta aquí, pero nuestra relación es una supervivencia amistosa. Él se enroca en sus pensamientos, que libera al escribir poemas y notas, y fotografiando a medio mundo".

Javier la observa callado. Y nos dice cabizbajo y con voz muy tímida: "Hemos probado de estar un tiempo separados, pero eso tampoco ha funcionado". Y continúa: "La encuentro mucho a faltar". Sus ojos se humedecen silenciosamente. Ella, se azora.

Exploramos juntos lo que han experimentado y aprendido durante estas semanas que han estado separados.

Él nos dice lo mucho que la ha echado de menos y, también, que ha recapacitado en sus errores como marido y como padre. De hecho, nos muestra un diario que, como un "alter ego", ha ido plasmando todas sus vivencias y pensamientos de estos días.

Ella nos dice que ha experimentado una libertad como nunca; ha aprovechado para salir con amigas, visitar familiares, hacer un curso de cocina y empezar unas clases de baile. Educar y criar a sus tres hijos la obligó a poner estos deseos en el desván y ahora, por fin, había llegado el tiempo de poderlos realizar.

Normalmente, al hombre le es más difícil estar solo y echa en falta la compañía más que la mujer.

Profundizamos en conocer cómo fue su relación en los últimos 20 años.

Ana nos dice: "Javier no se daba cuenta de que nos estábamos distanciando emocionalmente, pero él siempre ha ido a la suya, encerrándose en sí mismo".

Preguntamos: "¿Es así cómo lo ves tú, Javier?"

Él reconoce que: "Yo estaba confuso en cuánto a mi relación con mi esposa. Reconozco que mi mayor error fue no decírselo, y buscar en la fotografía y en mis viajes con el Club del Centro Cívico, mi salida y realización personal. Ahora me he dado cuenta de que he sido un gran egoísta". Con palabras entrecortadas y con sincera emoción, Javier prosigue: "Reconozco que he sido muy pasivo, y que he dejado pasar el tiempo pensando que este lo arreglaría todo y no he sabido ver la lucha que Ana ha mantenido entre el trabajo, los hijos y el hogar".

El descuido es lo que lleva a un matrimonio directamente a apagarse y separarse.

Cambiamos el enfoque de la conversación y les pedimos que lo vean desde el ángulo de sus hijos y de sus nietos. Los dos tienen muy buena relación con ellos.

Comentamos que las decisiones de los padres siempre afectan a los hijos, y que para los hijos, la separación de sus padres siempre es un gran disgusto, una herida, un dolor y una gran tristeza, tengan la edad que tengan. Para los hijos, los padres siempre serán un referente de vida.

"¿Qué opinan vuestros hijos sobre la decisión de separaros?".

Javier, con evidentes muestras de dolor, dice: "Les cuesta creerlo, les ha cogido por sorpresa y no lo entienden, aunque respetarán nuestra decisión. Nos han dicho que no se lo esperaban y que nunca habían detectado ni presenciado en nosotros ninguna situación parecida. Ante los hijos siempre hemos llevado, al menos, una apariencia de unidad. Esta situación les está causando preocupación y cierto temor y los nietos no pueden entender que cada uno vaya por su lado".

Les sugerimos que piensen si el dolor que su separación causará en ellos mismos y en los suyos compensará el hecho de vivir cada uno por su lado.

Se produce un silencio. Los dos parecen pensar y reflexionar en su interior. Seguro que multitud de experiencias, emociones y situaciones vividas están pasando por su mente ahora. Es un momento muy crítico.

Pedimos en silencio a Dios que intervenga en ellos en estos momentos. Es evidente que Ana sufre un agotamiento emocional y relacional, acompañado de un deseo de liberación, pero el tema de cómo lo verán los hijos y los nietos y el dolor que ya les está causando, le hace repensar la situación.

Aquí Javier la está observando atentamente. Le toma las manos y delante nuestro rompe el silencio pidiéndole perdón y le ruega una última oportunidad de volver a empezar. Creemos que es muy sincero.

Ana: "Uf, ¿volver a empezar? ¿Cómo se hace eso?".

Los dos reconocen que se han equivocado, dando lugar a otras prioridades antes que a su matrimonio y están de acuerdo en que se han descuidado mutuamente.

"Podéis hacer más los dos juntos que lo que haríais por separado", les mencionamos.

Ana muestra su acuerdo y dice enfáticamente: "Está bien, pero siempre que él se comprometa más en la relación. Estoy dispuesta a darnos la última oportunidad".

Les indicamos que el "querer, querer", la disposición y la voluntad de hacer los cambios oportunos, son básicos para cualquier aspecto de la vida y son vitales para el matrimonio.

Les decimos que tienen que "reinventarse" si quieren seguir juntos, que no es cuestión de volver a hacer lo mismo, sino que tienen que redescubrirse y hacer un pacto nuevo para su nueva situación.

Los dos preguntan casi al unísono: "¿Qué quiere decir reinventarse?".

Les contestamos: "Reinventarse no es volver atrás para hacer lo que antes hacíais. Es mirar hacia adelante, como si fuera un campo nuevo a explorar, un camino nuevo para andar los dos. Cuando te reinventas te liberas de las heridas de la separación y no tiras por la borda toda la herencia familiar que ha costado tanto construir. Reinventarse implica poner nuestros mejores sueños y deseos dentro del capítulo de la familia, no para llevarlos todos a cabo juntos, sino para estar más juntos. Apoyarnos en aquellos aspectos que necesitamos apoyo, y diseñar un nuevo proyecto los dos y para los dos, en el que quepan las aspiraciones y los deseos legítimos respectivos".

Para ello les proponemos cuatro pasos (aquí seguimos lo que el psiquiatra Minirth propone en su libro, *Etapas del Matrimonio*):

El primer paso, o la primera tarea, es afrontar las crisis que han surgido durante esta etapa de una forma realista y que, posiblemente, provengan de aspectos no superados de etapas anteriores.

Les animamos a que vayan juntos a hacer una excursión al desván de su vida y del baúl de sus recuerdos vean sus primeros álbumes, lean sus primeras cartas, diarios personales, y así repasen sus primeras etapas vividas juntos y renueven las razones por las que unieron sus vidas. Que lo hagan con serenidad. El objetivo es recuperar el álbum de "la vida bien vivida" juntos. La idea es que se centren en lo que los ha mantenido, en lo que vale la pena y que desechen aquello que no es importante ni relevante para ellos en esta nueva etapa.

La segunda etapa, o tarea, será procesar el dolor de las pérdidas personales de esta etapa: el adiós al trabajo, aceptar el tiempo de jubilación; el nido vacío, el adiós a los hijos; adiós a los padres; las posibles pérdidas de salud y/o finanzas. En su caso, procesar las muertes de sus respectivos padres, el envejecimiento propio y la posibilidad de no poder recuperar "el tiempo perdido" o de satisfacer/cumplir todas sus fantasías reprimidas.

El tercer paso, o tercera tarea, será restablecer la intimidad como pareja.

La intimidad es una expresión del alma. Es dar a conocer al otro nuestros propios sueños, esperanzas, temores, alegrías, tristezas. Es conocer profundamente bien a la otra persona y apreciarla tal como es. También se incluirá su vida sexual de pareja.

Les pedimos que para las próximas entrevistas vayan haciendo una lista de lo que les gustaría hacer y preguntarse por qué el otro no puede estar en esto, o por qué sí. Les decimos que incluyan también cuáles son los obstáculos principales para su intimidad y ver donde se han atascado en esta área.

El cuarto paso o área será establecer un nuevo pacto de relación entre dos. Un "nuevo contrato de vida matrimonial" donde estén recogidas por escrito las aspiraciones y necesidades de cada uno, así como las necesidades comunes, haciéndoles ver que "es mucho más lo que les une que lo que les separa", y para que puedan vivir una vejez feliz ente ellos, si deciden llegar a algún acuerdo que también incluya tiempo y límites personales.

Javier y Ana, un poco extrañados, nos preguntan: "¿Por qué hemos de escribir un nuevo pacto matrimonial", como si fueran unos nuevos votos?".

Les respondemos: "Porque hemos cambiado. No somos los mismos de antes. Han cambiado nuestras perspectivas, necesidades y quizás, nuestra visión de la vida. Hemos de escribir lo que redescubrimos y, a la vez, reafirmamos en lo que sentimos por el otro. Es una reflexión tanto de las nuevas realidades y situaciones como de las antiguas promesas. Este pacto es una guía de trabajo hacia el objetivo de reinventarnos y reencontrarnos".

Cuando se escribe este caso y se da esta entrevista, es en situación de pandemia mundial de coronavirus (Covid-19). Les decimos que no serían los primeros que esta terrible enfermedad se hubiera llevado a uno de los dos. En el caso de que esto hubiera sucedido, permitidnos preguntaros: "¿Qué quedaría pendiente de deciros, de agradeceros el uno al otro?". Esto les hace pensar. Nos sorprende que a Ana, aparentemente más fría y calculadora, le salten unas lágrimas.

Para terminar, les hablamos de como Dios les puede ayudar en esta etapa final de la vida, tanto a nivel personal como a nivel de matrimonio. Ningún matrimonio es irremediable. Con la ayuda de Dios todo es posible. Les decimos que es un buen momento de volver a Dios. En este punto no sabemos sin son creyentes o no. Al menos, sí respetuosos. Por eso, les preguntamos si han considerado a Dios para este tramo de su vida y muy brevemente les explicamos como Dios nos ha ayudado en nuestra relación.

Les decimos: "Hemos de ser inteligentes y, a estas alturas de la vida, volver a entender y redescubrir la belleza de la amistad, como decía C.S. Lewis: «La amistad es el instrumento mediante el cual Dios revela a cada uno las cosas básicas y bella de los demás». La amistad es poner los ojos en lo bello del otro. Verlo con nuevos ojos".

Les leemos este texto de la Biblia: "Grábame como un sello sobre tu corazón, llévame como una marca sobre tu brazo. Fuerte como la muerte es el amor, como la muerte y tenaz la pasión, como el sepulcro. Como llama divina es el fuego ardiente del amor. Ni las muchas aguas podrán apagarlo, ni los ríos pueden extinguirlo". (Cantar de los Cantares 8:6-7).

Le pedimos que, en silencio, escuchen la canción del grupo musical Il Divo: *Juntos hasta el final*, mientras, ellos dos siguen cogidos de las dos manos.

Al terminar la canción, les decimos: "¿Vale la pena ir solos hasta el final, o mejor juntos?".

El próximo día trabajaremos sobre el borrador que traerán del nuevo pacto y en las siguientes entrevistas iremos desarrollando cada uno de los pasos propuestos.

Javier y Ana quieren hacer las cosas bien y han entendido que, para dejar un buen legado a sus hijos y nietos, no es cuestión de dinero, sino de legado espiritual, moral y emocional.

Idea clave:
"Amar es cuidar al otro en todas las etapas de la vida matrimonial, entender y satisfacer las necesidades del otro".

PARA REFLEXIONAR Y ACTUAR
[MPS – MATRIMONIO POSITION SYSTEM]
¿Dónde estamos y dónde queremos llegar?

Para ti

¿Dónde estamos?
- En caso de que estéis jubilados, ¿cómo describirías vuestra situación actual como matrimonio?
- Si aún no estás jubilado, ¿qué estás haciendo para prepararte para este tiempo?
- ¿Cómo ves/describirías la amistad actual con tu cónyuge?

¿Dónde queremos llegar?
- ¿Cuáles son tus sueños y expectativas para vuestro matrimonio en esta nueva etapa?
- ¿Qué herencia o legado espiritual queréis dejar a vuestros hijos y nietos?
- ¿Qué vejez visualizáis juntos después de este capítulo?

Para vosotros

Hablad juntos de lo que habéis reflexionado a nivel individual.
- ¿Qué haremos para mantener y cultivar nuestra relación hasta el final? Escribidla en una frase. ¿En qué aspectos fundamentales nos enfocaremos/concentraremos?
- ¿Qué pasos, de los propuestos para reinventarse o redescubrirse, debéis poner más atención como matrimonio?
- Poneos de acuerdo en qué proyectos y actividades vais a desarrollar juntos?
- Escribir un Nuevo Pacto entre vosotros dos para esta etapa final; por ejemplo:
  - Renovamos nuestra promesa original de fidelidad…

- Nos comprometemos mutuamente a mantener nuestra unión fuerte…
- Nos comprometemos a trabajar en nuestra intimidad y a potenciar nuestro crecimiento espiritual como pareja…
- Etc.
- Comentad juntos la sección IMAGINA LA ESCENA (la pareja bíblica de este tema, Abraham y Sara).
- Decidid día y hora para trabajar en vuestro Nuevo Pacto.

Oración

Terminad JUNTOS, hablando con Dios dándole gracias por esta nueva oportunidad, por su fidelidad y ayuda para con vosotros dos y pidiéndole que os asista para llegar bien hasta el final.

CAPÍTULO 10

JUNTOS EN NUESTROS RECUERDOS

En estos cuatro testimonios, los autores de este libro, queremos honrar a nuestros padres y a nuestros abuelos. Honrar padre y madre es el mandamiento que está en medio, el mandamiento bisagra de los 10 Mandamientos.

1. Padres de Cesca, fieles en compartir su fe

Nací en un hogar que se creía "cristiano". Cada domingo íbamos a la iglesia, pero durante la semana, Dios era el gran ignorado. Crecí en una familia numerosa. En casa éramos once personas. Fui educada en una escuela religiosa y a la edad de nueve años mis padres estaban separándose. La infidelidad constante de mi padre llevó a mi madre a un gran resentimiento y a decidir marchar a Venezuela, donde habían emigrado sus padres, es decir, mis abuelos.

Mi padre fue un hombre muy inteligente, inquieto y con mucho éxito en su trabajo. Un hombre de visión y un empresario que supo interpretar la necesidad, en el campo textil, del momento en el que vivía.

Su físico y su personalidad provocaban la admiración de muchos, en especial de las mujeres, llevándole esto a una vida de infidelidades a pesar de amar a mi madre, a la que le decía: "Las demás me gustan, pero a ti te amo".

Mi padre amaba a mi madre, pero parecía que hacía todo lo posible para que ella no se enterara.

La belleza y el éxito si no se saben llevar bien, te conviertes en una persona orgullosa, engreída y auto-suficiente. Así era mi padre. El "No" no existía para él. Consiguió todo lo que quiso... una hermosa familia, un negocio de éxito, dinero, poder, fama, pero no era feliz.

Creía tenerlo todo hasta que un día mi madre le dijo que lo dejaba, que se marchaba para Caracas (Venezuela) con sus tres hijos y que no podía aguantar más aquella situación.

Al ver mi padre que perdía a mi madre, se volvió como loco. Empezó a buscar a alguien que le ayudara a cambiar, pues él lo había intentado muchas veces sin éxito... Buscó en la religión, en la psicología, en la ciencia, pero todo fue inútil.

Una mañana de invierno, yendo hacia el trabajo su coche se estropeó. Lo llevó al mecánico y este, al ver a mi padre que lo conocía de hacía años, le preguntó: "¿Está usted bien, señor Camilo?". Así se llamaba mi padre. A lo que él, a diferencia de otras veces, quizás no hubiera ni contestado (porque era un hombre orgulloso) pero, en este caso, no tardó en responder: "Estoy desesperado", y en un acto más que de valentía, de necesidad, le contó su historia.

El mecánico, de nombre Rafael, era un cristiano con convicciones muy fuertes y muy seguro de su fe. Le escuchó atentamente y, con una actitud humilde y de mucho aprecio hacia mi padre, le dijo: "Señor Camilo, usted necesita conocer a Dios de una manera personal. El único que puede hacer una "cirugía" en su alma es la intervención de Dios que conoce cada rincón de su corazón".

Para que veáis el grado de necesidad que tenía mi padre de querer cambiar, al oír aquellas palabras agarró a aquel pobre hombre por el cuello y le dijo: "Si esto no es verdad, le mataré".

Rafael, el mecánico, invitó a mi padre para que fuera aquella misma noche a escuchar a un reconocido evangelista internacional que hablaría de Jesús en una campaña de las iglesias evangélicas en Barcelona.

Era tal el desespero y necesidad de mi padre que, de regreso a casa, insistió para que mi madre le acompañara a escuchar a aquel evangelista. A lo que ella finalmente y después de mucho insistir, accedió.

Llegaron al lugar dos personas rotas, distanciadas, heridas, deprimidas, confusas, llenas de resentimiento y con poca esperanza de que algo pudiera cambiar.

El local estaba a rebosar, cientos de personas esperando escuchar acerca de Jesús. El evangelista se retrasó diez minutos y, mirad como era mi padre, que al dirigirse el conferenciante por el pasillo hacia la plataforma donde iba a hablar, se levantó con cara de pocos amigos y le señaló el reloj. ¡Nadie podía hacer esperar a mi padre!

Pero la realidad era que aquel hombre duro, engreído, orgulloso, auto suficiente estaba allí porque nada de lo que tenía podía llenar el vacío tan grande que sentía en su corazón.

Aquella noche por primera vez, mi padre y mi madre, escucharon del amor de Dios de una manera diferente. Que Dios les amaba incondicionalmente, tal y como eran. Que no había nada, absolutamente nada que Dios no pudiera perdonar si uno reconoce su fallo, su fracaso y su pecado.

Que Jesús vino a buscar y a salvar a todos los perdidos, a todos a los que de manera activa o pasiva le han ignorado. Que Dios les amaba tanto que había mandado a su Hijo Jesús para que todo aquel que crea en Él no se pierda sino que tenga VIDA y vida Eterna. Una vida abundante y con propósito.

Aquel hombre duro, orgulloso, altivo, impaciente…, estaba siendo desafiado por un Amor que él nunca había conocido. Y aquella mujer resentida, herida y sin ninguna esperanza estaba siendo seducida por un Amor mayor.

Los dos, mi padre y mi madre, aquella noche entendieron que estaban lejos de Dios, que habían vivido su vida al margen de Él, creyeron y respondieron a la invitación de Jesús: "Estoy a la puerta (de tu corazón) y llamo, si oyes mi voz y abres, Yo entraré y cenaré contigo (estaré contigo)".

Al llegar a casa cayeron de rodillas a los pies de su cama y confesaron a Dios su necesidad de Él, pidieron el perdón de sus pecados y abrieron la puerta de su corazón a Jesús.

Conocer y experimentar el amor y el perdón de Dios revolucionó sus vidas. Pudieron perdonarse y empezaron a amarse de una manera desconocida por ellos… y también por todos nosotros.

Yo fui testigo en primera fila de esta conversión, de este cambio radical en sus vidas y en su relación. Mis padres nos explicaron a mi hermano y a mí lo que les había ocurrido. En aquel tiempo solo éramos tres hermanos, la pequeña solo tenía meses. Más tarde aparecieron dos hermanos más, fruto de este nuevo encuentro.

Recuerdo que, al ver el cambio de mis padres, pues no hay mejor regalo para un hijo que ver que sus padres se aman, pensé: "O se han vuelto locos o Dios realmente puede hacer lo imposible". Su testimonio despertó en mí un gran deseo de conocer a ese Jesús que había transformado sus vidas.

Mi hogar experimentó un cambio radical. Podía ver a mis padres con una alegría y ganas de vivir como nunca antes les había visto y su deseo de compartir, con todos los que tenían a su alrededor, lo que Dios había hecho en ellos y por ellos.

Dios usó su testimonio de manera espectacular. No tan solo toda la familia fue "afectada", bendecida por un testimonio real de vidas cambiadas, sino que, también proveedores, clientes amigos, vecinos fueron testigos y beneficiarios de lo que Dios hizo en dos personas que reconocieron su necesidad de que Él interviniera en sus vidas.

Con el testimonio de mis padres pude comprobar que no hay situación que Dios no pueda cambiar y que no es tan importante la herencia que hemos recibido como la que vamos a dejar.

Mis padres no fueron padres perfectos, pero sí fueron honestos en reconocer su situación, en buscar ayuda y en creer que Dios, diseñador del matrimonio, tenía algo para ellos.

Gracias papás, nos habéis dejado el mejor legado que un hijo puede tener en la vida. El de unos padres que luchan cuando hay dificultades, que buscan a Dios cuando todo parece imposible y que, reconociendo sus errores y equivocaciones, reconstruyen lo que estaba roto.

¡Nos vemos en el cielo!

2. Padres de Víctor, fieles en abrir su hogar - discipulado

Podría empezar este testimonio personal y familiar con el título de dos películas: *Historia de lo Nuestro* y *Cadenas de Favores* que muy bien podrían representar mi vida. Es cierto que todos tenemos nuestras propias e intransferibles historias. Sencillas, pero son las nuestras, las vividas en nuestra piel.

Un muy buen amigo mío, suele decir: "No hay casual-idades sino "Dios-idades". Cuando escribo esta nota personal y familiar, tengo 69 años. En nuestro país, estamos saliendo de la pandemia del Covid-19. Miro atrás y ¡¡¡celebro que he vivido!!! Veo toda la historia de mi vida como una cadena concatenada de favores. Viene a mi mente una de las expresiones del rey David: "De generación a generación celebrarán tu nombre". Por la gracia de Dios, represento a la cuarta generación de cristianos evangélicos en Cataluña (España). Detrás de mí, ya siguen dos generaciones más, hijos y nietos. Pasar el testimonio del evangelio de Dios a la siguiente generación, para que ellos a su vez, también le amen, le sigan y le sirvan, acompañando a su generación y desafiando a sus descendientes a hacer lo mismo. Esta, humilde y reforma imperfecta, ha sido la marca y una de los distintivos de "nuestra familia".

Acompañar a los tuyos en su camino, y hacerlo como lo haría el Señor. Pasar el testimonio de la vida en Cristo a la siguiente generación, para que, ellos a su vez hagan lo mismo en cada generación: Amén al Señor, guíen a sus descendencia en los pasos del Maestro y no sean rebeldes. A esto lo llamamos discipulado personal y familiar. Es cierto que la palabra "discipulado", tan en boga hoy en día en círculos cristianos, no era muy usada antaño, pero sí era practicada. De ello doy fe personal.

Nací en una familia cristiana evangélica, comprometida con Dios y su Palabra y con la extensión del evangelio de Jesucristo. Mis padres, Víctor y María, fueron aquellos niños que sufrieron la terrible guerra civil en España y cuya juventud vino marcada por todas las consecuencias de la postguerra. Además, en un ambiente dictatorial militar y bajo la presión de una fe católica tradicional, impuesta y obligada a cumplir por el Estado.

Por parte materna, mi historia concatenada viene del siglo XIX, cuando varias familias inglesas de Plymouth, llevadas por el amor a Dios, y a los demás, dejaron su tierra y comunidades para venir a la nuestra y traernos el evangelio sano, directo, personal y auténtico de Cristo a Barcelona, mi cuidad, como primer puerto del Mediterráneo, abierta a todo lo nuevo y orientada a Europa, ese lugar fue de los primeros en recibir a aquellos misioneros.

Hasta dónde puedo saber, mis bisabuelos maternos conocieron a Dios de una manera personal a finales del siglo XIX. Mis bisabuelos fueron de los primeros en bautizarse. De una familia de ocho hijos, solo sobrevivieron, dos: Mi abuelo Enric y su hermana María. Los dos aceptaron a Jesús en sus vidas en edad muy temprana. En este ambiente de amor cristiano, se formó mi abuelo Enric, un joven tranquilo, reservado, fiel, confiable, fervoroso creyente y pacífico (le llamaban el "Gandhi evangélico"). Muy comprometido con Dios, con su familia, con la comunidad cristiana y muy inquieto por llevar adelante el evangelio de Cristo. Desde joven estuvo involucrado en la misión de Dios.

El abuelo Enric se casó con Lola, una joven vivaracha, despierta, audaz, valiente, extrovertida, enamorada de la vida y que le encantaba cantar. Cada día cantaba a Dios con su chorro de voz de contralto. Desde que tuve conocimiento, la oía cantar, siempre. Su vida fue una canción de alabanza a Dios. De hecho, entró en la eternidad cantando la famosa canción "Cuan grande es Él".

Durante la guerra civil, el dictador cerró todas las iglesias evangélicas del país y persiguió a todos aquellos que de una manera pública daban fe de su testimonio evangélico. Como ha pasado con la pandemia del coronavirus, que se han cerrado los locales de las iglesias, pero el Señor Dios ha abierto una iglesia en cada casa. Así pasó con la casa de mis abuelos; situada en el barrio humilde del Raval de Barcelona, en c/ San Gil 1, fue la primera casa que se abrió para reuniones evangélicas. Cada domingo más de 100 jóvenes se encontraban en aquel piso. "Nos vemos en la casa de los Angurell". En una habitación unos leían la palabra de Dios, en otra donde había un piano, cantaban, en otra había una mesa de ping pong donde jugaban, en otra hablaban y en la cocina, se preparaba una merienda para todos. La policía vino varias veces por denuncia de algunos vecinos. Los multaban, les avisaran que podían ser detenidos. Mi abuelo, con escasos recursos económicos pero de gran corazón, pagaba con gusto las multas, y siempre recordaba a todos: "Yo y mi casa serviremos al Señor, pase lo que pase". Este ha sido el gran legado recibido por parte de madre.

¿Y qué decir de mi padre Víctor? Seguimos la cadena. Mi padre era hijo de dos emigrantes: Giovani, un italiano genovés y Manuela, una mujer gallega. Emigrantes los dos, se conocieron en Buenos Aires (Argentina) y enseguida se casaron. Se dice que eran muy guapos. ¡Así salí yo! Tuvieron un primer hijo, Oscar, y estando embarazada de su segundo, mi padre, el abuelo abandonó a la abuela y regresó a su país. Ninguno de los dos eran creyentes en Jesús, aunque debieron ser culturalmente religiosos. La abuela, en su desesperación y abandono, también volvió al suyo. Mi padre nació en Galicia. Siempre tuvo la impresión de que no fue un hijo deseado, pero sí un estorbo. Al poco de nacer, la abuela Manuela con sus dos hijos, emigró a Barcelona para trabajar en servicio doméstico. Fueron años durísimos para los tres. Allí los dos muchachos, llamados "los yanquis" se criaron como pudieron, en un barrio hostil hasta el día de hoy, Can Antunes, en la falda de la famosa montaña de Montjuich. Debido a su trabajo, la abuela entró en contacto con misioneros ingleses y conoció el evangelio.

Un domingo mi padre, Víctor, cuando tenía unos 18 años, pasó por delante de una iglesia evangélica, oyó cantar y entró. Siempre que podía, regresaba a aquel lugar, seguramente atraído por el mensaje y por la paz que sentía al escuchar aquellos cantos. Dios lo estaba llamando. En aquella comunidad, también buscó antecedentes de su padre, pues solo lo vio una vez en la vida cuando tenía siete años. "Nuestro padre nos invitó, a mi hermano y a mí, a tomar una cerveza en Las Ramblas, el famoso boulevard de Barcelona. Una cerveza en las ramblas", es todo lo que recuerdo de mi padre", me decía. Allí se fijó y conoció a Enric Angurell y su esposa Lola. Estos lo acompañaron en sus primeros pasos como joven cristiano. Víctor, como buen "mirón", se fijó también en María, la hija de los Angurell. Se enamoraron, se casaron, se amaron. Del fruto de su amor, nacimos tres hijos varones. Como no puede ser de otra manera, los patrones, principios, los valores que has aprendido en casa, los repites. Mis padres también abrieron su casa. Por ella pasaron decenas de personas, misioneros, líderes, pastores, personas humildes, y otras bien acomodadas, y decenas de jóvenes cristianos.

Retrocedamos un poco en la historia. El ímpetu de extender el evangelio de mi abuelo Enric, junto con su hijo mayor, también Enrique, un gran expositor de la Palabra de Dios, que hacía las funciones de pastor laico, los llevó a empezar una iglesia (antes lo llamaban obra nueva) en una localidad cercana a Barcelona, llamada Vilanova i la Geltrú (cuando leáis el testimonio de Ester Martínez, veréis una mayor conexión). Cada semana se desplazaban en tren, de aquellos de carbón y humo negro. Ida y vuelta (casi dos horas de trayecto, si no se estropeaba la máquina en el camino). Iban "vestidos y limpios" de domingo y regresaban llenos de carbonilla hasta en las cejas. Empezar una iglesia evangélica desde cero en una localidad donde no había ninguna iglesia antes, y con la oposición política-religiosa, siempre fue duro y más en aquella época. Mi madre, María, una adolescente de unos 17 años, tenía pasión por la enseñanza y la música, llevaba la Escuela Dominical para los niños. Ir a buscar a las personas, dar testimonio de Jesucristo y acompañar a las que Dios ponía en su camino. Así fue creciendo aquella iglesia en tiempo de postguerra. Pronto también se unió al equipo, mi padre. La pequeña congregación fue creciendo y había falta de un liderazgo con plena dedicación y se hiciera cargo diariamente de su desarrollo. De la manera más insospechada, como Dios hace las cosas, apareció el pastor Antonio Martínez junto con su esposa Leonor, sus hijos, entre ellos, Ester, y la abuela. Ellos se hicieron cargo de aquella querida iglesia. Desde entonces, se estableció un estrecho vínculo entre ellos y nuestra familia, hasta el día de hoy. Antonio, el padre de Ester, y mi padre, Víctor, fueron grandes amigos y colegas.

Historias, vidas, familias que se concatenan y se acompañan a lo largo del camino. Nos seguimos apoyando a lo largo de los años y de la vida. Dios siempre hace las cosas bien. Uno de los resultados, y pequeños y humildes frutos, es este libro que tienes en las manos. Esta ha sido una de las herencias espirituales más grandes que hemos recibido de nuestros antepasados: El acompañamiento, andar al lado del prójimo, y ayudar a encaminar a otros en su camino espiritual con el Señor Jesucristo. Es lo que hoy llamamos discipulado: Acompañar en el nombre de Jesús a otra persona en una parte del trayecto de su vida, enseñándole a dar los primeros pasos en su viaje de fe y ayudarlo a crecer hacia la madurez. Luego, y en muchos casos, queda una amistad eterna.

La cadena concatenada de favores, continúa.

Era una noche fría de otoño. Se celebraba un encuentro especial para predicar el evangelio de Jesús, (antes se llamaba campaña evangelística). Se esperaba un lleno hasta la bandera. Lo organizaba *Juventud para Cristo* (un reciente movimiento juvenil evangélico de la ciudad de Barcelona). Como no, al frente del mismo, los jóvenes cristianos que marcarían la diferencia a toda la generación de la postguerra civil: Juan Gili, el organizador; Enrique, el reflexivo profesor; Benjamí Angurell, el apasionado evangelista; Angel Blanco, otro apasionadísimo predicador, etc. y el Coro Unido de todas las iglesias de Barcelona. Mi padre, Víctor, como "experto" en televisión, fue el encargado de preparar, por primera vez, un circuito cerrado de televisión (¡en blanco y negro!) para que todos los asistentes pudieran ver y oír el mensaje desde todos los rincones y salas adyacentes. Para esta reunión, entre muchos más, fue invitado un matrimonio, se llamaban Camilo y Rosa.

El predicador de aquella noche era una persona muy conocida internacionalmente. Llegó 10 minutos tarde, un hombre se levantó de su asiento y le mostró la hora y se golpeó la mejilla, haciéndole ver que llegaba tarde. Nadie apenas lo vio, pero la cámara sí lo registró. Aquel hombre era Camilo, el padre de mi esposa. Aquella noche, como ya nos ha explicado Cesca antes, comenzó una nueva vida para aquel matrimonio, para los suyos, para mis padres, y... también, sin saberlo, para mí.

La persona que lo llevó al encuentro, lo invitó al domingo siguiente a su iglesia evangélica, que se reunía en c/Teruel 22 de Barcelona. La menciono por conocida e histórica (con más 150 años de existencia), por haber dado a luz a más de 25 nuevas iglesias, y también era donde estábamos ubicados y ministrando como familia. Camilo y Rosa aceptaron la invitación y fueron el siguiente domingo a la iglesia, situada en el barrio de Gràcia y en el corazón de la ciudad, con el afán de conocer más de Jesús y de crecer en su nueva fe. Aquella mañana de domingo, poco imaginaba yo que la presencia de este matrimonio, en la que hasta entonces había sido mi iglesia, marcaría mi propia vida definitivamente, ya que, años más tarde se convertirían en mis suegros.

Pero dejadme contaros como empezó todo...

Al terminar la reunión, un matrimonio se acercó a Camilo y Rosa, presentándose y ofreciéndole su amistad. ¿Podéis imaginar quién? Sí, mis padres. Enseguida conectaron. Tenían muchas cosas en común: La misma edad, hijos adolescentes, empresarios, y sobre todo el deseo de compartir acerca de la vida cristiana. Desde aquel día iba a empezar un acompañamiento en el Señor, una amistad profunda entre ellos cuatro que, al pasar los años, se convirtió en una gran familia.

¡¡¡Ciertamente los caminos del Señor son inescrutables!!!

Mis padres abrieron su hogar y su corazón a esta familia y sin ellos darse cuenta empezaron una hermosa y larga amistad. A menudo comíamos juntos, íbamos a la montaña, a la playa, y no importaba el lugar, siempre de una manera u otra terminaban compartiendo acerca de Jesús y de todo lo que Él les ofrecía. ¿Recordáis? Acompañamiento y cadena de favores...

Mis padres, quizás inconscientemente, pero con el deseo de ayudarles a crecer en su fe, se convirtieron en sus mentores espirituales. Disfrutaron de conversaciones hasta altas hora de la madrugada, con cantos de alabanza. Mi padre tocaba la guitarra y mi madre el acordeón, siempre que estaban juntos, enseñándoles a hablar con Dios a través de la oración, y mil cosas más, hicieron que aquel matrimonio "bebés en su fe" se convirtieran en los "Aquila y Priscila" de nuestra ciudad, personas a las que Dios usó de una manera definitiva para extender el evangelio. Empezando por sus cinco hijos, todos siguiendo a Jesucristo con sus propias familias. Camilo y Rosa, rindieron su vida y su matrimonio a Dios; abrieron su casa, sus corazones y sus recursos. Siempre había gente que buscaba a Dios en su hogar. Cada día, al menos una persona nueva se sentaba con ellos a comer en la mesa. Aquella mesa para doce personas, se convertía en el púlpito de su casa. Tenemos esta misma mesa en nuestro hogar como testimonio silencioso del milagro que Dios puede operar en la vida de las personas, de los matrimonios y de las familias que se entregan a Él. Alrededor de la mesa, acompañamiento concatenado, herencia recibida, herencia en transmisión. Hoy, alrededor de esta misma mesa siguen reuniéndose mujeres, hombres, matrimonios y familias para continuar escuchando del amor de Dios, y así poder escribir su particular historia de amor con Él y de acompañamiento concatenado. Y la vida sigue...

Mis abuelos fueron referentes para mi padre. Mis padres referentes para los padres de Cesca. Quiera Dios que los que hemos escrito este libro y los amables lectores que hayan llegado hasta aquí, seamos referentes para nuestra generación, para nuestros hijos y, si los tenemos, para nuestros nietos

Siento un muy especial y sano orgullo, y una gratitud inmensa hacia mis padres. No tenían mucho, según los criterios de este mundo, pero tenían un corazón, una disposición, un espíritu de servicio y de amor hacia los demás como he visto en muy poca gente. Quisieron invertir su vida en hacer la de otros mejor y ellos sabían, por propia experiencia, que lo mejor se encontraba en conocer más y mejor a la persona de Jesús y acompañarlos en su peregrinaje espiritual.

Mi esposa Cesca y yo, hemos recogido el "testigo" para correr nuestra milla en la carrera, y así empezamos en Barcelona, hace más de 30 años, una iniciativa llamada *De Familia a Familia* para ayudar, dar esperanza y ser de referente a otras familias. Iniciativa que, desde nuestro país, se ha extendido por toda Europa Occidental, e influenciado a otros continentes. La cadena de transmisión del acompañamiento sigue: Introduciendo familias a Cristo, discipulándolas, preparándolas, animándolas y lanzándolas a hacer lo mismo; en una palabra: Acompañando en el camino.

Por eso podemos deciros: "Bienvenidos a casa, ¿tomamos un café, esperando que nos podáis decir cómo os podemos acompañar?".

3. Padres de Eduardo, fieles en el dolor

El "sufrimiento" es la experiencia de todas las familias desde el día en que Adán desobedeció a su Creador. El sufrimiento compartido y personal es la experiencia de cualquier matrimonio en todas partes del mundo. Pero quiero compartir con vosotros uno muy duro, de mis padres al perder una hija (iba a decir, "especialmente de mi padre", pero la realidad me ha frenado, porque también, mi madre sufrió mucho de otra forma)…

Mis padres se conocieron en una reunión evangelística de "teatotalers". El alcohol hacía estragos en muchas familias, en aquellos momentos en Inglaterra, y se había iniciado un movimiento para apoyar a los jóvenes que querían mantenerse lejos de las desgracias que podían ver en sus propias familias y que producía el alcohol. Mi abuelo paterno fue alcohólico y su hermano también, pero mi padre tomó un camino muy diferente al de su familia, acogiéndose al Señor muy joven y fue echado de su casa por ello.

Por parte de madre era otra historia muy diferente. Mi abuelo materno era director de un banco y vivía como parte de la sociedad muy acomodada londinense. Después de que mis padres se conocieron en las mencionadas reuniones decidieron casarse y también los padres de mi madre les rechazaron porque ella había escogido a alguien de un menor estrato social. Solo su fe, sencilla y personal, les pudo mantener a flote como matrimonio que tuvo que sobrevivir aislado de sus propias familias y, además, no podían ni imaginar el dolor que les esperaba unos cuantos años más tarde.

En el año 1939 se produjo la declaración de guerra contra Adolf Hitler y su régimen por parte del Reino Unido. Durante cierto tiempo el gobierno inglés había hecho preparativos para evacuar a los niños de las principales ciudades del este de la Islas Británicas y esto, obviamente, incluía Londres, donde vivían mis padres con su hija: Kitty que ya tenía diez años, y su hijo Eric de cinco.

En aquellos años mis padres tuvieron que tomar la decisión de ceder a la "recomendación" del gobierno y enviar a sus dos hijos pequeños a "algún sitio lejos", sin saber exactamente dónde ni con quién ni por cuánto tiempo tendrían que estar separados de ellos. Lo único que sabían era que los dos iban con los otros niños de la escuela. La despedida fue horrorosa para todas las familias y para mis padres creo que aun fue peor, por toda la soledad que llevaban al estar separados de sus propias familias.

Mi madre tenía los nervios destrozados, y mi padre sabía más de los detalles de lo que les esperaba de la guerra, puesto que él trabajaba en la distribución de comida para los soldados en toda la zona norte y sur de Londres. Sus conocimientos, por los contactos de su trabajo, nunca los compartió con mi madre, ella no lo hubiera podido soportar y él lo llevaba en solitario. Esto en sí implicaba un peso adicional en él, pero su fe, sencilla y personal, le pudo mantener a flote.

Mi hermana y mi hermano fueron enviados primero a Folkestone por seis meses y luego arrancados de allí y enviados al país de Gales. Pero para su horror (y para el de mis padres) los dos fueron separados en dos casas y escuelas diferentes. Con toda la incertidumbre que reinaba en el país tuvo su eco creciente en ellos, y... obviamente en mis padres. Solo su fe, sencilla y personal, les pudo mantener a flote.

Mi padre trabajaba "en su tiempo libre" como "Warden" que significaba que tenía que cuidar a todas las familias de una amplia zona concreta alrededor de su casa, pero también implicaba que, en momentos de ataque aéreo, él tenía que dirigir un grupo de ayudantes para rescatar y tratar a las víctimas y a sus familias. Un trabajo agotador y agonizante al ver cuerpos quebrantados y familias destrozadas. Físicamente era un hombre fuerte, pero fue solo su fe, sencilla y personal, en Dios, la que le pudo mantener a flote como espectador de tanto sufrimiento.

Les esperaba lo peor.

En 1942, unos cuantos niños, entre ellos mis hermanos, volvieron a Londres, a sus casas y a la escuela. Una tarde, en un ataque sorpresa, cayó una bomba sobre esa escuela donde estaban. Mi hermana cubrió con su cuerpo a mi hermano puesto que no tuvieron tiempo para llegar al refugio. Ella murió y él quedó muy mal herido. Mi madre, sabiendo del ataque, fue corriendo a la escuela temiendo lo peor. La vista de la mitad del edificio en total ruinas tuvo el efecto de dejarla ciega durante varios días. Cuando mi padre regresó del trabajo encontró a su esposa ciega y con los nervios todavía más destrozados, su hija muerta, su hijo en el hospital con pocas esperanzas de vida.

Los meses, y los años, que siguieron fueron durísimos para ellos. Mi padre en su tiempo "libre" después trabajar y de actuar como Warden, tenía que ir en bicicleta a los distintos hospitales viendo a unos y otros. Solo su fe, sencilla y personal, en Dios le pudo mantener a flote.

Pasaron los años.

Mi hermano sobrevivió y llegó a ser pastor y luego Abogado de Menores. Mis padres llegaron a ser los directores de la Escuela Dominical de nuestra iglesia que tuvo que construir un edificio adicional debido al espectacular crecimiento de la obra entre los niños. Yo, desde muy pequeño puede ir viendo, de verdad, que fue solo su fe, sencilla y personal, en Dios que les pudo mantener a flote, hasta el día en que, años más tarde, seguro que pudieron abrazar a mi hermana en el cielo cuando ambos partieron para estar con el Señor.

Por mi parte y viendo sus vidas entregadas al Señor y a los demás, a pesar de la tragedia que vivieron, decidí muy joven también dedicar mi vida al servicio del Señor. Fui al seminario para prepararme teológicamente y, después de servir como pastor en Londres, el Señor me trajo a esta, mi nueva patria, España, en la que he vivido y donde formé mi familia con Ester y tuvimos el inmenso privilegio de que el Señor nos concediese un hijo maravilloso, por el que damos gracias todos los días, que también ha querido, con su esposa Raquel y sus dos hijos seguir sirviendo, desde su profesión de profesores, pero también desde las iglesias locales que el Señor nos ha permitido pastorear, a Aquel que nos salvó y nos dio una vida para dedicarla por completo a Él como familia.

Ester y yo, mirando para atrás solo podemos exclamar: ¡EBENEZER! Hasta aquí nos ayudó el Señor.

P.D. Me dijeron que cuando un hombre, que trabajó, con muchos otros en el rescate de los niños (y maestros), al ver la posición de mi hermana cubriendo el cuerpo de mi hermano, que rompió a llorar y citó el texto: "No hay amor más grande que uno de su vida por otro". Y esto precisamente es lo que Cristo ha hecho por ti, por mí, por mi familia y por millones de personas más. ¿Le has dicho: "Gracias"?

4. Padres de Ester, fieles en la persecución

Al abuelo (el padre de mi padre), militar de carrera de la Marina Mercante, con una vida muy acomodada, con su esposa y sus dos hijos, les sorprendió la terrible Guerra Civil Española, de forma inesperada y como un mazazo en su existencia.

Muy pronto, en su Cartagena natal, él fue deportado, en un gran barco, con otros militares, con rumbo a Argentina. Nunca llegó. A la familia se le dijo que había muerto en alta mar y ese mar, tan querido por él, le sepultó. Estoy segura de que el viento le dijo, mucho antes de morir: "Nunca llegarás a puerto".

Parafraseando a Alberto Cortez puedo escribir, con lágrimas, que "se marchó de su tierra, como tanto otros, y sin ninguna esperanza, se llevó clavada la imagen de sus montañas, cuando aquel gran barco se lo llevó de España".

No puedo ni quiero imaginar el dolor de aquel hombre bueno, al partir de aquel puerto tan conocido y tan amado. Me imagino que lloró de forma desconsolada cuando supo que a él se lo llevaban pero que, además, su esposa y su hijo iban a ser deportados a Francia con muchos otros hijos y esposas de militares y, estoy segura, que él sabía que no volvería a verlos nunca más...

La abuela volvió, al cabo de los años, con su hijo, a su Cartagena natal cuando estaba todo perdido.

La familia de mi padre, antes de la guerra era, como he mencionado, una familia muy acomodada en su ciudad y sus tierras de Cartagena, y ahora volvían, mi abuela y mi padre, sin nada y para encontrarse, como tantos otros, con la nada; sus tierras y propiedades expropiadas y el dolor más profundo de la pérdida del padre invadiéndoles, sin consuelo humano posible.

Mi abuela y bisabuela habían conocido el evangelio a través de misioneros ingleses que llegaron a tierras murcianas antes de la guerra.

Al volver de Francia se reincorporaron a su iglesia local en el Barrio de San Antón de Cartagena. En esa pequeña Asamblea de Hermanos se conocieron mis padres, muy jóvenes, pero con deseo inmenso de cambiar las cosas, de luchar por sobrevivir, de difundir su fe a pesar de las prohibiciones, en los difíciles años 40 y 50 de nuestra triste historia como país.

Mi madre procedía de una familia más modesta. Se había quedado huérfana de madre muy pronto en la vida. Su padre, mi querido abuelo, sufrió mucho en la guerra porque fue encarcelado sin motivos políticos ni delitos conocidos. Era un hombre fuerte, grande, en todos los sentidos. Le recuerdo con mucho cariño, me cuidaba y me hacía todos los juguetes que le pedía con sus propias manos.

Con los años mi padre pasó por la Academia Militar de la Marina Mercante, tenía todo el derecho a seguir la carrera de su padre, pero el Padre Celestial le llamaba a otro ejército muy diferente. Tuvo muy claro, después de sufrir años de persecución por ser evangélico, durante la posguerra, en la dictadura, que el Señor le llamaba a servirle a Él como Pastor Evangélico.

Se trasladó a Barcelona con su madre (a la que no dejó nunca de su lado) y con su esposa. Allí formaron parte de la congregación de la Iglesia Bautista de la calle Párroco Triadó. La iglesia local, que allí se reunía, fue un ejemplo claro de la acogida que los creyentes tenemos en el cuerpo de Cristo. El Pastor López y su familia fueron nuestra nueva familia en Cataluña. Corrían los difíciles años 50 y yo, ¡ya aquí!

Por aquel tiempo mi padre tenía un buen empleo en la RENFE pero el Señor seguía llamándole a él y a mi madre a otros destinos, siempre alentados y ayudados por los pastores López.

Mis primeros recuerdos se remontan a la obra pionera en la que mi padre se incorporó, como pastor, ayudado por la iglesia de Barcelona, en la ciudad de Murcia. Allí se empezó una pequeña congregación evangélica, con muchas dificultades, por estar yendo contra la idea de que ser español implicaba ser católico. Cualquier otra opción era perseguida.

Mi padre escribiría en aquellos años:

"¿Qué te pasa, mi patria? ¿Qué te pasa?
¿No ha de llegar un día tu primavera?
¿No han de hacer tus izquierdas y derechas que seas patria entera?
Donde el péndulo no solo tenga extremos,
Sino que cuente el resto de la esfera,
Donde primero seamos españoles
Y, luego, lo que cada uno quiera...
España pendular,
España loca
Ojalá que de Juana tu locura, sea por amor
¡Qué es lo que falta!".

De allí, después de unos pocos años, pasamos como familia a pastorear la iglesia de Argentona y después seguimos en Vilanova i la

Geltrú donde ya mis recuerdos son más claros en cuanto a lo que vivían mis padres.

Ya éramos una familia numerosa y, con los cuatro hijos y la abuela, nos instalamos en esa querida ciudad marítima catalana. Curiosamente, el coautor de este libro, Víctor Mirón y yo, compartimos años en ese pueblo porque su abuelo era uno de los fundadores de la congregación evangélica allí.

La vida del cristiano evangélico se hacía muy difícil. El ser perseguidos por nuestra fe era la realidad cotidiana. No quiero entrar en detalles, pero mis recuerdos son muy dolorosos porque no entendía el porqué mi padre era perseguido y, a veces, llevado a la comisaría; o porqué se nos cerraba la iglesia y no nos dejaban reunirnos; o porqué la profesora insistía en que debía quedarme castigada porque no creía en la Virgen María y, podéis imaginar, que yo, con mi carácter y con una ingenuidad tremenda, intentaba convencerla de que sí que creía en la Virgen pero, desgraciadamente mis intentos eran inútiles y no había manera de que me escuchase... Por eso decidí, muy pronto, ser maestra para que otros niños y niñas evangélicos no tuvieran que pasar por aquel "calvario".

Mi padre era tremendamente activo. Viajaba continuamente desde nuestra Vilanova a todas partes del mundo, intentando ayudar, desde el extranjero y también aquí, en España, para que se abrieran las puertas de la libertad religiosa, tan deseada por el colectivo no católico. Trabajó codo con codo, por años, al lado de hombres como don José Cardona en lo que se vino a llamar "Comisión de Defensa Evangélica" y por fin, después de muchos años y mucha lucha, se consiguió una ley de libertad religiosa que aún nos preside, con modificaciones, hasta nuestros días.

Cómo deberíamos dar gracias al Señor por las personas que lucharon tanto para que hoy nos podamos reunir en libertad y sin persecución continuada y cómo hemos de seguir rogando a Dios por los creyentes que aún están muy perseguidos en muchos lugares del mundo.

Le doy gracias al Señor, desde estas páginas, en primer lugar, por los misioneros que trajeron desde Inglaterra, otra forma de ver el evangelio a nuestro país y porque mis bisabuelos pudieron entender la gracia de Dios para sus vidas. También, y de forma muy especial, quiero tener un recuerdo muy agradecido para la familia López, que fueron padres y pastores a la vez, para mi familia, en mis primeros años de vida. Y, cómo no, agradecer la fidelidad de mis padres y abuela de forma tan clara, en los difíciles tiempos de persecución, que me abrieron los ojos a una fe en el Dios de mi salvación que se ha mantenido, en mí y en mis hermanas y hermano, durante toda nuestra vida.

Siempre pensaba, cuando era muy pequeña, que lo que mi padre predicaba no podía ser mentira, porque nadie sufriría todo lo que estábamos sufriendo por una mentira. ¡Tenía que ser verdad! Y, ¡qué verdad más maravillosa que puede cambiar vidas hoy y que cambió la mía, desde muy pequeña!

Mis hermanos y yo tuvimos el gran ejemplo de ver el sufrimiento terrible de nuestro padres y abuela, pero nunca odio, ni rencor, ni amargura por lo que estábamos viviendo. No podíamos tener mejor testimonio que ese. Ver sufrir y ver perdonar y amar, a la vez, a los que nos hacían la vida muy difícil, a los evangélicos de aquel momento. Fue un ejemplo clarísimo de las enseñanzas de Cristo. Realmente empezamos a leer la Biblia mucho antes de empezar a saber leer. Eran Biblias "andantes", que nos dejaban un ejemplo muy claro de lo que debía ser un seguidor de Jesús.

Cuando llegue al cielo buscaré a todos los que he mencionado para darles las gracias por sus vidas y ejemplo que han cambiado mi vida y mi futuro.